U0674785

东北全面振兴 辽宁三年行动研究丛书

辽宁省重点主题出版扶持项目

打造东北亚开放合作枢纽地

以高水平开放推动辽宁高质量发展

孟月明 等 著

东北财经大学出版社

Dongbei University of Finance & Economics Press

大连

图书在版编目（CIP）数据

打造东北亚开放合作枢纽地：以高水平开放推动辽宁高质量发展 / 孟月明等著. 一大连：东北财经大学出版社，2025.7. 一（东北全面振兴·辽宁三年行动研究丛书）. 一ISBN 978-7-5654-5700-5

Ⅰ. F752.831

中国国家版本馆 CIP 数据核字第 2025B9A890 号

打造东北亚开放合作枢纽地：以高水平开放推动辽宁高质量发展

DAZAO DONGBEIYA KAIFANG HEZUO SHUNIUDI：YI GAOSHUIPING KAIFANG TUIDONG LIAONING GAOZHILIANG FAZHAN

东北财经大学出版社出版发行

大连市黑石礁尖山街217号　邮政编码　116025

网　　址：http://www.dufep.cn

读者信箱：dufep@dufe.edu.cn

大连金华光彩色印刷有限公司印刷

幅面尺寸：170mm×240mm　字数：218千字　印张：16.75

2025年7月第1版　　　　　　　　　　2025年7月第1次印刷

责任编辑：李　季　田玉海　李翠梅　孟　鑫　　　责任校对：何　群

封面设计：张智波　　　　　　　　　　　版式设计：原　皓

书号：ISBN 978-7-5654-5700-5　　　　　　定价：66.00元

教学支持　售后服务　联系电话：(0411) 84710309
版权所有　侵权必究　举报电话：(0411) 84710523
如有印装质量问题，请联系营销部：(0411) 84710711

编写组成员及编写任务

辽宁社会科学院东北亚研究所　孟月明所长、研究员（第1、4、7、8章）

辽宁社会科学院东北亚研究所　满岩研究员（第2章）

辽宁社会科学院产业经济研究所　姜瑞春所长、研究员（第3章）

沈阳城市建设学院管理学院　秦郅益讲师（第5章）

辽宁社会科学院东北亚研究所　秦兵研究员（第6章6.1节）

辽宁社会科学院东北亚研究所　王毅男助理研究员（第6章6.2节）

辽宁社会科学院东北亚研究所　史春阳研究员（第6章6.3节、6.4节）

辽宁社会科学院东北亚研究所　赵思维助理研究员（第6章6.5节）

开放带来进步，封闭必然落后。习近平总书记 2025 年 1 月在辽宁考察时强调指出："东北全面振兴，归根到底靠改革开放。"习近平总书记关于对外开放的重要论述，内涵丰富、思想深邃，为我们做好新时代对外开放工作提供了根本遵循。以开放促改革、促发展，是我国现代化建设不断取得新成就的重要法宝，毫无疑问也是辽宁实现全面振兴、全方位振兴的必由之路。党的二十大报告提出，要加快建设贸易强国，推进制度型开放，维护多元稳定的国际经济格局和经贸关系。党的二十届三中全会提出，开放是中国式现代化的鲜明标识。必须坚持对外开放基本国策，坚持以开放促改革，依托我国超大规模市场优势，在扩大国际合作中提升开放能力，建设更高水平开放型经济新体制。辽宁地处东北亚经济圈核心地带，是共建"一带一路"的重要节点，是中国对接东北亚、沟通欧亚大陆桥的重要海陆门户，经济总量、进出口总额和总人口分别占东北三省的 50%、65% 和 44% 左右，对外开放合作区域优势明显，是最具开放基因、开放潜能、开放活力的省份之一。

2023 年 11 月 6 日至 7 日，中国共产党辽宁省第十三届委员会第六次全体会议在沈阳召开，审议通过了《中共辽宁省委关于深入贯彻落实习近平总书记

打造东北亚开放合作枢纽地：以高水平开放推动辽宁高质量发展

在新时代推动东北全面振兴座谈会上重要讲话精神 奋力谱写中国式现代化辽宁新篇章的意见》，明确提出新时代"六地"目标定位，即通过全省上下不懈奋斗，努力将辽宁打造成为：国家重大战略支撑地、重大技术创新策源地、具有国际竞争力的先进制造业新高地、现代化大农业发展先行地、高品质文体旅融合发展示范地、东北亚开放合作枢纽地，为强国建设、民族复兴提供有力支撑、作出更大贡献。

作为新时代"六地"目标之一，打造东北亚开放合作枢纽地是辽宁牢记嘱托、感恩奋进、不辱使命的政治担当。打造东北亚开放合作枢纽地，要充分发挥区位优势，坚持敢为人先、开放包容、互利共赢，深度融入共建"一带一路"高质量发展，全力推进向北开放，拓展俄蒙，深耕日韩，紧盯欧美，巩固提升东南亚、中西亚，高标准建设东北海陆大通道，积极对接国家重大战略，打造对内对外开放合作的中心枢纽，在畅通国内大循环、联通国内国际双循环中发挥更大作用。

锚定"打造东北亚开放合作枢纽地"目标，聚焦深入实施全面振兴新突破三年行动，辽宁坚持以高水平对外开放推动高质量发展，经贸合作"朋友圈"不断扩大，通关"软环境"高效便捷，更加智慧的对外开放新前沿清晰展现。"十四五"规划收官之年交出满意答卷，面对新一轮科技革命和产业变革机遇，擘画"十五五"蓝图任务，辽宁将以更大的决心和过硬的举措，全力拓展开放空间和合作领域，聚焦数字贸易、绿色贸易、服务贸易，培育外贸数字化转型示范企业，建设区域性跨境电商集聚区，推动传统优势产业与新兴业态深度融合，加快形成内外联动、双向互济的高水平开放新格局，为国家开放发展扩空间、提质量、增动力作出辽宁贡献。

孟月明

2025 年 4 月

目　录

第1章
辽宁打造东北亚开放合作枢纽的背景与重大意义

党的二十大报告中指出，"中国坚持对外开放的基本国策，坚定奉行互利共赢的开放战略"，"推进高水平对外开放"。2023年12月召开的中央经济工作会议进一步强调，扩大高水平对外开放。要加快培育外贸新动能，巩固外贸外资基本盘，拓展中间品贸易、服务贸易、数字贸易、跨境电商出口。放宽电信、医疗等服务业市场准入，对标国际高标准经贸规则，认真解决数据跨境流动、平等参与政府采购等问题，持续建设市场化、法治化、国际化一流营商环境，打造"投资中国"品牌。辽宁打造东北亚开放合作枢纽地是对党中央、国务院工作要求的落地抓手，是深入贯彻落实习近平总书记关于东北振兴重要讲话和重要指示批示精神的具体举措，是顺应国内国际发展大势作出的正确路径选择，是契合辽宁区位优势和发展实际的战略抉择。这一战略决策不仅是对辽宁自身发展的精准定位，更是对区域经济合作的积极回应。

1.1 背景分析

（1）从世情看，应对国际形势的新变化，要求我们必须扩大开放

新世纪以来，世界贸易和产业分工格局发生重大调整，国际力量对比发生重大变化，国际经济形势更加错综复杂。2008年国际金融危机后，全球市场收缩，世界经济陷入持续低迷，国际经济大循环动能弱化。近年来，西方主要国家民粹主义盛行、贸易保护主义抬头，经济全球化遭遇逆流。虽然国际形势面临诸多挑战，但世界多极化、经济全球化的总体趋势没有改变，它们有其内在逻辑和内生动力，无论是从国际力量对比变化来看，还是从国际关系发展和经济发展规律以及世界各国意愿来看，世界多极化、经济全球化都是时代发展的必然趋势。

二战以后的世界经济发展史就是一部经济全球化不断深化和演进的历

史。经济全球化的进程一直以来是由"两个轮子"推动，一个是以世界贸易组织为代表的多边贸易体制，另一个是以自由贸易协定为代表的区域经贸安排。世界贸易组织（World Trade Organization），简称世贸组织（WTO），是当代最重要的国际经济组织之一，其成员之间的贸易额占世界的绝大多数，因此被称为"经济联合国"。截至2024年2月，世界贸易组织有166个成员、23个观察员。为了加入WTO，中国经过了15年的艰苦谈判，2001年12月11日，正式加入世界贸易组织。我们今天所面对的经济全球化是商品、服务、要素、信息等各方面的全球化，近年来的大国博弈已经从贸易领域扩展到科技领域、金融领域，整体呈现多领域、复杂性、严峻性等特征。回顾世界经济史，自18世纪以来称得上强国的英、美、日等国家，无不在产品、技术、要素、航运、金融等方面形成全方位优势，在区域乃至全球经贸格局中拥有话语权。近年来，美西方国家对国际贸易规则"合则用、不合则弃"，特别是对世贸组织争端解决机制的干扰阻挠，使世贸组织的权威性和有效性严重下降，世贸组织改革迫在眉睫。美国持续推行"本国优先"，寻求在经贸领域改弦易辙，积极推动另外一个轮子，即区域经贸安排，即双边、多边和区域贸易协定。目前，美国同20个国家签署了自贸协定，贸易额最大的是《美墨加三国协议》（USMCA），CPTPP以劳工标准、数据目录、知识产权作为议题，为21世纪全球贸易的通行规则树标杆、立规矩。

CPTPP即"全面与进步跨太平洋伙伴关系协定"，前身为TPP（跨太平洋伙伴关系协定），是由亚太经济合作组织成员方中的新西兰、新加坡、智利和文莱四国2002年发起，目的在于促进亚太地区贸易自由化。2015年，奥巴马政府签署TPP协议，2017年1月，特朗普宣布美国退出TPP。目前，日本主导CPTTP，拜登政府上台后，又提出重返CPTPP。TTIP即"跨大西洋贸易与投资伙伴关系协定"，属于美欧双边自由贸易协定，于2013年6月启动，包括美国和欧盟30多个国家。这两个规则一旦形成，将占世界贸易的75%，即美国试图构建起新的"小院高墙"发展模式，大肆渲染"脱钩断链""去风险"，对未来中国的影响是相当大的。2021 年 9 月 16 日，中国商务部正式提出了加入 CPTPP 的申请，对于 CPTPP 的 2 300 多项条款进行了深入、全面的研究和评估。2022 年 8 月 18 日，根据 DEPA 联合委员会的决定，中国加入 DEPA 工作组成立，谈判正式启动。

尽管世界经济下行压力不减，但是绝大多数国家依旧把发展作为主要任务，努力促进经济发展，主张构建开放型世界经济，维护全球产供链稳定，推动发展问题回归国际议程中心。"全球南方"声势卓然壮大，致力团结合作，倡导开放共赢，践行平等尊重更加成为绝大多数国家的坚定选择，这充分证明霸权霸道不得人心，分裂对抗没有前途，和平、发展、合作、共赢是人心所向、大势所趋。中国的世贸组织改革方案坚决维护以规则为基础的多边贸易体制，坚持开放合作。截至 2025 年 1 月，中国已与 30 个国家和地区签署了 23 个自贸协定，关税总水平已经降到 7.3% 的全球较低水平，自贸区网络不断拓展深化。2020 年 11 月 15 日，经过长达 8 年的谈判，东盟十国和中国、日本、韩国、澳大利亚及新西兰正式签署了"区域全面经济伙伴关系协定"（RCEP），成为世界上人口数量最多、经贸规模最大、成员结构最多元、发展潜力最大的自由贸易区。RCEP 于 2022 年 1 月 1 日正式生效，它是全面、现代、高质量、互惠的自贸协定。其涵盖面非常广，既包括货物贸易、服务贸易、投资等市场准入，也包括贸易便利化、知识产权、电子商务、竞争政策、政府采购等大量规则内容。各成员承诺降低关税、开放市场、减少关税壁垒，其中货物贸易零关税产品数整体上超过 90%，还给予最不发达国家差别待遇，RCEP 的签署将有助于高质量共建"一带一路"，全面提高我国及东亚地区对外开放水平。中国是多边主义、经济全球化、自由贸易的维护者、贡献者、推动者和受益者。

（2）从国情来看，持续推动我国经济的高质量发展，要求我们必须扩大开放

改革开放使中国快速进入世界市场、大踏步赶上时代，其中重要一条经

验就是积极利用外资。1979年，《中华人民共和国中外合资经营企业法》颁布，开始打开利用外资的大门。1992年，中国决定建立社会主义市场经济体制，外商投资中国全面加速。2001年，中国正式加入世界贸易组织，外商来华投资越来越多。党的十八大之后，中国进入高水平对外开放新阶段，利用外资取得新突破。截至2025年3月，外商在华投资覆盖20个行业门类、115个行业大类，累计设立企业124万家，投资额近3万亿美元。

通过对外开放，我国获得了更多推动发展所必需的资金、技术、资源、市场、人才乃至机遇，不断为经济发展注入新动力、增添新活力、拓展新空间。从1978年到2024年，中国国内生产总值从1 495亿美元增长到18.94万亿美元，占全球份额由1.8%上升至18%，成为世界第二大经济体。截至2023年底，中国累计外派劳务人员超1 000万人，人均年收入超过10万元人民币，有效助力乡村振兴。商务部的数据显示，2024年，我国对外非金融类直接投资1 438.5亿美元，较上年增长10.5%；对外承包工程完成营业额1 659.7亿美元，较上年增长3.1%，新签合同额2 673亿美元，较上年增长1.1%，创历史新高。绿色基建合作深入发展，节能环保清洁项目新签合同额492.6亿美元，增长12.7%。对共建"一带一路"国家出口占出口总额比重逐年提高，2024年达到48%，较2018年提高10.6个百分点。

在对外开放进程中，一大批熟悉国际市场规则、全球配置资源、具备国际竞争力的跨国企业成长起来，有力提升了我国经济的国际竞争力。20多年前，世界500强企业中，中国只有3家，而2024年《财富》杂志发布的世界500强企业榜单中，中国共有133家公司上榜，年营收总额约为11万亿美元。2024年，全国居民人均可支配收入达到41 314元，扣除价格因素，比1978年（171元）实际增长241倍。这些实践充分表明，中国必须始终打开国门，扩大开放，这是中国发展的必由之路。

中国的发展离不开世界，世界的繁荣也离不开中国。作为最大的发展中国家，中国始终将自身发展置于人类发展的坐标系之中，以自身发展为世界发展创造新机遇。今日之中国，是全球第一货物贸易大国、140多个国家和地区的主要贸易伙伴，吸引外资和对外投资居世界前列，为各国提供了更多市场机遇、投资机遇、增长机遇。作为世界最具潜力的超大规模市场，中国与世界深度互动，开放的大门越开越大。新时代以来，推动贸易和投资自由化便利化，构建面向全球的高标准自由贸易区网络，建设自由贸易试验区和海南自由贸易港，推动规则、规制、管理、标准等制度型开放，我国形成更大范围、更宽领域、更深层次对外开放格局，构建了互利共赢、多元平衡、安全高效的开放型经济体系。实践充分证明，改革开放是决定当代中国命运的关键一招，也是决定中国式现代化成败的关键一招。

1.2 重大意义

改革开放40多年来，我国对外开放事业取得了巨大成就，为我国实现经济迅速发展、深度融入全球价值链和促进改革作出了重大贡献。当前，改革开放事业已经站在新的历史起点上，如何基于新时代东北全面振兴发展要求，对推动我国高水平开放、构建多元平衡、安全高效的全面开放体系的战略任务予以辽宁实践探索规律的科学合理诠释，具有重大战略意义和实践价值。

（1）辽宁打造东北亚开放合作枢纽地是我国全面提升东北亚区域合作水平的重要战略支点

对外开放是两个或多个经济体之间展开经济、文化、社会方面的交流，形成货物、服务、人员、资金、技术等的流动。《世界开放报告2023》显示，2008—2022年，全球区域的开放势头分为两类：扩大开放的区域有3个，即东亚与太平洋地区、南亚地区以及欧洲与中亚地区，开放指数分别提高4.6%、2.7%和1.8%；收紧开放的区域有四个，其中北美地区降幅最大，达18.4%，中东与北非地区下降1.15%，如图1-1所示。

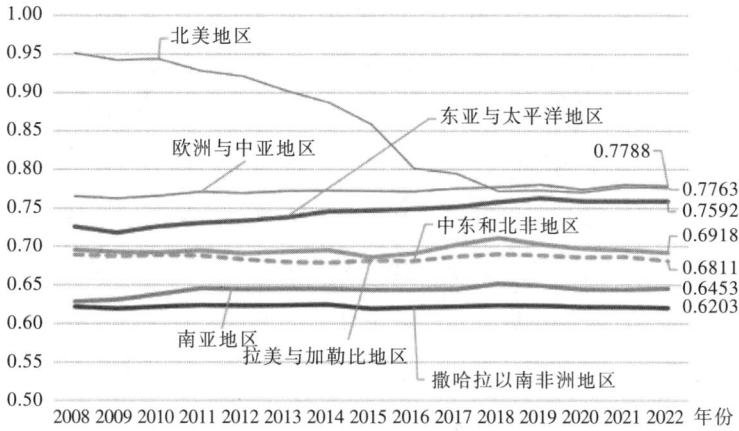

图1-1　全球七个地区开放指数（2008—2022年）

2008—2022年，发达经济体开放指数从0.8543降至0.7882，下降7.7%；新兴经济体和发展中国家则从0.6741升至0.7067，提高4.8%，如图1-2所示。从领域看，2022年世界文化开放指数和世界经济开放指数同比分别下降2.9%和0.4%，而世界社会开放指数上升0.46%。

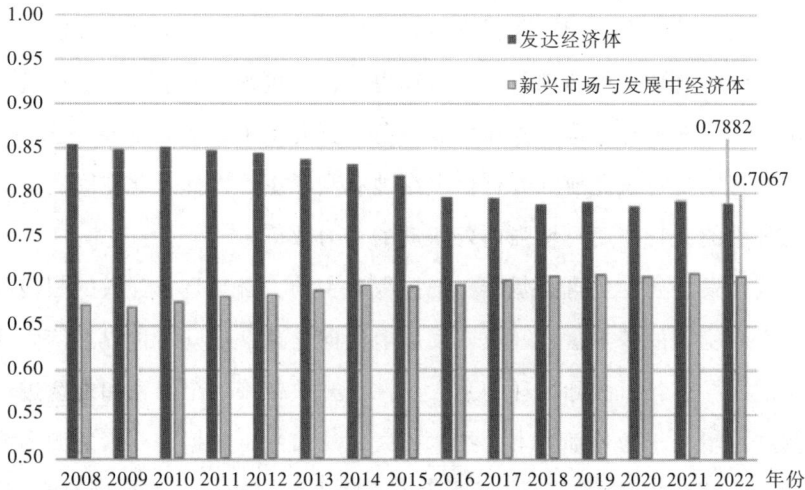

图1-2　发达经济体以及新兴市场和发展中经济体开放指数（2008—2022年）

数据来源：中国社会科学院世界经济与政治研究所、虹桥国际经济论坛研究中心：《2023世界开放报告》。

当前，世界经济复苏乏力，经济全球化遭遇逆流，全球秩序面临重塑，应该看到，想人为切断各国经济的资金流、技术流、产品流、产业流、人员流，让世界经济的大海退回到一个一个孤立的小湖泊、小河流，是不可能的，也是不符合历史潮流的。面对经济全球化带来的机遇和挑战，必须顺应大势、主动作为，充分利用机遇，合作应对挑战，推动经济全球化进程更有活力、更加包容、更可持续。在此背景下，东亚与太平洋地区开放势头最为显著，新兴市场和发展中经济体作为全球开放的重要参与者，寻求互利开放的愿望更加强烈，需求更加迫切。改革开放以来，中国又走出了一条改革开放、中国与世界良性互动的道路，成为最适合开放的范例，如何以东亚区域合作为抓手，找到新时代开放合作新路径，更深刻地理解"开放则兴、封闭则衰"的历史逻辑，是中国式现代化的题中之义，更是国内各区域高质量协调发展的使命任务。辽宁作为东北地区唯一的沿海、沿边、沿江（三沿）省份，是东北地区连接京津冀和山东半岛的重要区域，在我国深化与东北亚其他国家合作中起到关键性作用，有条件统筹和引领东北三省向北开放，切实解决我国与东北亚合作相对薄弱和力量分散等问题，通过提升开放能力促进国际区域经济合作，塑造创新发展新动力，打造更密切的供应链价值链，形成中国与东北亚周边命运共同体发展典范，具有不可替代的重要价值。

（2）辽宁打造东北亚开放合作枢纽地有利于更好发挥东北在联通国内国际双循环中的独特作用，增强内外联动的合力效应

开放与发展要立足自身基础、把握战略主动，必须具备强大的国内经济循环体系和稳固的基本盘；开放与发展要面向全球、提升与世界经济联系的水平和层次，有赖于国际循环的强大支撑。开放带来一个国家和地区进步发展的基本逻辑在于为外部资本、技术、人才、信息、数据等要素资源的流入敞开大门、降低门槛、减少限制性约束，将地区资源配置拓展到更大范围、更宽领域和更为广阔的空间，目标是实现开放水平和能级的不断提升。而高水平的开放体现的是规则、规制、管理、标准等制度对接，更有利于吸引高

端要素和进入高效市场。近年来，受地缘政治等多种因素影响，东北地区开放优势潜能尚未充分释放，亟待加快从要素流动型开放向高水平的制度型开放转变，必须下大力气扭转局面，把国际国内两种资源两个市场都利用好，形成内外联动的合力效应，这是东北通过高水平开放合作走向全面振兴的必然选择和必由之路。

作为我国对接东北亚、沟通欧亚大陆桥的重要海陆门户，辽宁在东北地区率先推进高质量发展战略，积极践行我国向北开放的战略安排，找到最优开放度定位，打造东北亚开放合作枢纽地，有利于对内形成"南北均衡发展"格局、对外促成"南北高效协同开放"局面，全面挈领东北地区参与东北亚经济大循环，在我国构建新发展格局中发挥重要枢纽和战略支撑功能。对内，推动进一步消除各类阻碍要素跨区域流动的障碍，促进东北地区更好融入和服务全国统一大市场，切实加强同京津冀协同发展、长江经济带、粤港澳大湾区建设、长三角一体化发展等国家重大区域战略的深度对接，用足用好中央赋予东北"三省一区"和"四市"的对口合作政策，突出创新链、产业链、供应链、人才链的对接和承接，加快推进东部对口省市创新资源的引入及科研成果在东北转化。对外，吸引以东北亚国家为核心的要素在辽宁集聚，形成国内投资与国外产业、贸易、人员双向流动集聚的交互枢纽。

（3）辽宁打造东北亚开放合作枢纽地有利于推动以高水平开放促进东北全面振兴发展

以开放促改革、促发展是我国现代化建设不断取得新成就的重要法宝，推进高质量发展需要高水平对外开放与之相适应、相配合。新征程上，以高水平对外开放促进高质量发展，要充分把握并践行高水平对外开放的体制机制改革、内外循环互促、系统协调全面、包容安全共享的基本特征，推动形成更有活力、更有韧性、更加均衡、更可持续的发展。辽宁作为全国重要的老工业基地，在东北全面振兴全方位振兴中的历史使命责无旁贷，有能力趟出一条以全方位开放促改革、优环境、谋转型的新时代振兴之路，打好东北

打造东北亚开放合作枢纽地：以高水平开放推动辽宁高质量发展

全面振兴全方位振兴的开放牌，书就东北做好对外开放大文章的重要篇章，推动辽宁乃至东北地区工业或资源城市加快转型谋大局、破旧局、开新局。

高水平开放是辽宁实现高质量发展的内在要求，以全面开放引领全面振兴，是面对国内外、省内外复杂严峻形势变化，实现辽宁全面振兴的必然选择。打造东北亚开放合作枢纽地有利于推动辽宁全面振兴新突破，要坚持走高质量发展之路，进一步加快开放型经济体系建设，切实使开放成为拉动经济增长的重要引擎，为辽宁高质量发展扩展新空间、新赛道，塑造新动能、新优势，推动转方式、调结构、增效益，不断推动经济实现质的有效提升和量的合理增长，可激发辽宁更主动承接适应东北现代化产业体系建设需要的产业转移，努力打造新时代东北高水平开放高地。

更高水平对外开放可倒逼改革深入推进，通过更为国际化的沟通融合，营商环境也会随之改善，推动辽宁经济发展迈上新的台阶。激发高质量发展的活力动力，必须完善开放型经济新体制的顶层设计，推动以制度型开放为核心的高水平对外开放。一方面，需要持续深化商品和要素的流动型开放，推动商品和要素更大规模、更高质量的跨境流动。要进一步提高关税减让力度，降低工业品和部分能源的进口关税水平，适当降低部分与人民群众生活密切相关的生活用品进口关税，适时调整部分先进技术设备、关键零部件进口关税，扩大优质消费品、先进技术、重要设备、能源资源等进口。另一方面，更要围绕推进高水平对外开放，继续全面深化改革，稳步扩大规则、规制、管理、标准等制度型开放，为高质量发展提供高水平的制度供给。就此意义而言，打造东北亚开放合作枢纽地有利于推动辽宁更加主动对接高标准国际经贸规则，以自贸试验区、服务业扩大开放综合试点、自由贸易港建设为抓手，加大体制机制创新，推动探索国有企业、知识产权、市场采购等"边境后"管理制度改革，加快破解制约更高水平开放型经济新体制的深层次问题，积极营造市场化、法治化、国际化一流营商环境，形成持久的振兴动力和高质量发展活力。

（4）辽宁打造东北亚开放合作枢纽地有利于履行好维护国家"五大安全"的重要使命

推进高水平对外开放是统筹发展和安全、牢牢把握战略主动的重要方面。统筹发展和安全、增强忧患意识、做到居安思危，是我们党治国理政的一个重大原则。从国际看，世界正处于百年未有之大变局，逆全球化思潮抬头，单边主义、保护主义明显上升，全球经济领域风险积累，大国博弈竞争加剧，地缘政治格局趋向复杂，恐怖主义、气候变化、粮食短缺、能源危机等一系列全球性问题依然存在，国际政治经济形势动荡不安。从国内看，随着我国对外开放日益深化，改革逐步走向深入，诸多领域经济安全风险凸显，在更安全的条件下扩大开放并实现高质量发展的任务艰巨而繁重。

东北地区在维护国家发展大局中的战略地位不可替代，有责任主动担负起践行总体国家安全观的重要角色，通过面向东北亚的国际化发展打造区域命运共同体，破解好统筹开放发展和经济安全的重大时代课题，在维护国防安全、粮食安全、生态安全、能源安全和产业安全中担当新使命。辽宁省维护国家"五大安全"的责任重大。辽宁省要围绕自身安全定位，主动服务新安全格局，保障新发展格局，主动在开放中塑造于我有利的外部安全环境。要准确把握高水平对外开放面临的各种风险挑战，构建与高水平对外开放相适应的风险防控体系，增强风险监管能力和风险防控能力。

发展是安全的基础，安全是发展的条件。唯有更高水平开放才能有效防范化解影响我国现代化进程的重大风险，主动塑造于我有利的外部安全环境，以新安全格局保障新发展格局。辽宁打造东北亚开放合作枢纽地，通过推进高水平对外开放在获得更多全面振兴所必需的资金、技术、设备、市场、人才、能源矿产等优质资源的同时，也可更好维护产业链供应链的安全稳定，还可推动东北亚地区科技合作，以发展新质生产力为契机，形成国际创新发展新优势，保障发展的战略主动和战略安全。

第2章

辽宁对外开放发展面临的国内外形势

当前，世界百年未有之大变局与科技革命和产业变革交织耦合，深刻影响着人类社会的生产生活方式。数字经济、共享经济、绿色经济等方兴未艾、蓬勃发展，成为引领全球经济复苏、增长与转型的重要引擎。同时，世界经济艰难复苏和经济全球化遭遇逆流相互影响，全球经济发展正面临着挑战。全球经济发展与安全态势加速国际关系和国际秩序演变。经济全球化进入调整期，碎片化、阵营化的风险仍然存在，同时面临着严峻挑战。我们要把握当前国际战略格局的机遇与挑战，洞悉大国战略博弈、世界经济形势、区域合作特征及地区安全发展趋向，以便更好地服务中国的外交政策及东北振兴、辽宁高质量发展与对外开放。

2.1　国际政治形势分析

2.1.1　中美大国博弈呈现复杂多维态势

中美关系在过去几年发生了重大变化，这是1979年1月1日双方正式建交以来从未有过的。双方在发展战略、国际地缘政治战略方面走向竞争、对抗和管控，这也将成为未来的基本常态。拜登政府时期对中国政策特点：一是着眼于和中国的长期战略竞争；二是采取"软硬兼施"政策，一方面对华贸易、科技等遏制政策不断升级深化，另一方面全面恢复中美之间的高峰对话和其他机制；三是除了和中国谈、对中国遏制打压，美国还不断对中国进行战略围堵，如按其印太战略步调进一步深化、推进、发展美国在亚太地区的综合性威慑和战略部署等。[①]2025年2月1日，美国政府签署行政命令，对进口自中国的商品加征10%的关税。美东时间3月25日，美商务部宣布

---

① 致远智库. 2024年中美关系走势分析及应对［R/OL］.［2024-02-26］. https://mp.weixin.qq.com/s/lZlIa75mOWd8RcQHjjNQCg.

将多家中国实体列入出口管制"实体清单"。特朗普新政府将安全问题与经贸、科技、投资挂钩，实施打压战略对手的混合战，中美大国竞争走向更加复杂多元。

作为世界前两大经济体，中美关系变化的溢出性地缘政治和地缘经济效应不断涌现。中国坚持人类命运共同体理念、坚决反对冷战分裂，并努力在东西方之间保持合作、开放与平衡。但在结构性的争议、竞争和冲突难以缓解的背景下，中美科技战、贸易战、经济战、媒体战、舆论战、网络战、信息战和意识形态战都在不断深化。①特别是，打压中国半导体产业是美国及其盟友对华高科技进行压制的重要目标。美国搭建"小院高墙"，在芯片生产、制造和出口上对华进行严密封锁和围堵。2022年4月，美国政府提议与韩国、日本、中国台湾地区建立"芯片四方联盟"（CHIP4），之后，美国试图将更多盟友与伙伴纳入CHIP4，搭建颇具经济冷战色彩的"小院高墙"，在芯片生产、制造和出口上对中国进行严密封锁和围堵。美国已联合日本、荷兰在光刻机、离子注入机等半导体设备领域对中国管控升级，在尖端芯片领域对中国封锁。除荷兰、日本外，还要求韩国对向中国出口半导体实施限制。

2.1.2　俄乌冲突持续延宕，和谈前景仍不明朗

俄乌冲突三年多以来，俄经济韧性超出美西方预期，能够支撑俄长期斗争需要；乌克兰则凭借欧盟候选国身份，加速推进军工复合体与数字基建的"战时转型"。进入2025年，俄乌冲突仍在持续，美俄、美乌、美欧、俄欧、乌欧之间的关系变得更为错综复杂。欧盟在能源转型与产业回流压力下，对乌援助预算同比缩减23%；美国大选后的新政府虽延续军援承诺，却要求乌克兰以承诺"未来中立化"作为谈判前提。与此同时，巴西、印度等"全球

---

① 朱锋. 世界地缘政治和地缘经济双重分裂态势与中国战略选择［R/OL］.［2024-02-29］. https://mp.weixin.qq.com/s/DcRJbt0sGdGG7vxQFZbVUw.

南方"国家以"和平斡旋者"身份介入，提出"冻结冲突"方案，试图打破西方主导的制裁框架。俄乌冲突对全球经济的影响已远远超出最初的预期，涉及能源、粮食、供应链、金融市场和地缘政治等多个领域。冲突不仅加剧了全球经济的不确定性，还推动了全球能源结构、产业链和贸易格局的重塑。冲突持续拖累全球经济复苏，尤其对欧洲经济影响显著。从而导致资源分配不均，全球在减贫、粮食安全和能源转型等可持续发展目标上面临更大挑战。

2.1.3 中日、中韩关系一定程度回暖，经贸脱钩不现实

中日韩三国经济体量巨大、贸易关系紧密、利益高度融合，在东北亚区域经济一体化上有着深厚基础和现实能力，但由于历史原因、现实纷争特别是地缘政治矛盾等问题，中日韩自贸区谈判自2012年开始一谈12年，至今仍没有谈成具体成果。如果中日韩自贸区达成，将很有可能超越欧盟和北美自由贸易区，形成全球最大的高水平自贸区，成为名副其实的全球经济中心。但危机之中总有转机。2023年1月1日，RCEP正式生效，这是中国和日本首次在RCEP框架下达成自贸安排，也是首次将中日韩三大经济体纳入同一框架。借助这一框架，中日韩得以在关税减让、市场准入、区域供应链等方面进行自由贸易尝试，将共同推动三国经贸合作向纵深发展，也将加快中日韩经济一体化的进程。2024年5月，中日韩领导人会议时隔4年多召开，标志着中日韩合作的"艰难重启"；2025年3月，第11次中日韩外长会的举行，则显示三国合作正在"加速回暖"。三国外长重申了2024年三国领导人会议的共识，一致同意推动经贸、人文、可持续发展、科技、公共卫生、救灾等"六大关键领域"合作，并就年内在日本举行第十次中日韩领导人会议达成共识。

中长期来看，日韩与中国仍具有很高的经济依存度，"经济脱钩"并不现实。中国多年来一直都是日本、韩国的第一大贸易伙伴，日本和韩国在中

国国别贸易伙伴中常年位列前四。中日、中韩贸易额占日本、韩国外贸总额的比例常年保持在20%以上。随着对新能源、芯片等高新技术领域的大量投入，中国已经成为全球最大的半导体消费市场之一。中国占据了日本半导体设备出口近30%、韩国半导体设备出口50%～60%的份额，已然成为日本、韩国半导体设备最大的买家。韩国产业通商资源部《2023年上半年特定国家依赖度产品进口额现况》的数据显示，进口金额超过1 000万美元的物品共有1 176件，其中50%以上依赖于特定国家。其中，约一半的584种进口商品对中国的依赖度超过50%。对特定国家依赖度在75%以上的进口商品有603种，其中来自中国的有330个（54.72%）。对半导体生产至关重要的稀土金属2023年上半年进口额达1 570万美元。其中，79.4%从中国进口，如图2-1所示。

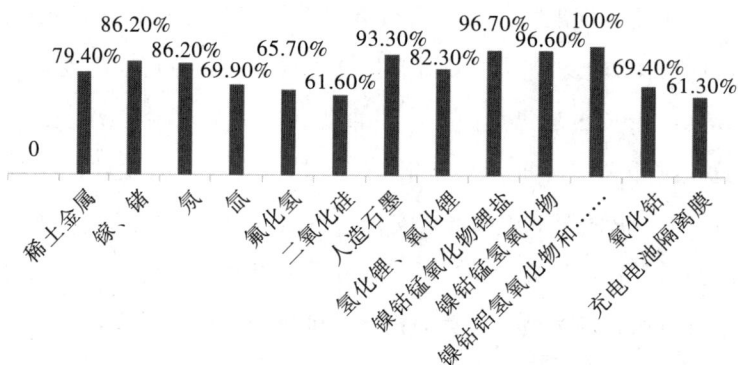

图2-1 韩国核心产业原材料对华依赖度

数据来源：韩国产业通商资源部。

2.1.4 俄罗斯明确"向东看"战略，俄朝关系紧密、俄日与俄韩关系恶化

自俄乌冲突爆发以来，俄罗斯由"向东看"转变为实质性"向东转"，持续深化与亚太地区主要经济体，特别是将提升与中国经贸合作质量和规模作为重要的对外经济目标之一。2023年以来，俄罗斯与朝鲜的关系呈现出

前所未有的紧密态势，两国在政治、军事和经济领域的互动显著增强。2024年 6 月，俄罗斯总统普京访问朝鲜并签署《全面战略伙伴关系条约》，标志着俄朝关系进入新的发展阶段，无疑将对东北亚地缘政治格局产生深远影响。在俄乌冲突背景下，日本迅速跟随美国与欧盟步调，对俄罗斯实施多轮制裁，包括冻结俄在日资产、限制出口高技术设备，并逐步削弱双方的经贸与人文交流。2022 年 3 月 21 日，俄罗斯单方面宣布终止与日本的和平条约谈判，彻底冻结南千岛群岛（日称"北方四岛"）的联合经济开发计划，标志着两国关系重回冰封期。与此同时，由于韩国在俄乌之间选边站队，俄韩两国关系也几乎跌至建交以来的最低点，这也成为俄罗斯不断加强与朝鲜的合作动因之一。

2.1.5　发展中国家团结意识增强，"全球南方"日益成为国际舞台新焦点

为了强化针对中俄等国的安全遏制、经济封锁和外交孤立，美国和其他西方国家更加重视对广大发展中国家的影响，这使得"全球南方"这一早已有之的概念得到了大国空前的关注。尽管西方国家加强了对广大发展中国家的拉拢，但是效果却较为有限。与美国的期待相反，发展中国家明显加强了团结，更加重视通过集体行动来维护权益和扩大影响。在南非召开的金砖国家领导人第十五次会议决定吸收阿根廷、埃及、埃塞俄比亚、伊朗、沙特和阿联酋六国成为金砖国家合作机制（简称"金砖机制"）的正式成员。扩员后的金砖机制在代表性和总体能力上较之前均有显著提升。上海合作组织（简称"上合组织"）也在组织成员国元首理事会第二十三次会议上正式接受伊朗为成员国，批准了白俄罗斯加入上合组织的备忘录。在此前的上合组织果阿外长会上，科威特、马尔代夫、缅甸、阿拉伯联合酋长国和巴林五国也获得了对话伙伴地位。金砖机制、上合组织的壮大不仅意味着发展中国家整体更加团结，也体现了它们中的大多数对西方国家孤立中俄的排斥。

2.2　全球经济与我国外贸形势

　　近年来，全球生产活动有所改善，服务贸易活跃支撑全球贸易总体好转，国际投资活动有所回暖，通胀压力明显缓解，世界经济延续温和复苏态势。但全球制造业活动仍较疲软，全球货物贸易仍显低迷，加之货币政策不确定性导致金融市场波动加大，世界经济增长动能仍然较弱。

2.2.1　全球经济形势

　　（1）全球经济保持缓慢复苏，进一步分化趋势明显

　　2024年以来，发达经济体消费增长降温，投资活动持续低迷，政府支出趋紧，贸易活动复苏脚步缓慢。主要发达经济体中，美国特朗普政府重启的关税政策引发市场波动，美联储维持利率不变，但经济前景的不确定性增加，通胀压力依然存在。欧盟经济复苏温和，但受美国钢铝关税冲击，供应链调整压力加大；日本经济稳定但增长乏力；新兴市场如越南则因出口放缓而承压。全球南方崛起势头不减。如图2-2所示，国际货币基金组织2024年7月发布的《世界经济展望》显示，发达经济体经济增速为1.7%，发展中国家和新兴经济体增速为4.4%，不同区域经济增长分化加剧。2025年3月17日，经济合作与发展组织发布中期经济展望报告，预计2025年和2026年全球经济将增长3.1%和3.0%，较2024年12月的预测值分别下调0.2和0.3个百分点。2024年和2025年，亚太经济增速有所放缓，但高于全球平均水平，仍是全球范围内最有活力的经济区域，成为驱动全球经济增长的关键引擎。与此同时，发达经济体通胀上行风险加剧、欧元区经济增长缓慢、部分新兴经济体债务高企，跨国直接投资仍然面临诸多不稳定不确定因素。

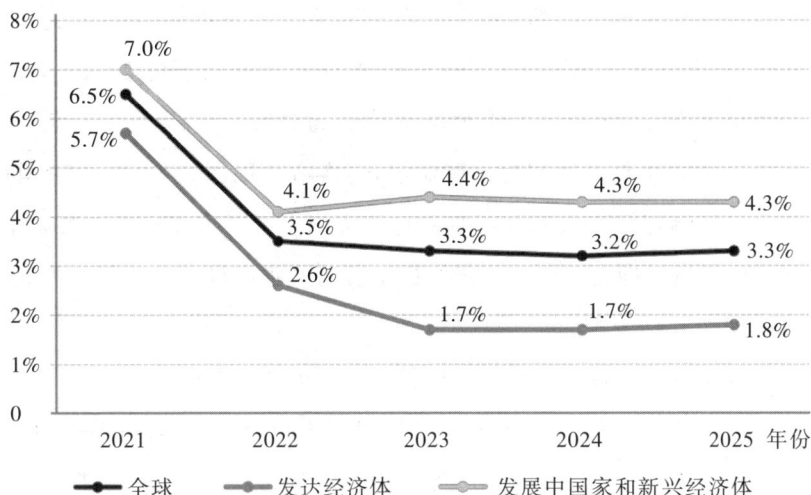

图2-2　2021—2025年全球及不同类别经济体经济增速情况

数据来源：国际货币基金组织（2024年和2025年为估计值）。①

（2）全球货物贸易保持稳定，政策不确定性令全球贸易承压

据央广网报道，2025年3月14日，联合国贸易和发展会议发布报告，2024年全球贸易额达33万亿美元新高，较2023年增长3.7%，但增长势头在2024年下半年有所放缓。2024年全球贸易增长主要由服务业推动。过去一年服务业增长9%，占总增长的近60%，而货物贸易仅增长2%。2024年发展中经济体的贸易增长超过发达经济体，发展中经济体全年进出口增长4%，其中第四季度增长2%。中国和印度第四季度贸易增长势头更加强劲。发达经济体的贸易则陷入停滞，全年进出口增长平缓，第四季度下降2%。其中，中国外贸首次突破43万亿元大关，同比增长5%，连续第8年保持货物贸易第一大国地位，货物贸易顺差规模创历史新高。2025年2月25日，《瀚文咨询》发布的《经合组织下调今明两年全球经济增长预期》报告显示，2025年1月，主要经济体进口需求分化：美国进口3 253.0亿美元，增长24.6%；

---

① 中华人民共和国商务部．中国外商投资报告2024［R/OL］．［2025-01-15］.https：//wzs.mofcom.gov.cn/ztxx/art/2025/art_a5f52f7bf1e7467cb87bfb0b2f10c3c0.html.

欧盟进口 2 216.6 亿美元，增长 5.2%，复苏温和；日本进口 677.9 亿美元，增长 8.8%，表现平稳；而英国、韩国和越南进口分别下降 2.0%、6.2% 和 8.1%，需求疲软。预计 2025 年全球货物贸易总额为 24.453 万亿美元，与 2024 年全球货物贸易总额相比，环比增长 2.34%，如图 2-3 所示。美国推行单边主义、贸易保护主义的新工具若付诸实施，将严重破坏多边贸易体制，对全球供应链造成冲击，进一步加剧国际贸易紧张局势，全球贸易的流向和布局或被改变。

（3）全球债务风险有增无减，通胀压力有望继续放缓

联合国的数据显示，截至 2024 年 12 月，全球公共债务占 GDP 的比重为 95.1%，较 2019 年上升 12.0 个百分点，较 2007 年上升 36.0 个百分点。[①]未来，全球经济碎片化加深、贸易和经济政策不确定性加大、金融市场风险不断积聚，全球债务脆弱性或将加剧，部分发展中经济体仍将面临较高的债务违约风险，对世界经济及金融稳定构成挑战，也将制约经济复苏进程。随着能源价格预期下行、劳动力市场总体稳定，2025—2026 年全球通胀涨幅将进一步回落。IMF 预计，2025 年全球通胀涨幅将由 2024 年的 5.7% 回落至 4.2%，2026 年将进一步降至 3.5%，均较 2024 年 10 月份预测值低 0.1 个百分点。其中，发达经济体通胀回落 0.5 个百分点至 2.1%，2026 年降至 2.0%；新兴市场和发展中经济体回落 2.2 个百分点至 5.6%，2026 年降至 4.5%。[②]但全球降通胀进程仍然波折，贸易保护主义特别是美国特朗普新政府关税计划将推高进口价格，加大通胀反弹风险，地缘政治紧张局势直接影响运价及大宗商品价格，加大进口国价格压力。

---

① 国家统计局国际统计信息中心释经组．世界经济温和增长 复苏前景不确定性上升——2025 年世界经济形势展望 [N]．中国信息报，2025-02-19．
② 国家统计局国际统计信息中心释经组．世界经济温和增长 复苏前景不确定性上升——2025 年世界经济形势展望 [N]．中国信息报，2025-02-19．

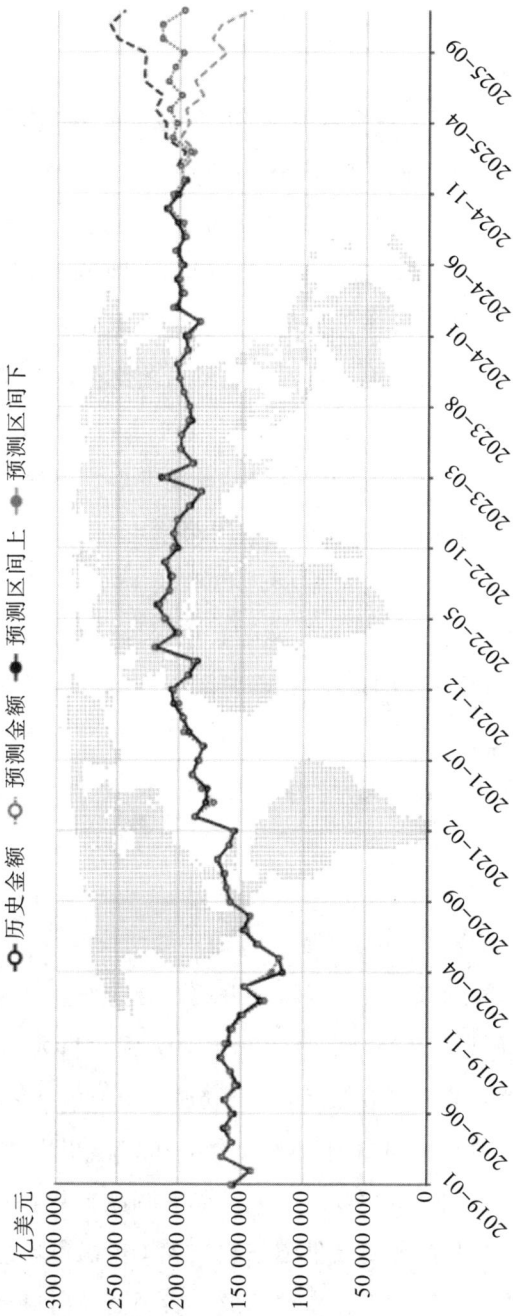

图 2-3　2025 年全球货物贸易总额预测

数据来源：瀚闻资讯。

2.2.2 我国外贸形势

（1）外贸形势总体向好，在全球供应链中的地位依然稳固

2024 年，中国进出口总值达到 43.85 万亿元人民币，同比增长 5%，规模再创历史新高，比 2020 年增加了 11.63 万亿元，增量是"十三五"期间 5 年增量的 1.5 倍。中国作为货物贸易第一大国的地位更加稳固，已成为 150 多个国家和地区的主要贸易伙伴，外贸"朋友圈"越来越大。高技术产品增势良好，自主品牌出口创历史新高，绿色贸易领跑全球。2024 年，中国风力发电机组出口增长 71.9%；光伏产品连续 4 年出口超过 2 000 亿元；锂电池出口 39.1 亿个，创历史新高；数字贸易蓬勃发展，根据 2025 年 3 月 28 日《瀚文咨询》的初步统计，2024 年，我国跨境电商进出口 2.63 万亿元，增长 10.8%。2025 年 1 月，美国自中国进口增长 16.7%，占比降到 13.5%（上年同期占比为 14.4%），韧性犹存；欧盟自中国进口增长 15.9%，占比升至 21.4%（上年同期占比为 19.4%），依赖加深；日本、英国自中国进口占比微升；韩国和越南虽有下降，但占比仍高，区域间产业链供应链调整呈现动态性和复杂性特征。面对美国的全面遏制，我国以关税反制、资源出口管制及其他精准手段积极应对，维护国家利益与经济安全，彰显战略韧性与灵活性。

（2）东盟等多元市场成为我国商品出口的重要增长点

尽管我国对美直接出口下滑，但根据海关总署数据，中国商品借道东盟间接进入了美国市场。2024 年 3 月，我国对美国出口大幅下滑 15.9%，出口美国的份额亦滑落至历史最低点 13.1%（前值为 14%）；与之相对应的是，我国对东盟出口增速降幅由-12.5% 收窄至-6.3%，出口东盟的份额上升至历史高位 18.9%（前值 15.1%），考虑到东盟消费能力不足，且越南等国对美国出口大增，推测部分商品借道东盟进入了美国市场。近年来，为应对美国围追堵截式的贸易制裁，东盟已成为我国商品出口至欧美发达国

家的重要中转地。2025 年，从贸易伙伴看，东盟在进出口中均位居首位，且增速表现良好，RCEP 等区域经济一体化机制推动了与东盟的贸易深化。此外，我国对共建"一带一路"64 国和 CPTPP 成员出口分别增长 3.3% 和 2.4%，显示多元化策略有效分散了对单一市场的依赖，尤其在中美关系紧张的背景下。

（3）传统制造业和供应链安全面临考验，人工智能与科技创新为我国外贸注入新动能

世界经济碎片化加剧，经济全球化遭遇逆流，外部环境变化给我们带来的不利影响加深。特别是美国不仅动用加征关税手段阻碍我国传统产业出口，还通过"实体清单"手段全面遏制我国新兴产业发展。[①]我国传统制造业和供应链安全面临考验，出口商品结构和市场将受到一定程度影响。但要客观看到，近年来，我国重大科技创新成果持续涌现，集成电路、人工智能、量子技术等领域取得重要进展。现代化产业体系加快构建，新产业、新产品、新业态蓬勃发展，传统产业智能化改造和数字化转型持续推进。绿色低碳转型步伐加快，我国成为全球首个新能源汽车年产量超过 1 000 万辆的国家。以 DeepSeek 等国产 AI 技术为代表的应用，不仅提升了生产效率，还推动了智能制造、数字经济等领域的快速发展。这些技术突破有望优化外贸企业的供应链管理、降低运营成本，并在全球市场中形成新的竞争优势。科技驱动的产业升级将成为中国外贸高质量发展的核心动力。

---

① 江金权．全面辩证看待我国当前经济形势——学习习近平总书记在中央经济工作会议上重要讲话的体会 [J]．学习与研究，2025（2）20-24．

2.3　辽宁开放发展面临的机遇与挑战

2.3.1　发展机遇

（1）与共建"一带一路"国家深化务实经贸合作机遇

近年来，中国与共建"一带一路"国家不断深化务实经贸合作，取得了积极成效，合作规模持续扩大。从货物贸易看，2021—2024年，辽宁全省对共建"一带一路"国家进出口额逐年稳步提升，分别为2 433.5亿元、3 888.9亿元、3 728.3亿元、4 051.0亿元。第三届"一带一路"高峰论坛上，正式提出中国支持高质量共建"一带一路"的八项行动，尤其是"中蒙俄经济走廊"建设将成为辽宁及东北地区深化东北亚合作新的增长点。辽宁产业基础雄厚，兼具陆海、联通"带""路"，深度融入共建"一带一路"、积极参与中蒙俄经济走廊建设是辽宁进一步扩大开放的重要机遇。俄乌冲突发生后，欧美把俄罗斯剥离出贸易体系，这直接导致俄罗斯将更多地参与中国主导的贸易体系，俄罗斯由"向东看"转向实质性的"向东转"，中国企业面临填补西方企业撤离俄罗斯的机会，也为辽宁振兴发展和扩大开放提供了新的增量空间。对于辽宁而言，对俄合作的最大机会是北极航道共同开发、涉海产业、能源资源、科技及经贸互补。

（2）与日韩等国加强区域合作机遇

当前，美国特朗普上台后的政策变化是美日韩三边合作的重要影响因素。美国优先的单边主义、孤立主义倾向及防务费用分摊、关税等议题，可能引发美日、美韩间的经贸摩擦。美国一旦竖起贸易壁垒，日本和韩国都会是美国的重点针对对象。对于日本和韩国来说，不管是寻求跟美国进行谈判还是为了应对美国的加税政策，都需要跟中国加强合作。2024年11月29

日，日本首相石破茂在国会发表施政演说，就中日关系作出积极表态，称中日应全面推进战略互惠关系，构建建设性且稳定的双边关系，并寻求在共同利益领域展开合作。2024 年 12 月 25 日，日本外相岩屋毅正式访问中国。岩屋毅在启程前的记者会上表示，此行的目标是进一步推动"全面推进战略互惠关系"，并致力于构建一个"建设性且稳定的"双边关系，尤其是在两国可以互利的领域展开合作。中国外交部也正式宣布，自 2024 年 11 月 8 日起对韩国持普通护照人员实行免签政策；自 11 月 30 日起恢复对日本持普通护照人员实行免签政策，而且停留期限从 15 天延长到 30 天。我国的免签政策成为中日韩三国人员往来和经贸交流的重要纽带，红利持续释放。中国对日韩免签政策激发了"周五下班去中国"的周末游新潮流，日韩游客赴华旅游热情高涨。应借此机遇尽快构建连接东北、黄海和日韩的国际旅游观光带，把东北冰雪观光与海上观光联动，与日韩合作开发海上游轮旅游项目，等等。另外，日韩与东北地区都是世界上老龄化进程最快的国家与地区，拥有巨大的银发市场。与日韩合作，辽宁在康复治疗、老年护理、医疗和信息服务技术等领域也将迎来发展新机遇。区域全面经济伙伴关系协定（RCEP）在 15 个成员国的全面生效，在货物贸易、服务贸易、产业链和人员往来等方面为我省深化与日韩及东盟国家合作提供了更广阔的空间。

（3）与欧盟深化务实经贸合作机遇

中国与欧洲关系的未来在很大程度上取决于俄乌冲突的停火方式以及中美关税情况对欧洲的影响。欧洲希望避免在中美之间的关税争端中被裹挟，更不希望同时跟中国和美国开打"贸易战"，或更倾向于维持与中国务实的经贸合作。在美欧关系因特朗普重返白宫而面临经贸与安全双重压力的背景下，欧盟委员会主席冯德莱恩近期多次释放缓和姿态，强调借中欧建交 50 周年契机深化合作，重新平衡中欧关系。中国和欧盟在共同面对与美国的贸易摩擦加剧背景下，有进一步深化合作的意愿和前景。2024 年 10 月，欧方不顾中方反对，直接宣布对华电动车"反补贴调查"结束，决定对其征收最高45.3%、为期5年的关税。尽管如此，随着谈判的深入，双方逐渐找到了共同点。中欧双方通过谈判，既保护了各自市场的利益，又为未来的技术合作开辟了新的途径。对于中国车企来说，虽然关税有所上调，但通过技术共享和产品质量提升，依然可以在欧洲市场上保持竞争力。而对于欧洲车企来说，通过借鉴中国的成功经验和技术成果，可以加快电动化转型步伐，推出更有竞争力的产品。

（4）拓展更多"全球南方"国家市场发展机遇

从贸易地理结构来看，我国外贸地理结构更加多元化，特别是与发展中国家的互利共赢成效巨大，推动世界经济向更加平衡、更加可持续的方向发展。随着发展中国家经济不断增长，发展中国家作为我国外贸伙伴的地位日渐提高。这说明我国产业升级的结果是我国与发展中国家的互补性在加大，而与发达国家的竞争性在增强。从2024年12月1日起，我国开始给予最不发达国家100%税目产品零关税待遇，这是中国在金砖国家领导人会议上宣布的重要举措，旨在通过开放促进发展。以金砖国家为代表的"全球南方"国家通过"大金砖合作"机制，推动"全球南方"国家的经贸发展。2025年1月1日，白俄罗斯、玻利维亚、印度尼西亚、哈萨克斯坦、泰国、古巴、乌干达、马来西亚和乌兹别克斯坦正式成为金砖国家伙伴国，进入"大金砖合作"的新时代。我国正在积极推进与东盟的自贸区3.0版谈判、推进与海合会和孟加拉国等国家和地区签署自由贸易协定。这些协定的签署将有助于降低贸易壁垒，提高贸易便利化水平。因此，在当前及未来一个时期，拓展与发展中国家之间的经贸往来呈现出更强的增长趋势，辽宁面临进一步深化与"全球南方"国家之间经贸合作的发展机遇。

（5）从国内经济社会发展形势分析

以开放促改革、促发展，是我国现代化建设不断取得新成就的重要法宝，也是我国应对外部形势变化的主动作为。党的二十届三中全会明确指出，进一步全面深化体制机制改革，加快推进中国式现代化建设。中国对外开放的大门越开越大，稳步扩大制度型开放，主动对接国际高标准经贸规则，依托我国超大规模市场优势，在扩大国际合作中提升开放能力，建设更高水平开放型经济新体制。与此同时，国家加大对东北振兴的政策支持力度，辽宁面临着在新一轮科技革命、新经济、新业态、新模式环境下，深化对东北亚等国家合作机遇，可以在国内国际双循环中发挥更突出的战略作用。

（6）辽宁以下产业在开放发展中具有增量机遇

①船舶。

当前，全球船舶工业正在向中国转移，未来几年这种趋势仍将持续。目前，世界造船格局呈现出中、韩、日、欧四极格局。在这四极当中，从产业周期看，韩国处于成长期的后期，发展潜力有限，日本已进入成熟期，欧洲已进入衰退期，只有中国刚刚进入快速成长期，发展空间和潜力巨大。2024年6月，我国船舶出口金额增长58.3%，前值57.1%，拉动出口增长0.4个百分点。随着全球经济逐步复苏，航运市场需求强劲，全球航运市场对新船的需求稳步增长。我国造船业的国际市场份额全球领先，尤其是集装箱船、散货船等优势船型的国际地位不断巩固。2025年以来我国手持船舶订单增速屡创新高，1—4月，出口船舶在全国造船完工量、新接订单量、手持订单量中的比重分别达88.4%、84.8%和92.4%，出口金额更是达到158.3亿美元。考虑到船舶建造周期一般为10~24个月，预计全年我国船舶出口将保持高速增长。

中国作为全球最大的船舶生产国，其造船产能主要分布在江苏、上海、辽宁、浙江、广东、山东等省（市），这六个省市船舶行业占全国95%以上。辽宁现已是我国重要的船舶研制生产基地，生产出第一艘万吨轮、第一艘超大型油轮、第一艘航空母舰等。现有规模以上船舶工业企业240余户，包括大连船舶重工、大连中远海运川崎、大连中远海运重工、渤海船舶重工等龙头。中国船舶集团是全球最大的造船集团。长期以来，中国船舶集团积极参与并服务辽宁振兴发展，双方携手为国家船舶工业创造出很多不平凡的业绩。辽宁与中国船舶集团产业协同性强，双方深化务实合作前景广阔、潜力巨大。辽宁打造船舶与海工装备产业集群迎来发展机遇。

②芯片半导体。

当前，复杂的地缘政治环境等多种因素让越来越多国家将自主发展半导体产业上升到国家战略层面。提升自身半导体产业的竞争力、保障产业链供应链安全成为各国共识。包括中美在内的各国加强半导体供应链发展，就是在确保自己绝对优势的前提下全力补齐供应链的局部短板，从而摆脱对外界的依赖，未来，随着竞争加剧，全球半导体供应链布局也将更趋分化。而在美国加大力度阻止中国进入全球高科技供应链之际，虽然美西方的限制措施不可避免地影响当地供应链，但同时也为发展当地产业链提供了机会。中国共产党第二十届中央委员会第三次全体会议明确指出，要健全提升产业链供应链韧性和安全水平的制度。抓紧打造自主可控的产业链供应链，健全强化集成电路、工业母机、医疗装备、仪器仪表、基础软件、工业软件、先进材料等重点产业链发展体制机制，全链条推进技术攻关、成果应用。在美国对华在半导体领域实施管制措施的影响下，随着中国政府不断加大对科技领域的资金投入，中国在半导体领域的自给率不断提高，对于辽宁来说有关经济机遇可能正与日俱增，辽宁也迎来了实现半导体自力更生目标的"机遇"。

目前，以半导体为主业的辽籍上市公司已有5家，若再加上新三板公司中科仪、现有业务囊括半导体装备业务的新松机器人、拟上市企业和研科技等，辽籍半导体产业集群已经初具规模。辽宁拥有相对完整的半导体装备产业链。半导体产业链上游包括零部件、材料和控制单元，辽宁拥有富创精密、新松机器人、中科仪、沈阳硅基、中科博微等上游企业，能够供应反应腔、真空干泵、机械手、控制软件、SOI材料等零部件和控制系统。辽宁省半导体产业在精密零部件领域完成了精密切削、精密表面处理、特种焊接技术研发，特种表面处理生产线国际一流、亚洲第一，核心技术打破了国外对中国半导体产业的技术封锁。真空获得与应用技术、晶体生长关键技术达到国际先进水平。真空密封技术攻克了技术难关，达到国内领先水平。半导体产业链中游为整机设备制造商，目前辽宁省拥有芯源微、拓荆科技、仪表院等企业，可以进行薄膜设备、涂胶显影机、划片机等半导体整机制造和系统集成。半导体产业链下游主要应用于集成电路制造、封测企业，目前辽宁从事集成电路制造的企业主要是中电科第 47 所和仪表院等研究部门。2024 年 3 月 18 日，国内半导体龙头汉京半导体产业基地项目在沈阳开工，助推辽宁成为行业重要材料供应基地。该项目主要生产集成电路产业专用材料，建成后将吸引集成电路产业链上下游企业加速聚集，推动辽宁省成为半导体设备重要材料供应基地。这些有助于企业进一步稳固国内半导体石英制成品市场龙头地位，在半导体陶瓷材料领域填补国内行业空白，建成国内首家可以稳定供货的碳化硅工厂。

③新三样。

当前，辽宁以电动载人汽车、太阳能电池、锂电池为代表的"新三样"正持续在海外走俏，有力带动辽宁外贸出口实现新突破。根据沈阳海关2024 年 1 月 17 日公布的统计数据，2023 年辽宁省机电产品出口共 1 839 亿元，同比增长 4.6%，占同期出口总值的 52%。其中，集成电路出口 229.3 亿元，增长 2.8%；船舶出口 146.5 亿元，增长 27.7%；而包含锂离子蓄电池、太阳能电池和电动载人汽车在内的"新三样"出口 188.2 亿元，增幅达到48.8%。从服装、家具、家电等"老三样"到如今的"新三样"，货物贸易结构变迁折射出辽宁省外贸转型升级的强劲动力。相关产业的综合实力不断提升，日渐完备的产业链供应链能满足"新三样"生产对原材料和零部件的需求，正推动整个产业快速上规模、上水平。产业链稳定是推动辽宁经济持续增长和竞争力提升的重要保障。

2.3.2 面临的挑战

（1）全球经济不确定性正在加剧

经济下行压力的加剧导致全球经济复苏乏力，增长动力明显不足。贸易保护主义的抬头、主要经济体衰退风险的增加以及地缘政治紧张局势等多重因素相互交织，导致国际市场需求减少。同时，全球经济的不确定性使得跨国企业在投资决策时变得更加谨慎，全球产业链和供应链趋向紧缩，呈现明显的区域化、近岸化和在岸化趋势。全球供应链的重组和区域经济自给自足的趋势，对我省产业链的稳定性和竞争力提出了更高要求。近年来，世界贸易组织面临改革压力，特别是其上诉机构因美国阻挠而陷入"停摆"。通过削减关税和非关税壁垒、限制倾销和补贴等不公正贸易手段来推动国际商品和要素流动等传统议题不再是焦点，取而代之的是以劳工标准、知识产权保护、政府采购、竞争中立、营商环境等新议题为特征的"边境内"开放规则。

（2）美国新政府发起关税战及科技等遏制政策

2025 年 2 月 1 日，美国新政府宣布对从中国进口的商品加征 10% 关税；2 月 10 日，美国宣布从 3 月 12 日起对所有进口至美国的钢铁和铝产品加征 25% 关税；3 月 4 日，以芬太尼等问题为由，美国对从中国进口的商品加征关税从 10% 提高到 20%。4 月 2 日，美国对进口汽车及关键零部件加征 25% 关税生效；同日，美国推出所谓"对等关税"，对所有进口商品加征 10%"最低基准关税"，其中对中国的"对等关税"税率达到 34%，4 月 5 日生效。4 月 10 日，美国对从中国进口的商品关税提升至 125%；4 月 15 日又提升至 245%，并就是否需要对进口关键矿产加征关税启动调查。美国的关税霸凌行径严重违反国际经贸规则，中国政府坚决予以全面反制。4 月 11 日，中国对原产于美国的进口商品加征关税由 84% 提高至 125%，并宣布鉴于在目前关税水平下，美国输华商品已无市场接受可能性，如果美方后续对中国输美商品继续加征关税，中方将不予理会。在此背景下，5 月 12 日，中美日内瓦经贸会谈达成重要共识，中美互降 115% 关税。美方取消 91% 的加征关税，中方取消 91% 的反制关税；美方 90 天内暂停 24% 的所谓"对等关税"，中方 90 天内暂停 24% 的反制关税，美国对华加征关税为 30%。6 月 23 日起，美国对冰箱、烘干机、洗衣机、洗碗机、冰柜、灶具、炉灶、烤箱、厨余垃圾处理机等多种钢制家用电器加征的 50% 关税正式生效。辽宁对美出口的主要商品主要集中在机电产品、钢材、农产品与食品和石化等领域，加之美国对华实施"301 关税"调查，辽宁省对美出口商品中，钢材、汽车零配件、铝及铝制品、航空器材、医药产品等会受到较大的直接影响。与此同时，美国升级对华技术出口管制，将矛头直指中国半导体和航空工业，一定程度上将会影响辽宁半导体设备、锂电池技术及航空产业合作与供应链稳定性。

（3）东北亚区域局势发展复杂多变

随着俄乌冲突进入第四个年头，国际社会对和平的渴望愈发强烈，冲突的未来走向成为全球关注的焦点。从局势变化趋势分析，和谈的可能性逐渐增加，但实现和平仍面临着重重阻碍。当地时间 2025 年 2 月 24 日，联合国安理会对美国提出的关于乌克兰问题的决议草案获得通过。目前，我省深化对俄合作仍面临金融结算和可能受到关联制裁的风险。俄朝深化合作、朝鲜半岛局势紧张将对我省统筹发展和安全带来一定压力。韩国国内政治不稳定性将一定程度上影响东北亚及我省对韩合作环境，在美国为首提出的"脱钩断链""去风险"等因素影响下，日、韩等国家已经开始将部分生产线转移到东盟国家或回到本土发展，以实现产业链多元化和稳定性，对我省进一步深耕日韩市场造成一定的阻碍。

（4）中日韩欧产业竞争加剧

近年来，中日韩产业合作逐渐由"垂直互补"向"水平竞争"模式转变，传统"雁型模式"下的互补性有所下降，在汽车、消费电子、半导体和造船业等关键产业领域的同质竞争性上升。尤其是中国在产业技术领域加快向中高端迈进，在全球价值链中的地位不断攀升，对日韩优势产业形成挤压效应。三国间经贸关系的竞争性上升带来的合作预期收益下降，难免会影响三方合作的积极性。中国出口产品从 2010 年劳动密集型占比超过 70%，变化为 2023 年高附加值产品超过 90% 来看，中国的产业升级已经接近尾声。目前中国产业占有绝对优势的不仅包括可再生能源与汽车业，还有钢铁与水泥生产、重工机械类、港口机械类、造船业与化工产业，这些产能不是全球第一就是全球大部分份额，甚至半导体产业也开始发力。而日韩产业与中国高度重合，比如韩国的支柱产业中的汽车、重型机械、半导体、液晶面板以及手机与电子产品等；日本的支柱产业是汽车（包括新能源汽车）、半导体、智能手机、智能家电以及液晶面板、重型机械与造船业等。中国的产业优势不仅是技术创新，还包括技术突破后的低成本能力。辽宁省与日韩及欧盟等国家需找到以新质生产力及服务业为代表的新合作领域及产业链构建。

第3章
辽宁对外开放与振兴发展关系分析

辽宁是我国最早开放的沿海省份之一，也是东北地区唯一的沿海省份，对外开放条件优越。曾经一个时期辽宁利用外资规模高居全国第二位，占全国比重近20%，是最具开放基因、开放潜能、开放活力的省份之一。随着我国经济发展步入新常态，经济增速进入换挡期，原来的持续高要素投入难以维持，辽宁经济受国内外需求减弱叠加长期存在的体制机制等问题影响，长期处于低位徘徊阶段，与沿海先进地区相比出现差距。本章重点回顾辽宁对外开放发展的历程，尤其是总结实施东北地区等老工业基地振兴战略20年以来的开放情况，通过纵向对比，能更清晰地分析对外开放与振兴发展的关系。

3.1 辽宁对外开放历史回顾

3.1.1 对外开放的起步阶段（1978—1993年）

党的十一届三中全会以后，在党中央对外开放的方针指引下，辽宁步入了对外开放时期。1983年，辽宁省委、省政府提出"改革、开放、改造、开发"振兴辽宁的战略思想。1984年9月，国务院批准兴办大连经济技术开发区，大连被列为全国14个沿海开放城市之一。此后，国务院陆续批准营口港对外开放，营口市享有沿海开放城市的部分优惠政策。1985年，中共中央1号、3号文件明确提出逐步开放辽东半岛的设想后，同年2月，批准锦州市为甲级开放城市；7月，批准金县（后改为大连市金州区，现并入金普新区）对外开放；年底，批准丹东港对外开放。

1988年初，一个以大连为前沿、沈阳为腹地，相互配合的辽东半岛外向型经济区逐步形成。随着全省对外开放的逐步展开，各地不断兴起成立并建设经济技术开发区的热潮。1984年10月，经国务院批准，大连经济技术开发区作为首批经济技术开发区开始兴建；1988年6月22日，沈阳经济技术开发区成立，并于1993年被批准为国家级经济技术开发区。此后，营口新经济区、丹东边境经济合作区陆续批准成立。1987年，辽宁开始举办第一个出口商品展示交易平台即中国东北地区暨内蒙古出口商品交易会，这是对外贸易经济合作部批准的全国第一个区域性出口商品交易会，对促进全省乃至全国的对外贸易发展起到了极大的推动作用。

从出口贸易额考察，1978年，辽宁省虽然仅次于广东、上海，位居全国第3位，但出口仅为15.2亿美元，但这与国家下达辽宁省原油出口指标有直接关系（详见图3-1）。随着外贸体制不断改革，出口规模不断扩大，1993年，辽宁省出口额达到62.1亿美元。

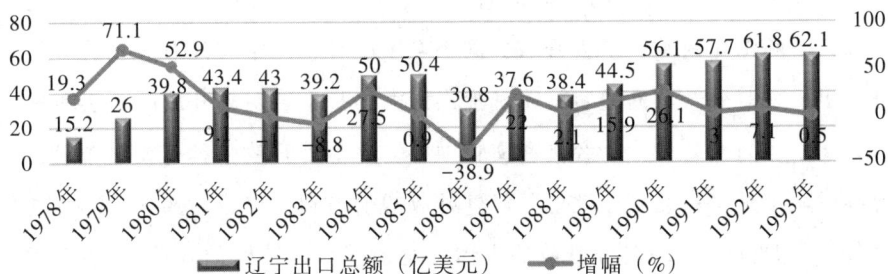

图3-1　1978—1993年辽宁出口总额及增幅趋势

数据来源：《中国统计年鉴》、《中国统计摘要》、沈阳海关；GDP数据经美元年平均汇率转换而得。

从进口贸易额考察，如图3-2所示，1978—1993年，辽宁总体进口贸易额较低，直到1992年以后才超过10亿美元，1993年到达22.5亿美元。此阶段，我省处于贸易顺差。

图3-2 1978—1993年辽宁进口总额及增幅趋势

数据来源：《中国统计年鉴》、《中国统计摘要》、沈阳海关；GDP数据经美元年平均汇率转换而得。

3.1.2 辽宁对外开放巩固提升阶段（1994—2002年）

1992年邓小平同志南方谈话后，辽宁省委、省政府认真贯彻南方谈话精神，不断深化改革、扩大开放。同年4月29日，辽宁省政府通过的《关于进一步扩大对外开放的决定》明确提出：大连是全省对外开放的龙头和先行区；沈阳作为全省政治、经济和文化中心，在对外开放中具有突出作用；沿海港口城市是全省乃至东北地区对外开放的前沿和窗口；中部城市群及其所属县乡，是辽东半岛对外开放的主体，全部实行开放区的政策。5月13日，经国务院批准，大连保税区正式设立，当时为东北地区唯一。到1997年，辽宁已经形成了以大连为龙头、以沈阳为中心的中部城市群和以锦州为窗口的辽西地区"三点一面"对外开放格局。2001年12月中国正式加入WTO后，辽宁在合作一批重大项目、开发一批名牌产品、培育一批骨干企业上取得了突破。

随着改革开放全面深入，东部沿海省份对外贸易快速发展，我省出口位次开始逐步后移，增速出现较大幅度波动，没能保持较高增长速度。2000年，辽宁省出口突破100亿美元，2002达到123.7亿美元，如图3-3所示。2002年，广东省出口额已达到1 184.7亿美元。2000年，上海市进出口超过

500亿美元，达到546.8亿美元。2002年，上海市出口额为320.4亿美元。

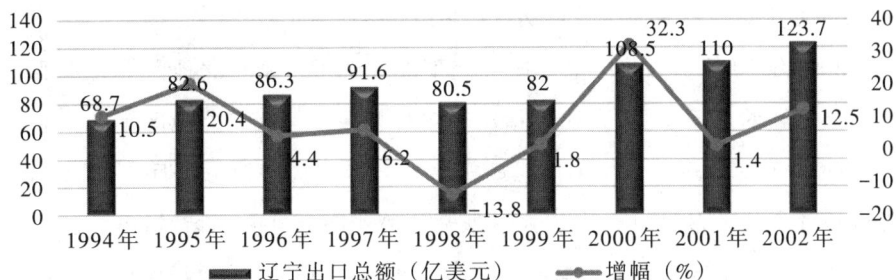

图3-3 1994—2002年辽宁出口总额及增幅趋势

数据来源：《中国统计年鉴》、《中国统计摘要》、沈阳海关；GDP数据经美元年平均汇率转换而得。

从进口情况分析，如图3-4所示，1994—2002年，我省进口商品总额稳中有升略有波动，增加值并不显著，2000年以后开始突破80亿美元，但直到2002年也未突破100亿美元大关，这一时期，我省仍处于贸易顺差，但与广东、上海相比已经开始明显拉开差距。2002年，广东省进口总额为1 026.3亿美元，上海市进口总额为405.9亿美元。

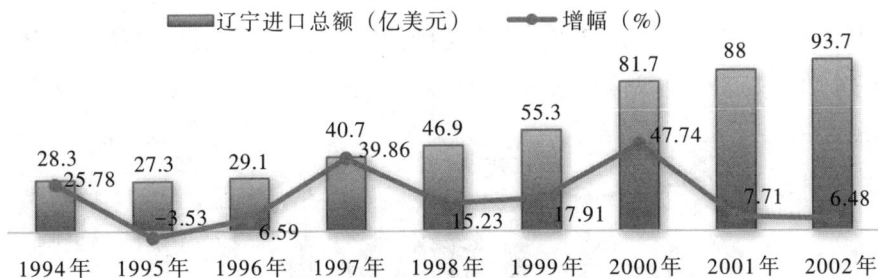

图3-4 1994—2002年辽宁进口总额及增幅趋势

数据来源：《中国统计年鉴》、《中国统计摘要》、沈阳海关；GDP数据经美元年平均汇率转换而得。

3.1.3　辽宁对外开放快速发展历程（2003—2013年）

2003年10月，中共中央、国务院下发《关于实施东北地区等老工业基地振兴战略的若干意见》，明确指出，对外开放是振兴东北地区等老工业基地的根本途径，并给予相关优惠政策。2005年，国务院办公厅下发《关于促进东北老工业基地进一步扩大对外开放的实施意见》，明确指出，进一步扩大对外开放是实施东北地区等老工业基地振兴战略的重要组成部分，也是实现老工业基地振兴的重要途径。2005年，辽宁省提出要努力打造"五点一线"沿海经济带的战略构想。2006年8月31日，大连大窑湾保税港区成为继上海洋山保税港之后第二个通过国家封关验收的保税港。

随着中央实施东北老工业基地振兴战略以及我国加入WTO，我省出口迎来大发展时期，出口增幅均保持在2位数，在全国位次稳定在第8位。2005年出口突破200亿美元、2007年突破300亿美元、2008年突破400亿美元、2011年突破500亿美元、2013年突破600亿美元，10年间连续迈上5个大台阶，如图3-5所示。2003年，广东省出口额1 528.5亿美元，上海市出口额484.5亿美元。到2013年，广东省已达到6 363.6亿美元，份额为辽宁的10倍，同年，上海出口额也达到2 041.8亿美元。

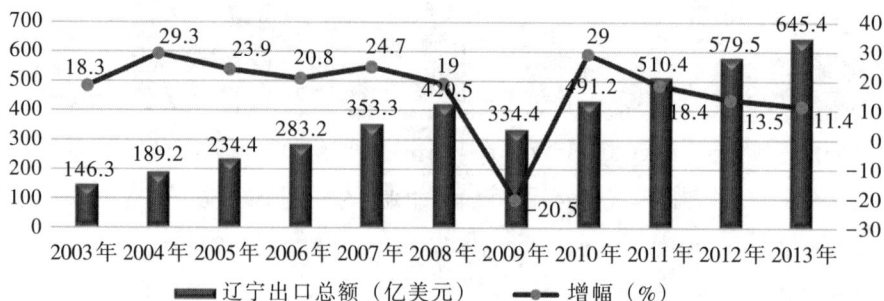

图3-5　2003—2013年辽宁出口总额及增幅趋势

数据来源：《中国统计年鉴》、《中国统计摘要》、沈阳海关；GDP数据经美元年平均汇率转换而得。

2003年至2013年，如图3-6所示，我省进口贸易额由119.3亿美元增至497.4亿美元，仍保持贸易顺差。2003年，我省进口额为119.3亿美元，广东省外贸进口额为1 306.8亿美元，同年，上海市对外贸易首次突破千亿美元大关，达到1 123.4亿美元，其中进口额为638.9亿美元。到2013年，我省进口额将近500亿美元，同年，广东省和上海市分别为4 552.2亿美元和2 370.9亿美元。广东省进口额将近辽宁的10倍。

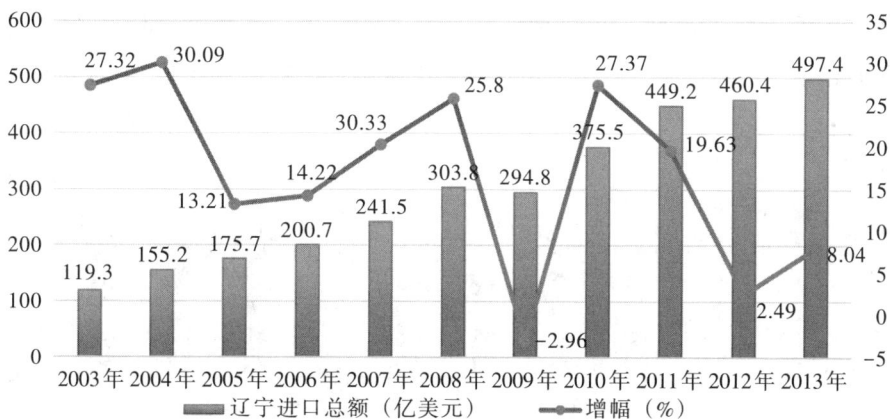

图3-6　2003—2013年辽宁进口总额及增幅趋势

数据来源：《中国统计年鉴》、《中国统计摘要》、沈阳海关；GDP数据经美元年平均汇率转换而得。

3.1.4　辽宁对外开放进入新时代（2014年至今）

党的十八大召开后，党中央针对国内外形势的新变化进行了深刻分析、科学决策，提出了一系列对外开放的战略举措，推进对外开放进入新时代。2015年8月4日，作为中国第十个国家级新区，也是东北三省第一个国家级新区，大连金普新区正式挂牌成立。2017年4月10日，中国（辽宁）自由贸易试验区正式运行。辽宁积极参与"一带一路"建设，加快辽满欧、辽蒙欧、辽海欧3条综合交通运输大通道建设。党的十九大以来，辽宁省全面深化日韩俄经贸合作、扩大利用外资、加强对外投资安全管理等系列政策文件，打出了一套扩大对外开放的政策"组合拳"，开拓了多元化国际市场，外贸结构持续优化。

但2014年以来，受国际市场需求持续低迷、全球新冠肺炎疫情及我省产业结构等多重因素影响，近10年间，我省出口增速出现震荡，有6个年份出现负增长，2020年出口383.3亿美元，下降15.6%，总量为2009年以来的数年最低。而2021年，出口增速又出现大幅提升，增速高达33.7%，为30年来辽宁出口最高，全省出口增速大幅度波动的态势较为明显。具体可如图3-7所示。

图3-7　2014—2023年辽宁出口总额及增幅趋势

数据来源：《中国统计年鉴》、《中国统计摘要》、沈阳海关；GDP数据经美元年平均汇率转换而得。

2014年以来，辽宁省进口额保持在400亿~600亿美元，总体增长趋势波动较大。2018年以后较为平稳，其中，2021年达到峰值682.3亿美元，如图3-8所示。进口商品结构的主要特点是，能源产品和机电产品占比较大，同时农产品进口增长较快。以2023年为例，辽宁省能源产品进口1 219.2亿元，占同期进口总值的29.6%，其中原油进口1 121.6亿元；机电产品进口1 146.6亿元，占27.8%，其中汽车零配件进口438.8亿元。同时，农产品进口增长较快，2023年，农产品进口448.7亿元，增长10.2%，其中大豆进口149亿元，增长5.6%；食用水产品进口124.2亿元，增长18.2%。

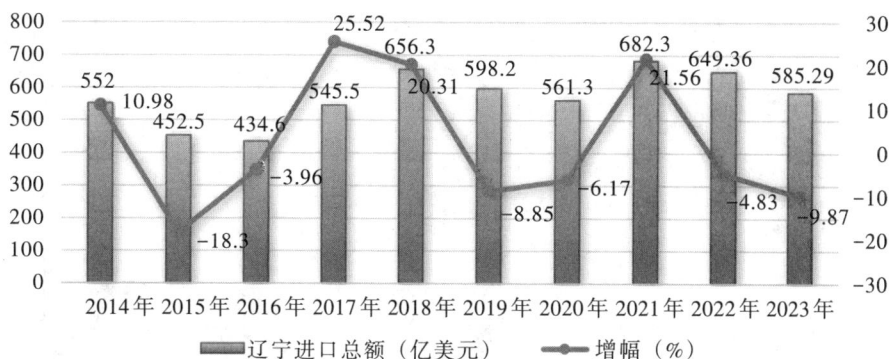

图 3-8　2014—2023 年辽宁进口总额及增幅趋势

数据来源：《中国统计年鉴》、《中国统计摘要》、沈阳海关；GDP 数据经美元年平均汇率转换而得。

3.2　东北振兴战略实施以来辽宁开放发展情况

3.2.1　东北振兴战略实施以来，辽宁货物进出口整体呈上升态势，但波动性较大

如图 3-9 所示，东北振兴战略实施以来，辽宁对外贸易发展大致分为四个阶段，第一阶段适逢全球经济周期上行叠加以装备制造和原材料产业产能适应了全球市场的需求，辽宁货物进出口金额从 2003 年的 265.61 亿美元快速攀升至 2013 年的 1 142.85 亿美元，年均增长 30.02%。第二阶段，受国际金融危机影响，国际市场需求减少，辽宁进出口金额从 2014 年开始连续三年下降，分别下降 0.5%、15.8% 和 9.8%，到 2016 年降至 865.21 亿美元。第三阶段因金融危机的影响逐步弱化，辽宁进出口金额整体规模开始反弹，到 2018 年进出口金额恢复至 1 144.29 亿美元。第四阶段受新冠肺炎疫情影响，2020—2022 年辽宁与全国货物进出口走势基本一致，在 2020 年步入低谷后，

因国际需求强势反弹，连续两年发展势头较好，辽宁进出口金额年均增长12.7%，2023年，随着国际厂商供给全面恢复及企业投资预期减弱，辽宁的货物进出口额出现趋势性减弱，下降8.2%。

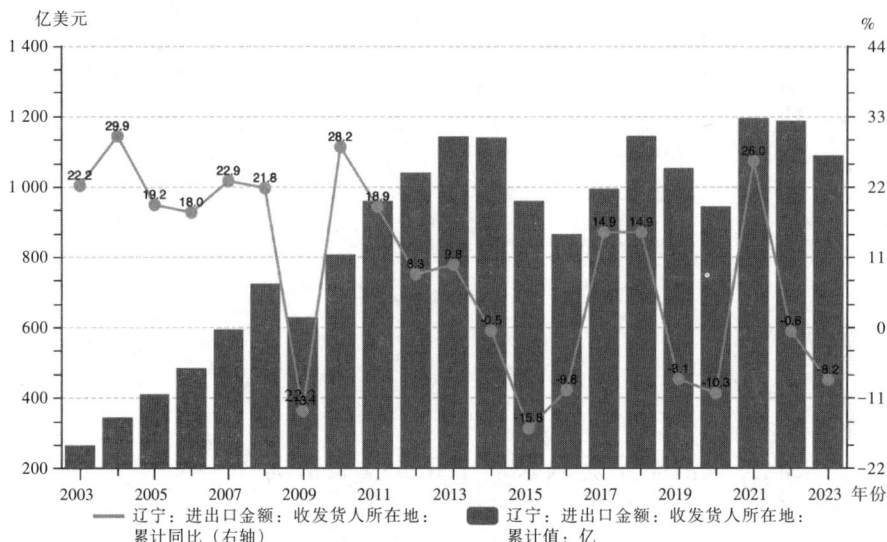

图3-9 2003—2023年辽宁货物进出口金额及增速变化情况

数据来源：根据国家统计局网站数据整理生成。

从图3-10可见，东北振兴战略实施以来，辽宁省进出口贸易额与GDP总体呈现同步增长态势，但与经济增长幅度比较，进出口贸易额增幅较小，体现为外贸依存度自2024年以来大致呈现稳中有降态势，2015年以后略有向好态势，但增幅并不明显。以2023年为例，我省外贸依存度为25.4%，低于全国33.1%的平均水平。

3.2.2 从出口规模变动情况看，辽宁货物出口金额在2013年达到高点后，一直处于调整阶段

如图3-11所示，东北振兴战略实施以来，辽宁货物贸易出口规模呈现较大波动性，整体上大致分为两个阶段：第一个阶段从2003年到2013年，

辽宁货物贸易出口规模由146.31亿美元上升至645.41亿美元，除2009年受全球金融危机影响全球需求市场低迷、当年辽宁货物出口金额同比下降20.5%外，整体上辽宁出口贸易规模呈现明显上升势头。第二阶段从2014年到2023年，辽宁出口贸易持续处于调整阶段，始终在480亿美元左右徘徊，主要原因为辽宁经济运行长期处于低位徘徊阶段，外界对辽宁经济发展的预期不高，偏重的产业结构影响了全球市场的需求，在2014—2016年，辽宁货物出口金额年均同比下降21%，2020—2022年受新冠肺炎疫情冲击，辽宁货物出口也受到不同程度的影响，2020年辽宁出口同比下降15.6%，之后辽宁出口规模有所恢复，但上升势头明显减缓。

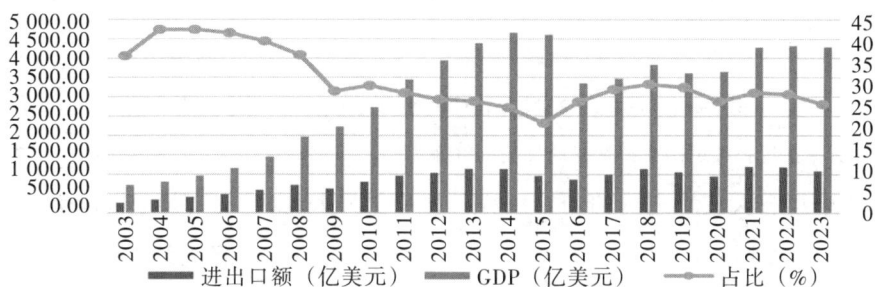

图3-10 2003—2023年辽宁省进出口额、GDP及外贸依存度

数据来源：根据国家统计局网站数据整理生成。

从出口市场分布看，辽宁出口市场显示出多元化发展格局。2023年，从贸易伙伴看，欧盟是辽宁省第一大贸易伙伴，其与辽宁省贸易额达1 317.1亿元，同比增长0.2%，占17.2%。同期，辽宁省对日本、韩国、东盟、沙特阿拉伯和美国的进出口分别为901.2亿元、634.1亿元、595.4亿元、574.7亿元和567.2亿元，合计占42.7%；对俄罗斯和非洲等新兴市场分别进出口549.0亿元和153.2亿元，同比分别增长53.0%和4.1%。从出口产品看，机电产品出口占比超五成，"新三样"产品和船舶出口增长较快。2023年，辽宁省机电产品出口1 839.0亿元，同比增长4.6%，占同期出口总值的52%。其中，集成电路出口229.3亿元，增长2.8%；包含锂离子蓄电池、太阳能电

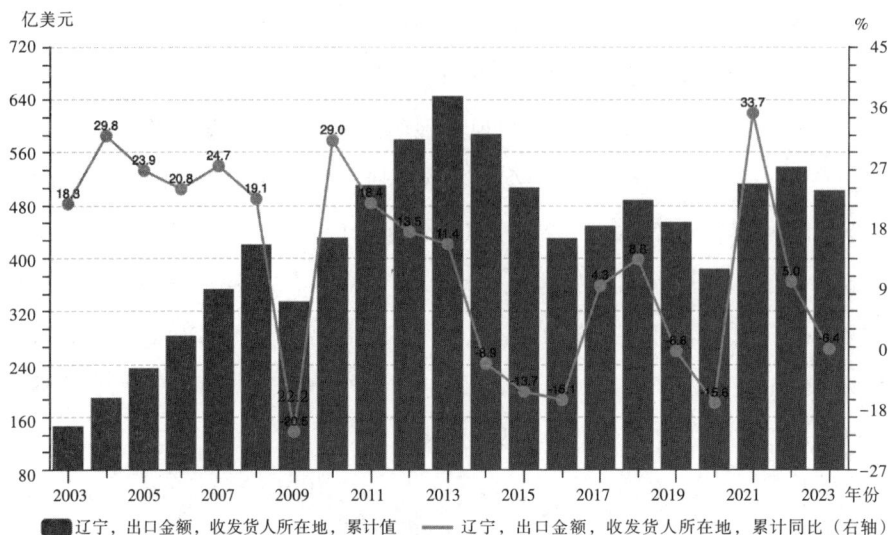

图 3-11　2003—2023 年辽宁货物出口金额及增速变化情况

数据来源：根据国家统计局网站数据整理生成。

池和电动载人汽车在内的"新三样"产品出口 188.2 亿元，增长 48.8%；船舶出口 146.5 亿元，增长 27.7%。同期，钢材出口 327.9 亿元，增长 3%；农产品出口 316.6 亿元，增长 5.7%。

3.2.3　从出口与经济增长关系看，在经济结构升级与全面振兴进程中，出口作为战略性需求因素，对经济增长的拉动作用十分重要

（1）辽宁出口依存度分析

出口依存度用辽宁出口总额与地区生产总值的比值来衡量，它是反映我省经济外向程度的重要指标，表明出口对经济增长的影响程度。一个国家或地区的经济外向度越高，出口依存度越大，表明这个国家或地区在国际分工和国际市场上的参与性、竞争性就越强，从中得到的利益也越多，其对经济的拉动作用也越明显。从图 3-12 可以看出，我省出口依存度从 2009 年以来，呈现明显的逐年下降趋势，这表明出口对周边地区的辐射和经济拉动作用有所减弱。

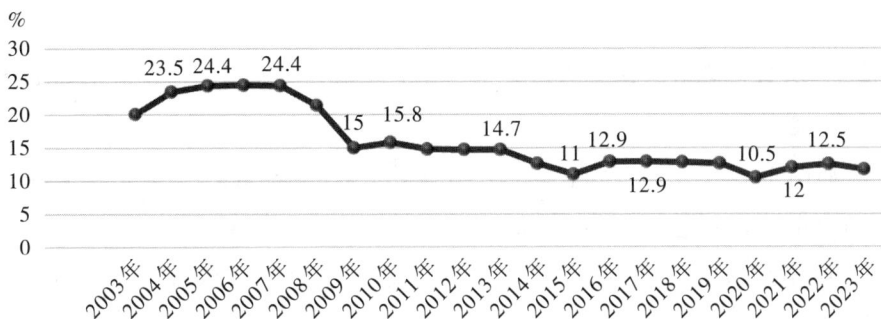

图 3-12　2003—2023 年辽宁出口依存度趋势分析

数据来源：《中国统计年鉴》、《中国统计摘要》、沈阳海关；GDP 数据经美元年平均汇率转换而得。

（2）辽宁出口及产业结构分析

图 3-13 是基于 2023 年出口数据计算得到的辽宁省出口优势产业结构。中部的端点展示的是辽宁在汽车与船舶制造中具备出口竞争力的相关产业，以汽车和船舶两个产品为中心。左上区域展示辽宁金属冶炼与集成电路大类中成规模出口的产品。中部余下的端点为钢铁制品、化工和机电产品，但未能形成关联的产业集群，以零散的端点形式呈现。右侧的端点展示的是辽宁省在纺织品中具备出口竞争优势的产品，分布在关系图边缘的是食品加工、渔业和部分矿业原材料。①

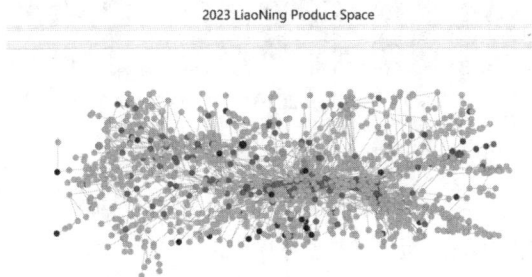

图 3-13　2023 年基于出口数据分析辽宁省出口优势产业结构图

---

①　童年，王笑非. 辽宁省出口产品空间及产业发展报告：基于贸易视角的分析 [R/OL]. 瀚闻资讯，2024-07-02.

3.2.4 从货物进口规模变化情况看，其间增幅有所波动，但整体呈现上升 态势

如图3-14所示，辽宁货物进口规模由2003年的119.3亿美元升至2023年的586.69亿美元，中间略有波动。由于2013年下半年开始，辽宁规模以上工业增加值持续低于全国平均水平，工业市场主体经营困难，市场需求减弱，进口订单不足，表现在2015年，辽宁进口规模同比大幅下降18.1%，随着辽宁经济地位徘徊的发展态势发生改变，辽宁规模以上工业企业利润降幅有所收窄，原材料订单有所增加，近年来辽宁进口规模有所下降，但降幅有限，因此，从振兴战略实施以来，辽宁进口规模的变化一定程度上也反映出辽宁经济的起伏变化。

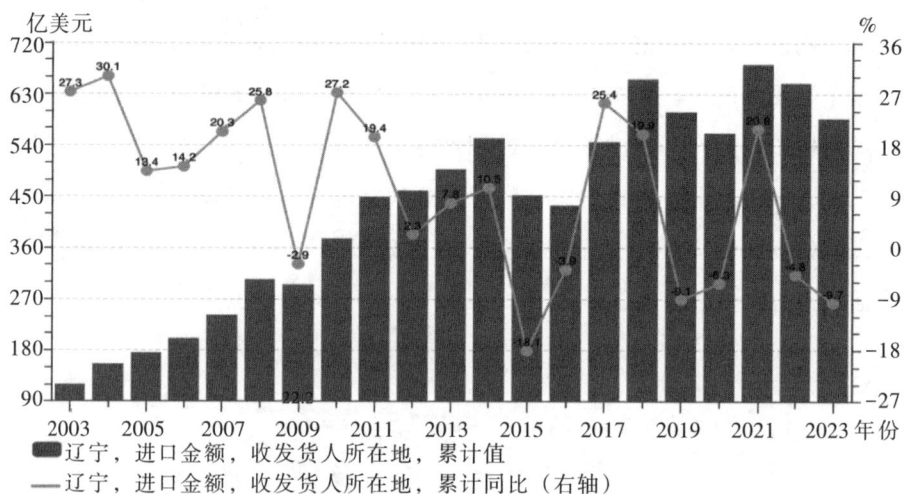

图3-14 2003—2023年辽宁货物进口金额及增速变化情况

数据来源：根据国家统计局网站数据计算生成。

从市场分布上看，辽宁对俄罗斯进口提升，对东盟、美国等贸易伙伴进口下降。

2023年，欧盟（20.7%）、沙特阿拉伯（13.3%）、俄罗斯（9.8%）、日本

（7.1%）、美国（6.4%）、澳大利亚（6.3%）、韩国（6.2%）、巴西（5.7%）、东盟（4.1%）、阿联酋（3.3%）分列辽宁进口市场前十位，对俄罗斯、巴西、欧盟进口实现正增长，对其他七国（地区）的进口增幅为负，尤其是美国、东盟增速降幅较大，分别为-19.1%和-18.8%。

从商品结构上看，辽宁主要以大宗能源、原材料商品进口为主。

2023年，辽宁原材料、大宗能源商品中肉类、水产品、粮食、豆类、金属矿及矿砂、原油、成品油、基本有机化学品等进口商品占比分别为10.9%、3.0%、4.6%、3.7%、8.8%、27.2%、3.0%、6.7%，占比合计达67.9%；汽车零配件进口占比为10.6%。

从贸易方式上看，以一般贸易为主，加工贸易占比较低，保税物流发展较快。

辽宁贸易方式仍以一般贸易为主，加工贸易占比较低，保税物流发展较快，但占比不高。2023年，辽宁一般贸易方式进出口5 264.35亿元，占全省外贸进出口总值的68.7%，比2014年增加13.7个百分点；加工贸易方式进出口1 564.26亿元，占全省外贸进出口总值的20.4%，比2014年减少16.2个百分点；保税物流方式进出口760.86亿元，占全省外贸进出口总值的9.9%，比2014年增加3.4个百分点。综上分析，振兴政策实施以来尤其是近十年以来，辽宁贸易方式仍以传统的一般贸易为主，两头在外的加工贸易不发达，这反映出辽宁经济的外向度不够，参与全球化产业分工体系的步伐较慢。

（5）贸易增长乏力且占全国份额持续下滑

根据2022年全国各省份进出口总额（按商品经营单位所在地）排名，辽宁列第12位，本书将辽宁与河南（第9位）、安徽（第13位）、湖南（第14位）、江西（第15位）等省份外贸表现进行对比，以反映辽宁外贸的变化。

从出口增长率来看，辽宁明显不及全国平均水平，与其他四个省相比增长动力也偏弱。如表3-1所示，2014—2023年，辽宁外贸出口的年均增长

率低于河南、安徽、湖南、江西和全国平均水平，辽宁年均增长率为
-1.5%，低于河南的8.3%、安徽的10.9%、湖南的17.2%、江西的9.3%和全
国的5.0%；三年新冠肺炎疫情期间，东北地区外贸出口的增长持续落后于
河南、安徽、湖南和江西，即使在外贸高速增长的2021年，辽宁增长了
33.7%，也低于安徽的39.1%、湖南的36.4%、江西的35.1%。疫情解除后，
占东北地区出口七成以上的辽宁并未大幅度反弹，2023年增长-6.4%，低于
安徽的5.5%、河南的-3.1%和全国的-4.6%。由于增长速度不及其他省份，
辽宁外贸出口在全国出口中的份额快速下滑，辽宁2003年尚占比3.34%，显
著高于其他省份，但从2014年开始，占比明显下滑，到2023年已跌至
1.49%。

表3-1　　　2014—2023年辽宁与部分省份出口增速对比（%）

年份	全国	辽宁	湖南	安徽	江西	河南
2023	-4.6	-6.4	-25.4	5.5	-21.4	-3.1
2022	7.0	5.0	20.9	12.7	34.5	2.0
2021	29.9	33.7	36.4	39.1	35.1	31.2
2020	3.6	-15.6	7.5	12.8	16.3	9.4
2019	0.5	-6.8	45.8	11.7	6.7	0.8
2018	9.9	8.8	32.0	18.3	4.5	14.4
2017	7.9	4.3	31.0	7.2	9.7	9.9
2016	-7.7	-15.1	-7.7	-11.9	-10.0	-0.6
2015	-2.9	-13.7	-4.0	2.5	3.4	9.4
2014	6.1	-8.9	35.1	11.5	13.7	9.4
年均	5.0	-1.5	17.2	10.9	9.3	8.3

数据来源：根据国家统计局网站数据绘制。

从进口金额对比来看，近五年来辽宁在规模上变动不大，甚至有所下

降，其他省份货物进口规模升幅较大。如图3-15所示，2019年，与其他省份相比，辽宁在规模上具有相对优势，之后发展过程中各年波动性较大，且基本维系在600亿美元。辽宁进口规模增量不明显的背后是增长率的下行，且起伏变化较大。如表3-2所示，2014—2023年，辽宁进口金额年均2.5%，低于安徽的9.7%、湖南的13.2%、江西的12.1%，甚至低于河南的6.4%和全国的3.4%。此种情况下，辽宁进口在全国的份额持续下滑，辽宁进口金额占比由2018年的最高值3.07%，到2023年降至2.29%。同期其他省份进口在全国份额持续上升，2003年，河南、安徽、湖南、江西进口金额占比分别为0.42%、0.7%、0.38%、0.25%，均低于辽宁占比，到2023年分别上升至1.57%、1.57%、1.2%、1.0%，与辽宁进口金额占比下降相比，呈现明显的上升态势。

表3-2　　　2014—2023年辽宁及部分省份进口增速变化（%）

年度	辽宁	河南	安徽	湖南	江西	全国
2023	-9.7	-18.1	-4.1	9.0	5.5	-5.5
2022	-4.8	-0.1	-4.4	4.5	20.0	1.1
2021	20.8	29.8	32.0	20.2	26.8	30.1
2020	-6.3	33.0	14.6	23.8	7.0	-1.1
2019	-9.1	-2.7	6.3	15.2	3.3	-2.7
2018	19.9	-5.1	14.3	24.0	20.5	15.8
2017	25.4	7.7	45.0	50.5	15.2	15.9
2016	-3.9	-7.6	2.0	-15.6	10.5	-5.5
2015	-18.1	20.2	-11.3	-6.4	-12.8	-14.2
2014	10.5	7.0	3.0	6.3	25.2	0.4
年均	2.5	6.4	9.7	13.2	12.1	3.4

数据来源：根据国家统计局网站数据绘制。

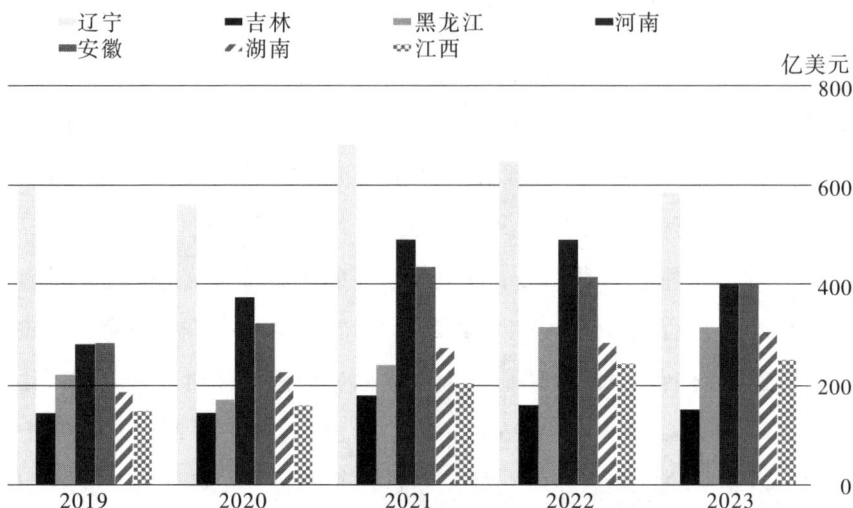

图 3-15 2019—2023 年辽宁与其他省份进口规模变化

数据来源：根据国家统计局网站数据绘制。

辽宁的进出口商品结构平衡度不高。自 2003 年振兴政策实施以来，辽宁外贸规模虽有所增长，但相对其他省份，发展势头不足，增长动力较弱，不及全国平均水平，这导致其在全国的进出口份额占比呈现下降趋势，主要原因或在于东北经济开放合作存在短板、东北及辽宁进出口商品存在规模和结构失衡。一是东北及辽宁出口与进口之间存在规模失衡问题。2023 年，辽宁进口规模是出口的 1.2 倍，吉林为 1.7 倍，黑龙江为 2.9 倍；东北地区经济外向度偏低，辽宁、吉林、黑龙江进出口依存度分别为 25.4%、12.4%、18.8%，低于 33.2% 的全国平均水平。二是东北及辽宁进出口商品存在结构失衡问题。东北地区产业以装备制造、冶金工业、石化工业等重工业为主，多集中在中游的装配制造环节，产业链较短，出口商品附加值偏低，抗外部干扰能力不强，2023 年，辽宁高新技术产品出口占全省出口总额的 14.1%，吉林为 15%，黑龙江为 10.6%；东北地区进口商品多集中在石油、天然气等大宗能源及农产品、铁矿石及矿砂等原材料领域，受国际市场价格波动影响较大；由于科技型的头部企业不多，对国外高新技术产品的需求不足，2023 年辽宁高新技术产品进口占全省进口规模的份额仅为 8.4%，吉林为 24.7%（主要原因是吉林汽车及汽车零部件进口占全省进口总额比重较大），黑龙江为 1.2%。

3.3　辽宁省外资及海外合作情况

外资是构建新发展格局的重要力量，为中国经济社会发展作出了重要贡献。党的二十大报告提出，合理缩减外资准入负面清单，依法保护外商投资权益。党中央、国务院出台多项政策措施，落实好外资企业国民待遇，保护好外商投资合法权益，进一步提升国际化、法治化、便利化营商环境。从中国总体外资情况分析，2020 年至 2022 年，中国吸引外资年均增速达到 12.5%，年均新设立外资企业 41 574 家，实际使用外资占全球跨国投资的比重连续 3 年超过 10%。辽宁省相继印发了《辽宁省贯彻落实国务院扎实稳住经济一揽子政策措施若干举措》《辽宁省促进工业经济平稳增长若干措施》等政策文件，明确提出支持制造业引进外资和外资增资扩股等政策，极大地调动了外资企业缴资增资信心。

3.3.1　全省外资企业总体情况

（1）外商投资企业投资总额呈增长态势，但占全国比重下滑明显，外商投资企业数呈下降态势

如图 3-16 所示，辽宁外商投资企业投资总额由 2003 年的 735 亿美元增长到 2023 年的 5 171 亿美元，增幅明显。外商投资企业数量从 2008 年的高点 22 321 家，逐年下降，近年来下降态势趋缓，基本稳定在 16 300 家左右。辽宁外商投资企业投资总额占东北地区的比重由 2003 年的 73.58% 降至 2022 年的 62.8%，有所下降；占全国的比重由 2003 年的 6.58% 下降至 2022 年的 2.58%。辽宁外商投资企业投资总额占全国的比重整体上呈现下降态势，与辽宁经济总量占全国总量的比重下降态势基本保持一致。

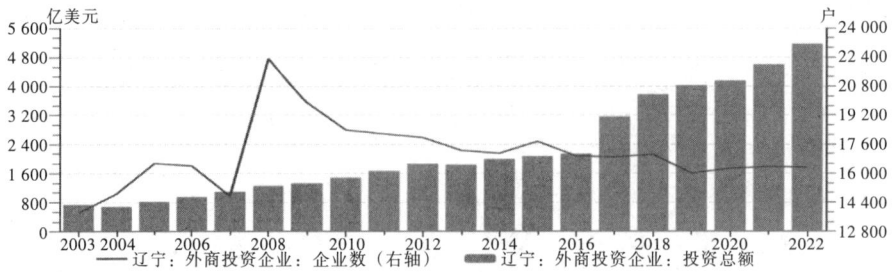

图3-16　2003—2022年辽宁外商投资企业投资总额变化

数据来源：根据国家统计局网站数据绘制。

（2）重点投资国家和地区情况

港资以及日资、韩资始终为辽宁省外资企业主要构成成分。如图3-17所示，日、韩、美、中国香港、中国台湾存续企业数量均呈下降趋势，特别是日、韩企业数量明显减少。从国别情况来看，日企实际投资从近五年的峰值2.1亿美元降至2022年的3 444万美元，降幅达83.3%，其在全省实际使用外资中所占比重也从9.3%降至0.6%。美资方面，美国的实际投资从近五年的峰值6 228万美元减少至2022年的326万美元，降幅高达94.8%，其在全省实际使用外资中所占比重从2.6%降至0.1%。此外，港澳台地区在我国的实际投资从近5年的峰值16.8亿美元降至2022年的8.2亿美元，降幅为50.8%，其在全省实际使用外资中所占比重也从52.4%降至13.4%。

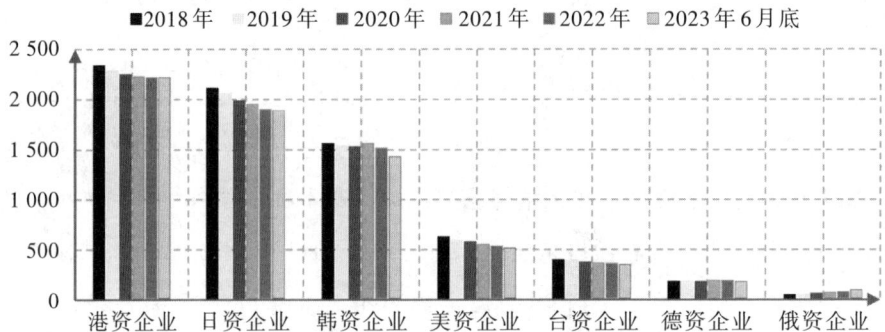

图3-17　2018年以来在辽重点国别外资企业存续情况表

数据来源：根据辽宁省统计年鉴数据绘制。

韩国、德国和俄资企业投资有所增长。其中，德资企业在2020年的投资达到了近5年的峰值，涨幅高达1 123%，虽然随后两年涨势有所回落，但相较于2018的投资数额仍然上涨了75%。韩资企业近年来在我省投资增长较为迅速，2021年在我省投资达7.9亿美元，2022年实际投资为12.8亿美元，同比增长62.1%，占全省总量的20.8%，2023年以来仍保持较好发展势头。就此情况分析，外资企业数量与实际利用外资情况并不完全正相关。大项目的牵引对外资企业作用的发挥不可忽视。尤其值得关注的是，2023年3月29日，中沙两国携手共建的精细化工及原料工程项目正式开工，全面进入工程施工阶段。该项目由中国北方工业集团所属华锦集团、沙特阿美公司与盘锦鑫诚实业集团三方出资，总投资837亿元人民币，主要建设1 500万吨/年炼油和乙烯、PX等共32套工艺装置，以及配套公用工程及辅助设施。

（3）辽宁省外资引资结构

2018年以来，在辽投资的外资产业类型分析，排名前五位的分别是制造业、房地产业、租赁和商务服务业、科学研究和技术服务业、批发和零售业。从三次产业利用外资结构来看，制造业实际使用外资金额保持相对平稳，房地产业占比呈现明显下降趋势，如图3-18所示。

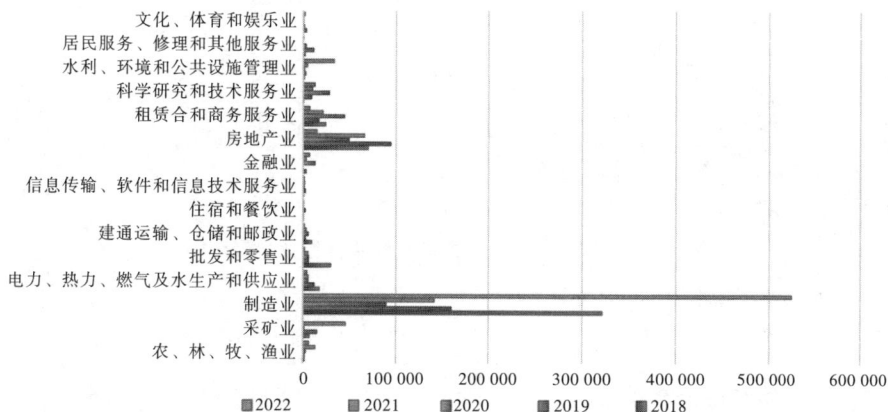

图3-18　2018—2022年辽宁省按行业实际利用外资额

数据来源：根据辽宁省统计年鉴数据绘制。

从2023年末实有登记注册的外商投资企业行业分布情况看，排名前6位的分别是批发和零售业、制造业、信息传输、软件和信息技术服务业、租赁和商务服务业、住宿和餐饮业、科学研究和技术服务业。其中，除了制造业占比为21.81%外，其他均属于服务业，占全省实际使用外资比重分别为23.86%、14.42%、9.53%、8.26%和6.14%，合计占全省引资规模的比重为52.69%，如图3-19所示。与全国的外资产业结构比较，租赁和商务服务业、科学研究和技术服务业占比偏低，但信息传输、软件和信息技术服务业超过全国平均水平。

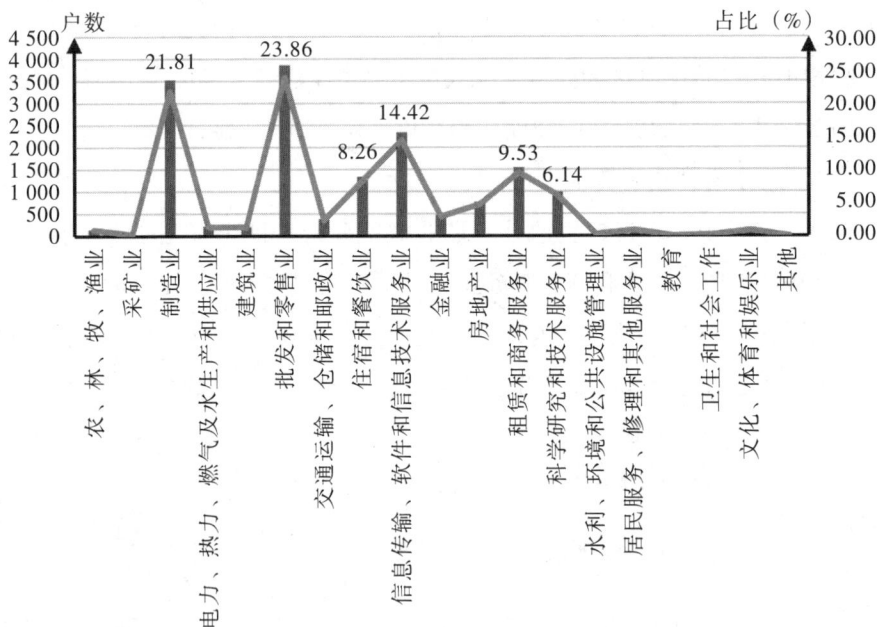

图 3-19　2023年辽宁省外商投资企业行业数量分布

数据来源：辽宁省市场监督管理局。

3.3.2　对外经济合作情况

东北振兴政策实施以来，辽宁省非金融类对外投资总体呈现稳定增长趋势，2011年以后进入快速增长期，2019年达到峰值，"十四五"时期稳中有升，但增速放缓。如图3-20所示，2008年，辽宁在外人员达到峰值，此后数量有所下降，且波动较大，2020年以来，在外人员大幅减少。承包工程营业额2015年达到峰值，之后持续性下降，2021年以后有明显增长。对外经济合作中，劳务合作在2019年达到峰值后，持续呈现下降趋势。

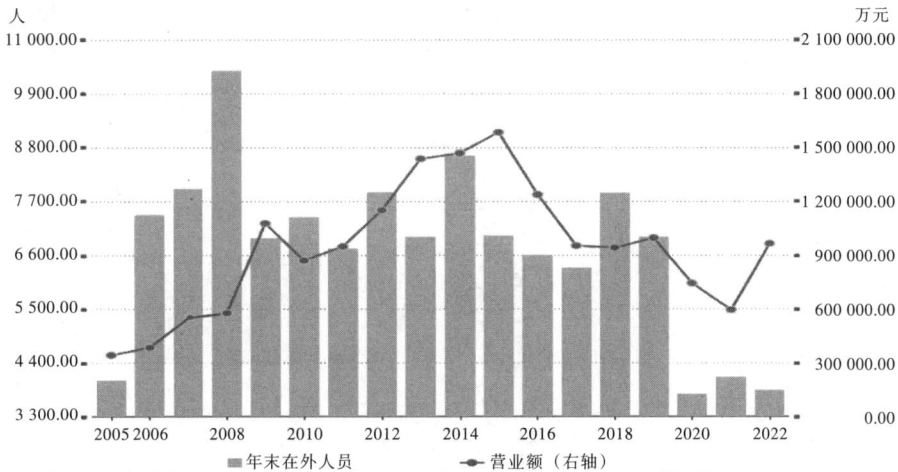

图3-20　2005—2022年辽宁省对外承包工程情况

数据来源：历年《辽宁省统计年鉴》。

第 4 章

辽宁开放发展比较优势与三年新突破成效

全面评估地区对外开放水平，需要从区位、经济、技术、社会和文化等多方面进行综合考量。辽宁作为东北地区唯一的沿海省份和出海大通道，区位交通优势明显，在开放布局、对外经贸合作、开放平台载体建设、人文交流、体制机制建设等方面都具有鲜明特色和比较优势。但与此同时，与国内发达地区比较，辽宁对外开放仍存在一定的短板和差距，仍需进一步提升开放力度。

4.1 辽宁打造东北亚开放合作枢纽地比较优势

从区位优势看，辽宁地处东北亚经济圈核心地带，既沿海又沿边，具有联通海陆的地理优势，是共建"一带一路"的重要节点，是连接欧亚大陆桥的重要门户。打造东北亚开放合作枢纽地，就是要充分发挥辽宁独特优势，在畅通国内大循环、联通国内国际双循环中，充分激活开放基因、释放开放潜能、激发开放活力，全力打造对外开放新前沿，加快构筑起服务国家开放大局的重要支撑，为全国开放发展扩空间、提质量、增动力作出辽宁贡献。

4.1.1 区位优势独特，交通枢纽功能显著

辽宁位于中国东北地区南部，南临黄海、渤海，东与朝鲜一江之隔，与日本、韩国隔海相望，是东北地区唯一的既沿海又沿边的省份。拥有大陆海岸线2 110千米，宜港岸线1 000千米，深水岸线400千米。辽宁成为我国对接东北亚、沟通欧亚大陆桥的前沿地带和北方地区的开放门户，在国家区域发展战略中作用突出。辽宁地处经济发展的黄金纬度带和东北亚经济圈的核心地带，可为国内及日韩、东南亚等国货物通过辽宁港口北上、西进通达欧洲等国家和地区，提供便利快捷高效的服务，具备充足条件打造东北对外开放重要门户和中国对外开放新前沿。

作为东北唯一的陆海双重通道，辽宁是丝绸之路经济带和21世纪海上丝绸之路的重要交汇点。与中东欧国家经贸合作机制有效运行，在中蒙俄、中巴、中国-中亚-西亚等"一带一路"经济走廊建设，以及推进"辽满欧""辽蒙欧""辽海欧"等国际大通道建设中拥有广阔发展前景。我省依托三大口岸和中欧班列，不断完善向北开放运输大通道。经过多年发展，东北地区已基本建成以干线铁路、高速公路为骨架，普通公路、支线铁路为补充，沿海港口、民航机场和重要枢纽为支点的综合立体交通运输网络。以铁路为支撑、以中欧班列为载体，"通道并行、多点直达"的国际铁路班列运输网络不断完善。已形成港口直达口岸的三大通道：由大连港经沈大线、京哈线至哈尔滨到达满洲里，由大连港经沈大线、京哈线至哈尔滨到达绥芬河，由大连港经沈大线、沈山线至通辽、集宁到达二连浩特。中蒙俄铁路经辽宁和天津港口出海里程对比见表4-1。

表4-1　　　　　　中蒙俄铁路经辽宁和天津港口出海里程对比

起讫地	俄罗斯	蒙古国	中国口岸	出海港口	里程（km）
中国境内	—	—	珠恩嘎达布其	盘锦港	929
	—	—	满洲里	营口港	1 598
	—	—	满洲里	大连港	1 812
	—	—	二连浩特	天津港	1 021
中蒙	—	乔巴山	珠恩嘎达布其	盘锦港	1 279
	—	乌兰巴托	二连浩特	天津港	1 740
中蒙俄	博尔集亚	乔巴山	珠恩嘎达布其	盘锦港	1 505
	博尔集亚	—	满洲里	营口港	1 748
	博尔集亚	—	满洲里	大连港	1 962
	乌兰乌德	乌兰巴托	二连浩特	天津港	2 394

数据来源：根据相关省份港口统计数据绘制。

辽宁省海岸线长度为 2 110 千米，在全国排名第五。辽宁港口已联通东南亚、日韩、欧洲等160多个国家和地区，形成对RCEP核心港口全覆盖。截至2023年底，辽宁拥有6个沿海港口、24个港区、433个生产性泊位，总通过能力为7.7亿吨/年、集装箱通过能力为879万标准箱/年。其中，5万吨级及以上泊位数量占比35.3%、能力占比73.6%，专业化泊位数量占比45.8%、能力占比70.3%，公用泊位数量占比79.4%、能力占比77.8%。2023年，辽宁省港口完成货物吞吐量为7.6亿吨，其中集装箱吞吐量为1 291万标准箱，同比增长超过5%，为保障腹地经济和产业发展发挥了重要作用。现已形成以大连港为核心、营口港为骨干，丹东港、锦州港、盘锦港、葫芦岛港等港口共同发展的格局。其中，大连港拥有世界领先的原油泊位、矿石泊位、集装箱泊位和汽车滚装泊位，是国内经营货种最齐全的综合性港口之一，日韩航线网络密度居国内沿海港口前列。

4.1.2 产业门类齐全，产业链国际合作潜力大

辽宁是新中国成立以后最早建成的重工业基地，最早在全国建立起独立完整的工业体系，被誉为"共和国长子""新中国工业摇篮""共和国装备部"，产业门类完整性、工业体系完备性至今仍居全国领先水平，在国民经济行业的41个工业大类中拥有40个大类，207个工业种类中拥有197个种类。辽宁省以培育壮大重点产业集群为抓手，加快建成4个万亿级产业基地，开展大规模设备更新和技术改造，推动装备制造业向高新突破、石化和精细化工产业向下游延伸、冶金新材料产业向精深拓展、消费品工业向优质特色发力。同时，着力打造集成电路装备、生物医药等新兴产业，抢滩布局人工智能、细胞治疗等未来产业。

辽宁产业数字化的场景资源优势和数字产业化的数据资源优势明显。近年来，工业互联网应用规模逐步扩大，形成了一批可复制可推广的数字化管理典型模式和赋能应用场景。目前，辽宁已累计培育省级工业互联网平台

87个，省级5G工厂40个，省级数字化车间、智能工厂337家，11家企业获评国家级智能工厂。加快构建绿色技术创新体系，传统产业"含绿量"持续提升，成为国际绿色产业链合作及出口欧洲产品获得绿证的优先地。截至2024年7月，辽宁累计培育省级绿色制造单位575家、国家级绿色制造单位176家。

4.1.3　能源基础扎实，电力开放发展空间广阔

在石油和天然气领域，辽宁主要通过"大项目"的形式参与国际基础设施建设，如中俄东线天然气管道项目。该项目是中国石油与俄气公司的联合项目，包括俄罗斯境内的西伯利亚力量管道和中方境内的中俄东线天然气管道。中俄东线天然气管道起自俄罗斯东西伯利亚，经由布拉戈维申斯克进入中国黑龙江省黑河市。在该项目中，辽宁作为中俄东线天然气管道的中转站，担负着承接俄罗斯境外输入和向国内转送的重要任务。

辽宁电力基础设施类型齐全，正在加快推动"风光火核储"一体化现代基础设施建设，寻求与东北亚地区国家的电网互联互通。参与合作承载中蒙俄输电网络项目。中蒙输电线路项目由中蒙两国合作建设，分为多个子项目，包括甘其毛都口岸220千伏通道、口岸110千伏变电站至蒙古国查干哈达35千伏输变电工程等。中俄直流联网工程是目前我国规划建设的从境外购电电压等级最高、容量最大的输变电工程，为提高远东地区能源利用率、扩大中俄能源项目合作提供了广阔空间和能源保障。中国国家电网公司、韩国电力公社、日本软银集团、俄罗斯电网公司早在2016年3月就在北京签署了《东北亚电力联网合作备忘录》，这标志着东北亚地区能源互联网建设的步伐进一步加快。

4.1.4　科教资源丰富，国际科创拓展能力强

辽宁是科教大省，科教资源厚重，科技潜力巨大。全省共有高等院校

114所。其中，本科高校63所，数量位居全国第六。"双一流"建设成效显著。全省有博士学位授予权的高校有20所，位列全国第四；有硕士学位授予权的高校有37所，位列全国第三。110个"双一流"建设学科中，24个进入全国A段，其中2个学科实现顶尖学科零的突破。培育国家级一流专业建设点500个，一流本科课程431门，省级一流专业建设点515个，形成优质课程资源矩阵、优势突出的专业集群。新建数字经济等本科专业点318个、高职专业点186个，专业设置更加贴近产业需求。在辽的"两院"院士为61人。科研机构数量众多，共计1 652家。其中：中国科学院所属的大连化学物理研究所、金属研究所、沈阳应用生态研究所、沈阳自动化研究所、沈阳计算技术研究所、沈阳科学仪器股份有限公司6家，国家工程技术研究中心12家，国家工程研究中心16家，国家企业技术中心43家，国家级重点实验室5家，省部级重点实验室29家。

辽宁省国际科技合作工作主要依托国家级和省级国际科技合作项目推动对外交流合作。目前，累计获得国家政府间国际合作计划项目支持21个，资金6 366.5万元；建设国家级国际科技合作基地24个，国家共建"一带一路"联合实验室3家；建设省级共建"一带一路"联合实验室10家，做好国家共建"一带一路"联合实验室培育工作；已建立省级国际技术转移服务示范机构3家（沈阳市对外科技交流中心有限公司、锦州高新生产力促进中心、铁岭雅菱技术信息服务有限公司）。经多年积累，现已建立国际科技合作项目库，共收集270个项目，主要集中在新材料、化工催化、装备制造、生物医药、节能环保等我省优势产业和领域，重点与德国、英国、俄罗斯、日本、韩国、乌克兰等国家开展了技术项目合作。

4.1.5 开放平台载体多元，带动能力持续增强

辽宁省拥有中国（辽宁）自由贸易试验区、大连金普新区、沈抚改革创新示范区、中日（大连）地方发展合作示范区等一系列高能级开放平台载

体。截至 2025 年 6 月，辽宁省共有国家级经济技术开发区 10 个，国家级高新技术产业开发区 8 个，海关特殊监管区域 5 个，其他国家级开发区 3 个，国家级边境合作区 1 个。沈阳、大连、抚顺、营口、盘锦、鞍山、丹东 7 个城市获批国家级跨境电子商务综合试验区，省级经济开发区现在有 85 个，6 个沿海城市全部实现了口岸对外开放。

金普新区坚持以发展开放型经济、建设东北亚区域开放合作战略高地为主攻方向，双向开放新前沿建设硕果累累，开放合作能级明显提升。沈抚改革创新示范区积极构建日本、韩国、新加坡产业园和欧洲中小企业科技中心"三园一中心"开放合作平台。

4.1.6　对外交流走深走实、营商环境不断优化

辽宁已与 32 个国家建立了 91 对友好城市，与 62 个国家建立了其他类友好关系 232 对，与 114 个国家和地区有经贸往来，国际朋友圈持续扩大。美国、俄罗斯、朝鲜、韩国、日本、德国、法国、澳大利亚 8 国设有驻沈阳总领事馆，对于促进辽宁与相关国家间友好关系和民间往来提供了便利条件。2021 年，辽宁正式加入东北亚地区地方政府联合会，成为东北亚地区最具代表性的地方政府多边合作机制之一和交流平台。

近年来，辽宁与俄罗斯伊尔库茨克、新西伯利亚建立友好省州关系，已形成了中国辽宁省－日本神奈川县－韩国京畿道三省县道友好交流会议交流机制、三省县道青少年体育交流大会交流机制、东北亚青少年体育友好交流大会机制等交流品牌，东北大学、辽宁大学、大连外国语大学等多所高校与东北亚国家建立了留学生及教育交流机制。沈阳航空航天大学、沈阳理工大学、辽宁省农业科学院等多所高校与俄罗斯签订了 20 多项科技合作协议。

4.2 全面振兴新突破三年行动以来对外开放新成就

2022 年末，锚定"十四五"目标任务，辽宁省委经济工作会议部署启动实施全面振兴新突破三年行动。2023 年 2 月，省委十三届五次全会审议通过了《辽宁全面振兴新突破三年行动方案（2023—2025 年）》。围绕开放发展明确提出"提升开放合作水平，在打造对外开放新前沿上实现新突破"的任务目标。2023 年以来，全面振兴新突破在首战告捷、实现"四个重大转变"的基础上，攻坚之战连战连胜、实现"六个新提升"。高水平开放发展新突破，进一步聚焦"打造东北亚开放合作枢纽地"目标，在政策体系、对外经贸、区域国际合作、通道、载体及开放软实力等方面均实现显著性突破发展。

4.2.1 开放发展政策体系不断健全

2023 年 6 月，全省对外开放大会召开，正式印发《关于在辽宁全面振兴新突破三年行动中进一步提升对外开放水平的实施意见》，明确了三年中的对外开放的定位、奋斗目标和重点任务。为贯彻落实《国务院办公厅关于推动外贸稳规模优结构的意见》（国办发〔2023〕10 号）精神，进一步促进我省外贸优结构稳增长，助力辽宁全面振兴新突破，2023 年 11 月，出台《辽宁省人民政府办公厅关于推动外贸优结构稳增长的实施意见》（辽政办发〔2023〕14 号）。2023 年 7 月，省商务厅专门出台《在辽宁全面振兴新突破三年行动中进一步促进外经贸发展的若干政策》，即含金量极高的"黄金九条"，对于外商投资、研发、场所利用、促进外商企业公平参与标准制修订等内容均作出实质性政策优惠。2023 年 8 月，省商务厅编制的《辽宁省外商投资指引》公开发布，涵盖国家及省级相关文件 29 项，为外商了解我省投资政策提供了极大便利。2024年，制定《辽宁省贯彻落实<关于打造东北亚开放合作枢纽地的行动方案>重点工作清单》，明确了159项重点任务，坚持问题导向、小切口破题，"小步快跑"推动东北亚开放合作枢纽地建设由量变到质变。2025年3月，印发《辽宁省商务厅等11部门关于以高水平开放推动服务贸易高质量发展的实施意见》。

4.2.2 对外贸易实现新发展

外贸是拉动经济增长的重要引擎，是畅通国内国际双循环的关键枢纽。实施全面振兴新突破三年行动以来，全省紧紧围绕"稳现有、抢应有、拓会有"，加力培育外贸市场主体和新动能，坚决稳住外贸基本盘，全省外贸回稳向好的态势持续巩固，支撑外贸发展的积极因素不断累积。

2023年，全省进出口总值实现7 659.6亿元。其中，出口3 535.6亿元，进口4 124亿元，辽宁有进出口记录的外贸经营主体首次突破1.5万家。对日本、韩国进出口1 535.3亿元，增长2.5%；对俄罗斯进出口549亿元，增长53%。分商品来看，包含锂离子蓄电池、太阳能电池和电动载人汽车在内的"新三样"产品出口188亿元，同比增长48.8%；全年机电产品出口1 839.0亿元，比上年增长4.6%；高新技术产品出口499.2亿元，增长0.7%；钢材出口327.9亿元，增长3.0%；农产品出口316.6亿元，增长5.7%。在进口中，全年农产品进口448.7亿元，比上年增长10.2%；汽车零配件进口438.8亿元，增长0.6%；原油进口1 121.6亿元，下降10.5%。在创新业态增动能方面，辽宁海外仓数量由年初的99个增加到116个。加工贸易进出口额完成1 564.3亿元，二手车出口实现17.5亿元。

2024年，全省进出口总额实现7 630.5亿元，出口3 776.7亿元，同比增长6.8%，出口值创2014年以来新高；进口3 853.8亿元，贸易逆差77.1亿元，较2023年收窄87.1个百分点。2024年，辽宁跨境电商进出口达59.9亿元，增长23.4%。从企业性质看，民营企业为第一大外贸经营主体，进出口 3 651.9 亿元，增长 2.7%，占 47.9%，占比较上年同期高 1.5 个百分点；外商投资企业和国有企业分别进出口 2 760.2 亿元和 1 210 亿元，分别占 36.2% 和 15.9%。全省有进出口实绩的外贸企业 15 913 家，增长 5.1%，其中民营企业 13 678 家，增长 7.1%。从出口商品看，机电产品出口 1 910.8 亿元，增长 3.9%，占同期全省出口总值的 50.6%。其中，集成电路、船舶、电工器材和汽车零配件分别出口 251.8 亿元、187.9 亿元、179.5 亿元和 139.1 亿元，分别增长 9.8%、28.3%、21.1% 和 6.8%。同期，钢材出口 413.6 亿元，增长 26.1%；农产品出口 320.1 亿元，增长 1.1%。对共建"一带一路"国家和 RCEP 贸易伙伴进出口分别增长 1.1% 和 8.4%。不断创新业态，推动东北地区首单跨境船舶融资租赁和飞机保税融资租赁项目成功落地。推动东北首个进口铜精矿保税混矿试点落地。全省二手车出口额增长 7.1%，出口数量增长 20.9%。

全省全力实施"百团千企拓市场"行动，支持和引导企业利用重点展会平台开拓境内外市场，扩大外贸进出口规模。组织超 2 000 家企业参加德国汉诺威工业博览会等 200 多个重点境内外展会，带动出口 300 多亿元。在莫斯科、乌兰巴托、大阪成功举办辽宁出口商品自办展，境外自办展由 1 个增加到 3 个。成功举办第十五届辽宁省跨国采购洽谈会等系列外国采购商辽宁行活动，邀请 200 余家境外优质采购商和重点商协会来辽与超千家辽宁企业精准对接洽谈。边贸发展取得新成效。丹东大东沟边民互市贸易区进口周边国家商品开展落地加工顺利完成实物测试。丹东港互贸区通过正式验收并开始运营。首次举办辽宁边境地区创新发展暨贸易提升洽谈会，5 个项目成功签约，总投资 36 亿元。

4.2.3 招商引资与对外经济合作取得新成效

企业是经济活动的主要参与者、就业机会的主要提供者、技术进步的主要推动者。只有企业好，辽宁才会好；只有企业强，辽宁才会强。近年来，辽宁高度重视企业发展，尊重企业家、爱护企业家、支持企业家，特别是辽宁实施全面振兴新突破三年行动以来，全省聚焦加快发展新质生产力，围绕培育壮大经营主体、深化国资国企改革、吸引外商投资等方面密集发布优惠政策，厚植发展沃土。2023年，华晨宝马、华锦阿美、SK海力士、利安德巴赛尔等超百亿元外资项目接连落地，全年招商引资实际到位资金8 232.5亿元，比上年增长16.0%。其中，实际到位内资8 004.2亿元，增长19.5%；实际使用外资33.8亿美元。全年对外承包工程新签合同176份，比上年增长39.7%；新签合同额15.9亿美元，增长12.3%；完成营业额16.7亿美元，增长19.9%。全省共备案（核准）对外投资企业64家，派出各类劳务人员16 859人。

2024年，全年招商引资实际到位资金9 390.3亿元，比上年增长14.1%。其中，实际使用外资30.7亿美元，总量列全国第9位，增速在总量前10地区中排名首位。2024年全省高层次境外招商成果丰硕，精准开展招商引资，促进形成新质生产力。辽宁省友好经贸代表团赴日本、韩国、瑞士等重点国家和地区开展招商活动，推动香港太盟集团大连新达盟项目、华锦阿美精细化工及原料工程项目等一批重大外资项目成功落地进资。近年来，辽宁高质量组织境外来辽投资洽谈。成功邀请宝马集团董事长回访辽宁，宝马集团宣布对沈阳基地新增200亿元投资，此项投资重点聚焦宝马在华生产的发源地——大东工厂的大规模升级和技术创新，为2026年启动BMW"新世代"车型的本土化生产奠定基础。德国德科斯米尔集团、法国米其林集团、日本松下集团、韩国SK集团、沙特阿美公司、新加坡丰益集团等全球知名企业来辽洽谈，为进一步合作奠定坚实基础。据中国日报网报道，2024年全省有236个外资项目到资，比上年增加12个；当年到位外资项目67个，比上年增加22个，到资项目到位资金额同比增长4.2倍，占比达到34.3%。全省新设立外资市场主体958家。

据省商务厅统计，2024年，组织近2 000家企业参加德国汉诺威工业博览会等100余个重点境内外展会；在莫斯科、乌兰巴托、大阪举办辽宁出口商品展，达成意向订单近22亿元；深入开展外贸"破零"行动，全省新增有实绩外贸经营主体超500家。2024年，备案对外投资额同比增长74%，对外承包工程新签合同额同比增长9.7%。境内外组织开展22场对外投资合作促进活动，助力300多家企业"走出去"开拓国际市场。全省"走出去"企业积极参与新基建、通信工程、设计咨询等领域的对外承包工程，带动我省装备、产品出口，带动我国技术、服务和标准嵌入国际大循环。

4.2.4 深度融入高质量共建"一带一路"成果显著

根据辽宁省商务厅的数据，目前辽宁与共建"一带一路"国家贸易额累计突破1万亿元，累计引进外资超过1 200亿美元。持续加强与共建"一带一路"国家务实合作，引导全省能源、原材料、装备制造等优势产业在共建"一带一路"国家布局。加强与共建"一带一路"国家的基础设施互联互通、能源矿产资源开发和国际产能合作。主动融入国际创新网络，进一步推动与国外合作单位承担的国家重点研发计划"战略性科技创新合作"重点专项。我省现有境外园区7个，意向规划建设境外园区1个，基本分布在共建"一带一路"国家（除印度外），涵盖资源引领、产业导入和区位优势等主要类型。建立对俄合作推进工作机制，组建对俄罗斯、蒙古国和白俄罗斯经贸合作与友好交往工作专班，积极参与中国东北地区和俄罗斯远东及贝加尔地区政府间合作委员会、大图们倡议等地区合作机制。

2024年，一批有利于参与国际产业链分工和共建"一带一路"国际产能合作的对外投资、对外承包工程项目签约落地。相关部门做好政策指导服务和海外风险防控，协助"走出去"企业获得3.4亿元金融支持。同时，发挥教育科技资源丰富的优势，积极为援外工作作出"辽宁贡献"，在俄罗斯、加纳、老挝等14个国家建设15个海外职业教育产业学院——"墨子工坊"，推动共建"一带一路"高质量发展。2024年，全年对外承包工程新签合同 131 份，新签合同额 17.6 亿美元，比上年增长 10.7%；完成营业额 15.0 亿美元。全省共备案（核准）对外投资企业 106 家，派出各类劳务人员 17 248 人。

4.2.5　重点区域、国家开放合作不断深化

一是持续深耕日韩市场。加强与日韩在精密电子、高端制造业、钢铁、冶金、石化等传统产业以及电动汽车、汽车电池等产业领域的交流合作，吸引日韩高新技术企业在辽宁设立区域总部和创新基地。推动沈阳、大连、沈抚示范区等地区与日韩共建高水平、高质量的地方合作产业园。二是深入拓展 RCEP 贸易投资合作潜力。开展 RCEP 和外贸相关政策解读进企业、进基层活动。进一步增加在 RCEP 成员国举办展会数量，鼓励和支持企业依托重点境外展会开拓 RCEP 成员国市场，打造更多面向 RCEP 成员国的经贸交流合作平台。三是加强与欧洲国家先进科技和高端装备制造业的投资贸易合作，在新一代信息技术、高端装备、新材料、生物医药等领域引进实施一批外资重大标志性工程。发挥辽宁-德国巴符州混委会机制、中国欧盟商会、德国欧洲中小企业合作中心、德国工商大会等平台作用。持续巩固扩大对中东欧国家外贸进出口额，促进与中东欧国家包括科技创新、绿色能源、基础设施、重要农产品在内的双向投资合作。四是深化对俄蒙合作取得突破性进展。我省加快向北开放步伐，不断深化与俄罗斯、蒙古国的通道建设、经贸合作。2024 年 1 月，俄罗斯滨海边疆区贸易代表处在大连挂牌成立，4 月，俄罗斯出口中心大连合作中心在辽宁自贸区大连片区挂牌运营。依托中俄地方投资发展与贸易合作大会、中俄博览会、东方经济论坛、圣彼得堡经济论坛等活动，辽宁与俄地方政府高层互动频繁，一批经贸合作项目签约落地。五是巩固提升同西亚等地区的合作水平，加强同沙特阿美、沙特基础工业、阿联酋航空、科威特国家石油等中东大企业的投资合作。

4.2.6 平台载体开放引领作用日益凸显

辽宁自贸试验区建设运营8年来，实际利用外资累计50亿美元，外贸进出口额突破1万亿元。2024年，28项创新经验在全省复制推广，其中1项创新经验在全国复制推广；外贸进出口额达1 543.7亿元，同比增长22%。2023年，辽宁自贸试验区加大招商引资与项目建设力度，创新推动产业高质量发展。新增注册企业1.4万家，国际、国内500强和知名企业入驻37家。新引入投资额亿元以上项目163个，签约额合计451.8亿元。开工项目116个，实际到位资金111亿元。实现进出口总额1 264.3亿元，占全省的比重为16.5%；实际使用外资7.4亿美元，占全省的比重为21.9%，固定资产投资完成345.5亿元，同比增长79.6%。2024年，辽宁自贸试验区工业产值达1 315亿元。沈阳片区形成了央地合作打造航空产业集群等多项创新成果，聚集了沈飞民机、南航沈阳维修基地等30余家航空制造与维修的骨干企业。大连片区形成了进出口车辆运输降本增效工作新举措等多项创新成果，聚集了东风日产、奇瑞汽车两大整车厂以及一批汽车零部件配套企业。营口片区形成了科技创新型企业"靶向培育"新机制等多项创新成果，聚集了东盛集团等规模以上新材料企业30家。三块国家"试验田"，展现出辽宁振兴发展的新风貌，在打造对外开放新前沿、建设东北亚开放合作枢纽地中取得明显成效。

2024年10月，沈阳金融商贸经济技术开发区升级为国家级。同时，不断加快中日（大连）地方发展合作示范区、沈阳临空经济区规划建设，推进综合保税区等海关特殊监管区高质量发展。在2023年度全国海关特殊监管区域绩效评估中，沈阳综保区排名第78位，较上一年度大幅提升29位，首次挺进全国前80强。2024年12月2日，位于大连大窑湾港北岸大连汽车码头的大窑湾保税物流中心（B型）通过联合验收组现场验收，积极推进奇瑞整车出口和KD包装中心等项目落地，加快建设东北汽车出口综合服务基地，助力东北汽车企业拓展国际市场。2023年10月，沈阳临空经济区规划正式发布，明确9大板块功能分区，加快构建"枢纽物流+先进制造+保税加工+临空现代服务"的立体产业矩阵。2025年初，沈阳临空经济区搭建涵盖政府、企业、机构多方的"空港合伙人"平台，打造临空"奋斗共同体"，实现市场主体共生、产业生态共建、发展成果共享。计划利用三年时间，实现产业"扩能"倍增、企业"升规"倍增、创新"登高"倍增、贸易"出海"倍增"四个倍增"。

4.2.7　对外开放通道建设提速增效

实施三年新突破行动以来，东北三省一区深化合作共建海陆大通道[①]。2023年10月14日，东北三省一区交通运输合作联席会议在沈阳召开，签署了《东北三省一区协同推进交通运输高质量发展行动倡议》，"三省一区"交通运输一体化发展迈出实质性步伐。2024年3月29日，东北三省一区多式联运发展联盟在沈阳成立，已有194家企事业单位加入联盟，稳定运营海铁联运精品班线达到68条。省交通运输厅专项安排4 500万元奖补资金，支持多式联运重点企业和大型工矿企业海铁联运工程示范创建。12月7日，东北三省一区交通运输合作第二次联席会议在内蒙古自治区赤峰市召开，审议通过了共建东北海陆大通道、共同推进铁路建设运营监督管理改革等7个方案。持续优化港口功能布局，推动智慧绿色港口建设，建成万吨级以上泊位3个，达到261个。大连港、营口港、盘锦港、长兴岛等口岸对外开放21个涉外泊位，全省涉外泊位实现"应开尽开"，丹东港口岸大东港区临时开放获交通运输部批复。

2024年，大连港先后开通至南美（西部）、印度、东南亚以及墨西哥4条外贸集装箱航线和至武汉1条内贸集装箱航线，集装箱航线总数增至107

[①]　东北海陆大通道是以大连港、营口港、锦州港等沿海枢纽港口为海向支点，以沈阳、长春、哈尔滨等经济中心城市为内陆口岸枢纽和货物集结中枢，是东接日韩亚太、西联中亚欧洲、南通东盟南亚、北达蒙俄大陆的最便捷的出海大通道。

条，填补了多个区域直航服务空白；海铁联运相继开通"沈阳-大连-德国""通辽-大连-东非""长春-大连-欧洲"等多条"一单制"班列线路。据东北新闻网报道，中欧班列已形成"三通道六口岸"发展格局，直达汉堡、杜伊斯堡等 10 余个境外终到站，辐射全球 20 余个国家 50 余个城市，联通 160多个国家和地区，2023 年中欧班列开行 780 列，2024 年开行 892 列，总量居东北地区首位，全国第八位。2024 年，沈阳成功获批国家中欧班列集结中心和 TIR 国际公路运输集结中心，双集结中心联动发展格局基本形成。

沈阳和大连均纳入海关总署"2024 年促进跨境贸易便利化专项行动"试点，先行先试跨境贸易便利化举措，成为东北地区仅有的两个试点城市。随着作业量的稳步提升，别雷拉斯特物流中心持续放大境外枢纽与节点作用，加大中欧班列业务开发力度，积极与全国中欧班列平台公司联合打造优质班列产品，共同提高中俄铁路大通道综合服务水平，高质量践行共建"一带一路"倡议。与此同时，我省不断加强与全球主要经济体航空通道连接，扩大对日、韩、俄及东南亚等地主要城市的航线覆盖面，推进全货机发展。开通"大连-符拉迪沃斯托克""沈阳-莫斯科"等新航线。2025 年，沈阳桃仙国际机场聚焦航空主业高质量发展，共有 36 家国内外航空公司在沈运营航线 163 条（国内 150 条，国际及地区 13 条），运营航线网络覆盖 104 个国内外城市。在提升日韩航班密度的同时，稳定运营新加坡、莫斯科、法兰克福、迪拜等多条国际及地区航线，国际市场恢复率持续提升，为东北地区搭建联通世界的空中桥梁。2025 年 3 月 30 日起，大连机场正式执行 2025 年夏航季航班计划。其间，共有 40 家国内外航空公司在连运营 177 条航线，通航点覆盖 115 个国内外城市，每周航班量达 3 696 架次，日均 528 架次。积极拓展日、韩、俄远东国际航空运输网络。首尔航线加密至每周 35 班，东京增至 29 班，福冈、大阪分别达 11 班和 10 班。目前，大连机场对日航班量稳居全国内陆前三，国际运输量保持东北领先。

4.2.8 对外交流合作走向纵深

2023年，全年省级领导19批次访问德国、沙特、俄罗斯、日本、韩国等40多个国家，发挥高层交往引领作用，推动辽宁深度融入共建"一带一路"，实现更高层次、更大范围、更宽领域对外开放。推动辽宁成功接任东北亚地区地方政府联合会第15届主席地方政府，深化东北亚区域交流合作。俄罗斯联邦委员会主席马特维延科到访辽宁，并安排省委书记、省人大常委会主任郝鹏同志率团应邀回访。邀请日本神奈川县、韩国京畿道、俄罗斯特维尔州等政企代表团来访，推进友好交流与经贸合作取得丰硕成果。培育打造"辽宁书架""对话冰雪——中日地方冰雪文化交流活动"、辽宁省与俄罗斯远东地区"睛彩健康"医疗合作等人文交流品牌。推进国际友城工作高质量发展，全年实现强化30对、激活6对、开辟1对。成功促成辽宁省与白俄罗斯布列斯特州在卢卡申科总统访华期间缔结正式友城关系。新建辽宁省与俄罗斯特维尔州等友好关系8对。

2024年，服务国家总体外交工作取得新突破。圆满完成苏里南总统单多吉访辽接待任务。高标准做好刚果（布）总统萨苏、乌干达第三副总理纳卡达马等非洲国家政要来访接待。积极配合做好保障李强总理出席2024大连夏季达沃斯论坛开幕式，会见越南总理、世界经济论坛主席以及接待波兰总统、联合国常务副秘书长等政要和国际友人工作。发挥辽宁在东北亚地区独特区位优势，统筹安排11个省级团组、181个市厅级团组赴东北亚国家访问，密集接待日、韩、俄、蒙四国省部级及以上政要来访40人次。接待美各地共计73名青少年来辽交流访问，第五次接待美中关系全国委员会"公共知识分子项目"代表团来辽访问。省政府主要领导同志先后出访日本、韩国、新加坡、俄罗斯、白俄罗斯、瑞士、土耳其等国家，成功推动宝马、华锦阿美等外企在辽扩大布局、增资增产。创新举办首届辽宁国际友城贸易对接洽谈活动，达成项目签约7个、合作意向18个，推动23对企业建立沟通渠道，成为统筹外交外事资源创新开展"经济外事"工作的有力载体。举办东北亚地区地方政府联合会高级事务委员会会议。在2024年中国国际友好城市大会上，辽宁省对韩友城——京畿道荣获"对华友好城市优秀伙伴奖"。梳理形成《外籍人士来辽生活便利化服务清单》，实现外国人3分钟快速、高效、便捷入境，重点场景各类支付方式实现全覆盖，城市公共交通"一卡通"完成互联互通，外籍人在辽便利度、对辽好感度大幅提升。首次邀请来自18个国家的21家媒体以及俄罗斯远东地区外媒记者团参与辽洽会、第二届中俄地方投贸会采访报道，积极塑造辽宁开放形象。2023—2024学年，我省招收来自世界162个国家的来华留学生1.43万人，高等教育国际交流合作不断走深走实。2025年2月25日，第十一届中韩公共外交论坛在辽宁沈阳举行。

4.2.9 展会品牌影响力不断扩大

将"辽洽会"打造成为标志性名片，第五届辽洽会首次冠名"中国"，辽宁-日本经贸活动、沈阳韩国周、辽宁-欧洲投资合作活动、辽宁-中东国家经贸活动、国际友城贸易对接洽谈活动等成为辽洽会的重要内容。时隔5年，2024年大连夏季达沃斯论坛成功召开，李强总理出席论坛并致辞，本届论坛是8届以来辽宁元素体现最充分的一届，系列活动和"城市会客厅"招商活动达成意向合作60个，签约金额超130亿元。全球工业互联网大会于2019年创办，连续举办6届，已经成为启迪思想、碰撞智慧、深化合作的国际性交流平台，沈阳市被定为大会永久会址和举办城市。2023年起，连续两届成功举办中俄地方投资发展与贸易合作大会。2024年，打造了系列"首创"展会。首届东北亚国际消费品博览会20个特色主题展区中近1万种国内外名优商品展出，现场意向成交额达2.06亿元；转为市场化展会的制博会、数交会、海博会首次冠名"中国"；打造首届辽宁国际冰雪经济合作活动、首届俄罗斯食品文化节、首届辽宁出口商品（俄罗斯莫斯科）展览会、首届辽宁出口商品（蒙古国乌兰巴托）展览会。2024年9月，成功举行东北亚地区地方政府联合会第14次高级事务委员会会议。"国际沈"新名片逐渐擦亮，2024年，沈阳市国际友城工作荣获全国友协颁发的国际友城杰出贡献奖。

4.2.10 营商环境国际化水平明显提升

2023年实施《辽宁口岸高质量发展新突破三年行动方案》，重点围绕"五型口岸"（智慧、绿色、安全、便利、高效）建设，推出29项任务和26个重点项目。我省进口整体通关时间为27.94小时，比全国平均水平快1.54小时。出口整体通关时间为0.94小时，比全国平均水平快0.01小时，持续巩固进出口通关时间均优于全国平均水平的工作目标。开放领域向数字经济、绿色产业延伸，通过"关银政企"四方协作平台，实现出口退税平均时限从15天压缩至3天，企业满意度整体提升。自2024年12月1日起，大连大窑湾港作为离境港，对符合条件的出口企业从铁路转关运输直达离境地离境的集装箱货物实行启运港退税政策，较原出口船舶离港退税节省约5天时间。12月4日，东北亚（大连）航运物流中心智慧口岸一站式服务平台正式上线，平台预计为企业节省海关通关时间15%，降低综合成本40%，给企业带来真正的数字化红利。针对外资企业推出"土地弹性出让""人才个税补贴"等差异化措施，确保外商投资企业在要素获取、资质许可、经营运行、标准制定、招标投标、政府采购等方面享受平等待遇。沈阳市、大连市入选"2024国际化营商环境建设标杆城市"。监管透明度显著提升，通过"单一窗口"整合海关、税务等12个部门数据，企业通关申报材料减少70%。

国际商事仲裁实现突破。近年来，我省注重发挥仲裁优势和职能作用，服务全省经济高质量发展，2023年全省仲裁机构共受理案件3 000余件。大连自贸片区设立东北首个国际仲裁院。该院仲裁业务实现跨越式发展，办案质效全面提升，在推进东北亚国际仲裁中心建设，营造优质的法治化营商环境上迈出坚实步伐。2023 年，全院受理案件 1 416 件，较 2022 年增加 40.2%，全年受理案件涉及荷兰、新加坡、日本、俄罗斯等国。2023 年，沈阳仲裁委员会牵头成立沈阳都市圈仲裁联盟，涉外仲裁国别覆盖面逐步扩大。沈阳仲裁委员会先后制定和完善了 37 项业务制度，不断提升涉外法律服务能力。2024 年 3 月，沈阳设立驻央企国际商事仲裁与调解中心，全力打造智能化的仲裁服务"升级版"，助力央企防范化解风险。2025 年 3 月 25 日，沈阳仲裁委员会自贸区沈阳片区仲裁庭正式揭牌成立。

尽管辽宁具有对外开放的鲜明特点，但总体而言，开放比较优势尚未充分释放，开放进展不快、步伐还不够大、融入共建"一带一路"的大格局尚未形成，贸易、投资、通道、平台之间缺乏统筹，开放通道建设水平较低，开放理念和开放环境建设仍有很大提高空间。辽宁省外贸总量和外贸依存度与沿海发达地区省份差距明显，对外开放对经济增长拉动不显著，进出口商品结构性矛盾仍较为突出，出口商品结构层次较低，缺乏核心竞争力。对标高质量发展要求，辽宁省开放水平尚有待进一步提升。城市间合力有待凝聚、产业链协作有待密切、产业集群效应有待形成、功能区空间联系有待强化、自贸试验区先行创新有待快速复制扩散、制度型开放的国际化营商环境有待开拓，标志性的具有东北亚合作引领效应的开放创新高地有待进一步打造。

第5章

他山之石——国内外对外开放先进经验借鉴

推进高水平对外开放需要借鉴国内外成功经验。日本和韩国与我省有着深厚的合作基础，作为两个率先实现现代化的东亚邻国，其独特的对外经贸发展之路值得我省深入总结和借鉴。同时，随着我国改革开放步伐不断加快，广东省、江苏省作为我国开放型经济大省的经验具有普遍性借鉴价值；山东省与我省同处渤海湾地区，毗邻日本和韩国，开放发展路径与我省相似度高，可参照借鉴；广西壮族自治区与我省同属"三沿"（沿海、沿边、沿江）省份，其近年来面向东南亚市场的开放发展经验，对辽宁进一步扩大开放具有重要启示作用。

5.1　国际对外经贸发展经验

5.1.1　日本经验

（1）日本对外经贸概观

第二次世界大战以后，日本提出"贸易立国"的经济发展战略。日本政府疾呼：必须采取一切措施和尽一切努力，集中力量振兴出口。日本对外贸易取得了迅猛发展，其对外贸易尤其是出口贸易的增长速度更是高于经济增长速度。从日本进出口总额的总体变化上看，自第二次世界大战后一直呈上升趋势，其进出口贸易的规模虽时有波动，但是总体来讲仍保持了大规模、快速发展的势头。日本进出口贸易从20世纪50年代中期开始迅速增加，60年代中期急速扩大。1967年日本出口贸易总额超过100亿美元，拉开了日本对外贸易大规模发展时代的序幕。在1955年至1989年期间，日本GDP的年均增长率为6.8%，而同期的进口和出口贸易的年均增长率分别为9.2%和11%。经历了90年代中期和21世纪初两次小幅下滑后日本进出口贸易总额又继续大幅攀升，2009年受国际金融危机影响呈断崖式下跌，之后又止跌回升再创新高。日本对外贸易的高速增长，冲击了原有的国际市场格局，贸易摩擦不断发生，涉及的产品越来越多，贸易额越来越大，"日本威胁论"甚嚣尘上。然而，日本却从第二次世界大战后的困境中脱颖而出，一举成为世界经济第四大强国。日本的迅速崛起和经济大国地位的取得与其对外贸易活动的有效开展密不可分。

2023年，日本总出口额同比增长2.8%，达到100.89万亿日元，创历史新高，进口额同比下降7%至110.18万亿日元，贸易逆差约为9.29万亿日元。分国别（地区）看，美国、中国和韩国是日本前三大出口目的地，中国、美国和澳大利亚是其前三大进口来源国。中国是日本最大的贸易伙伴、最大出口市场和最大进口来源地。从商品结构看，机电产品、运输设备和贱金属及其制品是日本的主要出口商品，矿产品、机电产品和化工产品是日本的主要进口商品。日本对澳大利亚、中国和中东国家的贸易逆差最大，对美国、韩国和新加坡的贸易顺差最大。

（2）日本的对外贸易政策选择

为恢复本国经济，促进民族经济的发展，日本政府对进口贸易实施了严格的限制。其手段主要有关税和非关税两大类。其中，20世纪60年代以前，以外汇管制为主要内容的非关税措施居绝对主导地位；进入60年代后，随着日本对外贸易自由化政策的施行，关税保护不断得到强化。尽管60年代中后期，日本名义关税水平呈下降趋势，但有效保护率始终维持在较高水平。这种以外部环境变迁为基础，合理使用不同保护手段，最大限度提高保护效果的做法对日本经济的复兴与发展起到了极其重要的作用。

日本充分利用科技革命的成果，加快技术进步。日本在确立外向型经济发展战略的同时，制定了"科技立国长远发展战略"，吸取第三次科技革命成果，选择以计算机技术的开发、合成材料技术的开发为振兴日本工业的突破口，引进国际尖端技术，并使之转化为生产力，提高自身竞争力。经济发展和产业升级是日本出口贸易持续高速增长赖以实现的基础。

重视教育，加速人才培养。教育是第二次世界大战后日本经济发展的重要杠杆，教育问题政府始终给予特殊关注。通过大力发展教育，日本国民的整体素质大幅度提高，发展经济所需的各类人才都有了较充分的保障。

发挥综合商社的作用。综合商社是日本贸易领域中特有的组织形式，它所具有的多种功能不仅是其综合性业务活动得以开展的基础，也是它得以成为财系内部仅次于银行的、具有高度凝聚力的核心企业。在日本的对外贸易发展过程中，综合商社不仅是推动日本产品走向世界的重要力量，也是组织其国内生产和生活必需品进口的重要力量，成为日本对外贸易的"核心推动力量"。

（3）日本对外经济战略

第二次世界大战后，日本政府为贯彻"贸易立国"的发展战略，对本国的贸易活动进行了全面的干预。在进口方面，通过严格的外汇管制，使所有的外汇支出均服务于国民经济的增长和出口贸易的扩大。在出口方面，除了通过金融、税收和保险等措施直接推动本国出口贸易发展外，还利用技术投资、产业组织等产业政策和措施，通过对国内产业结构的调整和提升来巩固出口贸易发展的基础，为出口贸易的长期发展培育动态比较优势。

日本积极推行出口导向的经济政策，这是日本经贸发展模式的一个重要特征。第二次世界大战后日本的出口导向战略主要分为三个阶段：价格竞争阶段、质量竞争阶段、海外生产阶段。日本为实现以出口为主导的经济发展战略，采取了一系列的政策和措施，大力发展进出口贸易，使日本进入世界贸易大国的行列，成功实现经济振兴。

（4）日本经验的启示

① 以本国优势为依托，充分利用外部有利条件。战后日本经济和贸易之所以能够从一片废墟中迅速崛起，其中最根本的一条就是对本国人力资源的充分利用，以及将这一优势与良好的国际环境相结合。这一点给我省的启

示特别重要。

② 发展经济，提高自身竞争力。要推动我省对外贸易的发展，就必须以经济发展和技术进步为基础，不断创造出新的优势领域为出口贸易的发展奠定坚实的基础。

③ 政府的支持不可或缺。在我省的经济和贸易发展过程中，必须在充分发挥市场功能的同时，积极利用政府力量培育和强化竞争能力，引导企业行为，支持企业发展。

④ 加快企业技术进步与创新。技术进步是第二次世界大战后日本经济和对外贸易持续高速发展的重要力量源泉。我省必须增加研究与开发的投入，强化技术进步对贸易发展的贡献。

⑤ 扩大企业规模，谋求规模经济效益。综合商社对日本出口贸易发展的推动作用主要是通过规模经营、费用节省和竞争能力的强化来实现的。实行规模化经营是外贸企业谋求生存与发展的根本出路，外贸企业规模的扩大可以走自我积累和自我发展的道路，也可以走联合、兼并的道路。

5.1.2 韩国经验

（1）韩国的对外经贸概观

韩国实行政府主导的外向型经济发展战略，以"贸易立国"，利用国际市场的有利条件，克服国内资源贫乏、市场狭小的不利因素，实现了经济腾飞，跻身新兴工业国家行列。朝鲜战争之后，韩国对外贸易总量不及2亿美元。自然资源极度匮乏，重要的战略资源，如煤和石油，几乎全部依赖进口。战后不到40年间，韩国成功从落后国家转型为贸易强国。

1960年，韩国GDP不足朝鲜的1/3，但此后逐步发展为"亚洲四小龙"之一，经济成就举世瞩目。从1964年开始，韩国经济出口贸易依存度持续提高，出口对GDP的促进作用一直在增强。毫不夸张地讲，韩国成为世界排名靠前的经济体，强大而稳定的出口竞争力是不可或缺的因素。

近5年来，韩国进出口增速加快，年均增长5.08%，高于长期平均增速。2023年，韩国进出口总额为12 741.08亿美元，同比下降9.89%，未能延续上年增长态势。韩国产业以制造业和服务业为主，造船、汽车、电子、钢铁、纺织等产业产量均进入世界前10名。三星、现代汽车、SK、LG等大型企业集团在国民经济中占据重要地位。

韩国的主要贸易格局呈现以下特征：中国、美国和越南是韩国最重要的出口目的地，中国同时也是韩国最大的贸易伙伴、第一大出口市场和进口来源国。在商品结构方面，韩国主要出口机电产品、运输设备和贱金属及其制品，同时化妆品、护肤品等化工产品及矿产品也是重要出口品类。

进口方面，韩国主要从中国、美国和日本采购商品，其中矿产品、机电产品和化工产品构成前三大进口类别。由于高度依赖石油进口，韩国需要从沙特阿拉伯、卡塔尔、俄罗斯和科威特等国家大量进口原油；同时从澳大利亚进口铁矿等资源以弥补国内矿产不足。值得注意的是，韩国从中国进口的机电产品以中低端为主。

整体而言，韩国长期保持贸易顺差状态。具体分析其贸易差额结构：主要顺差来自越南和中国，主要逆差来自日本、澳大利亚、德国及中东产油国。

（2）韩国的对外贸易政策

《对外贸易法》作为韩国管理对外贸易的基本法律，与《外汇交易法》《关税法》《出口产品质量促进法》以及各专项贸易振兴法规共同构成了韩国对外贸易管理的制度框架。韩国对外贸易政策的成功实施，关键在于其制度设计的有效性。该制度体系以自由贸易为核心原则，致力于降低贸易壁垒和交易成本，同时通过产业技术升级提升国际市场份额，从而增强在全球资源配置中的竞争优势。这一制度安排与新制度经济学理论高度契合，因此，韩国被世界银行认定为典型的外向型经济体。

需要指出的是，实现贸易的可持续发展不能仅依靠单一制度，而是需要一个包含财政、金融、法律、税收、科技和人力资源等领域的综合性制度体系。随着对外贸易的深入发展，对制度体系的完善和演进提出了更高要求。

韩国近现代贸易发展史实质上反映了其贸易制度演进与实施的过程。1960年至1972年间，韩国政府为提升交易效率、降低交易成本、增强企业创新能力和产品竞争力，陆续出台了数十项涉及贸易、关税和金融领域的政策法规。进入21世纪后，韩国积极推进自由贸易协定谈判，成为全球首个同时与美国和欧盟签署自由贸易协定的国家。韩国政府不仅注重制度建设，更强调根据国际贸易环境变化及时调整相关政策。完善的制度体系只是基础，关键在于制度的有效执行，这一理念使得韩国在国际贸易体系中的地位持续提升。韩国在半导体、显示器、造船等高技术含量产业领域始终保持着较强的国际竞争力，这种产业优势的形成，与其不断完善的贸易制度体系密不可分。

（3）韩国对外经济战略

韩国根据国内、国际政治经济形势的变化，依次重点采取了进口替代战略、出口导向战略与自由贸易协定（Free Trade Agreement，FTA）战略（FTA战略），其中FTA战略又可划分为战略初始阶段、双边FTA"轮轴"战略阶段和区域FTA"关键角色"战略阶段。同时，以上战略的顺利施行也离不开国内政策的支持。

具体而言，国内政策支持主要体现在三个层面：首先，在出口导向战略时期，政府通过制定产业发展政策计划，引导产业结构优化升级，使其及时适应国际分工格局变化；其次，在FTA战略推进过程中，韩国于2004年颁布《FTA缔结审议程序规定》，于2011年通过《通商条约缔结程序及履行相关法律》，强化了国会对FTA谈判的监督和审批权限；最后，通过机构调整与设置提升FTA谈判运行效率。这一系列政策措施为韩国对外经济战略的实施提供了制度保障。

（4）韩国经验的启示

韩国贸易制度的有效实施，得益于政府及国民对"有限介入"和优先发展国际贸易理念达成的广泛共识。

① "有限介入"的执政理念在政权及执政者之间的提出、认同、内化。在政府支持下，贸易制度得到强制性推行，"出口优先"成为国策。但政府参与仅限于此，政府不干涉市场主体的自由，韩国仍然是市场经济体制。大量制度的出台和完善都说明，韩国"有限介入"的执政理念在贸易制度方面得到了传承和发展。政府充当政策的制定者和推进者，但政府不会越界成为市场的参与者和控制者，这些都是贸易制度有效施行的重要条件。

② 整个国家对发展国际贸易在意识层面的高度统一。朴正熙时代提出了"优先发展经济"和"出口第一"等战略，当局的意志和发展规划得到了有效执行，发展贸易成为社会民众和企业的共同愿景。近些年，韩国社会也曾爆发大规模的社会运动和对某一事件的大规模争论，但对外开放和促进贸易发展一直是绝大部分民众和市场参与主体的共识。贸易制度的有效施行，为对外贸易的发展提供了保障，才有实现从贸易小国到贸易大国的进步，再由贸易大国到贸易强国的跨越。

③ 坚持动态的对外经济战略，适时进行阶段性调整，将对外经济战略与国内产业政策相结合，以对外开放倒逼国内改革与巩固改革成果。

④ 推进出口品牌战略，提高产品的国际竞争力；应对贸易摩擦，实现对外贸易平衡发展；大力开展技术创新，提高产品的附加价值；坚持扩大内需，实施出口与内需并重的策略。

5.2　国内先进省份开放经验借鉴

5.2.1　广东对外开放实践与经验

（1）广东对外开放的成效

开放是提升地区发展活力的必由之路，也是广东走在全国前列的关键一招。广东充分发挥自身产业、区位和市场优势，利用国内国际两个市场、两种资源，增强畅通国内大循环和联通国内国际双循环的功能，深入推进"双区"建设和"双城"联动，提高自贸区、开发区等建设水平，率先引领推进制度型开放、营造国际一流的营商环境；深度参与共建"一带一路"，用好区域全面经济伙伴关系协定等自贸和投资协定，健全对外开放安全保障体系，提高开放型经济发展质量。

广东带着"开放"基因，始终保持外贸大省实力。广东拓宽内外通道，链接全球市场。十多年来，广东外贸发展规模稳步扩大、结构持续优化、质量日益提升，几乎年年都有突破性进展：2012年，外贸进出口总额突破6万亿元；2016年，一般贸易额首次超过加工贸易额；2017年，民营企业首次成为广东外贸第一大主体；2018年，外贸总额首破7万亿元大关；2019年，跨境电商新业态规模全国第一；2020年，东盟跃升为第一大贸易伙伴，广东国际市场布局持续优化，国内市场潜力加快激发；2021年，进出口总额突破8万亿元，连续36年居全国第一，与共建"一带一路"国家和地区的进出口额达2万亿元；2022年，外贸规模再创新高，连续37年全国第一。2023年，广东外贸进出口总额8.3万亿元，比上年增长0.3%，其中出口5.4万亿元，增长2.5%，好于预期。广东外贸进出口总额占全国比重从2023年初低位的17.6%，回升至全年的19.9%，继续稳居外贸第一大省。

　　由最初依托地缘与要素成本优势承接外商投资，到如今打造营商环境"强磁场"主动吸引优质跨国企业深耕发展，广东利用外资的规模与质量双双显著提升，外资规模不断扩大，引资结构持续优化，为全国吸引外资作出重要贡献。2013 年至 2022 年，广东实际使用外资金额累计超过 1.4 万亿元人民币，年均增长超过 7%，位居全国第二；累计新设立外商直接投资企业约 13.5 万家，年均增长超过 10%，位居全国第一。其中，服务业实际使用外资占比由 2012 年的 39.9% 上升至 2022 年的 74.1%；2022 年高技术产业实际使用外资占比较 2018 年提升 12.4 个百分点；吸引 167 个国家和地区来粤投资，投资者来源更加多元。2023 年，广东实际利用外资超过 1 591.6 亿元，新设外商投资企业 21 685 个，比上年增长超 50%；其中制造业实际利用外资增长 11.7%、占比回升至三成，高技术产业实际利用外资增长 40.48%。

　　2013 年至 2022 年，十年间广东对共建"一带一路"国家进出口规模从 2013 年的 1.92 万亿元，年均以 5.1% 增速、1211.2 亿元规模较快扩张，到 2022 年首次突破 3 万亿元大关，进出口额增至 3.01 万亿元，十年间增长 56.3%。广东对越南等东盟国家进出口快速崛起，十年间，对第一大贸易伙伴东盟进出口从 6 343.3 亿元增至 1.35 万亿元、增长 113%，比重提升 12 个百分点、达 45%。十年来，广东企业在共建"一带一路"国家和地区累计新设立境外企业（机构）1 468 家，实际投资 48.4 亿美元。广东作为中国外贸第一大省，同时地处共建"一带一路"重要节点，在高质量共建"一带一路"中发挥了重要作用。

　　2020 年 8 月 18 日，"湾区号"中欧班列正式启动。三年来，班列开行数量逐年走高，服务版图不断延伸，截至 2023 年 8 月，已开通俄罗斯沃尔西诺、圣彼得堡及白俄罗斯明斯克等 18 个方向的运行线路，通达白俄罗斯、德国、法国等亚欧 41 个国家，吸引超 4 000 家企业货物搭乘。随着"湾区制造"出口需求稳步攀升，班列出口结构也不断优化。海关数据显示，三年来，"湾区号"中欧班列已累计开行 516 列，运送货物 36.11 万吨，货值达

108.04亿元，除了家用电器、服装、鞋帽等传统商品保持较高增长外，电子设备、机械设备、新能源汽车、燃油汽车等高附加值产品出口也呈现明显增长。"湾区号"已成为绿色低碳、畅通安全、紧密连接粤港澳大湾区与共建"一带一路"国家经贸关系的中欧贸易运输通道。

作为推进高水平对外开放的试验田和粤港澳合作示范区，广东自贸试验区自2015年挂牌以来，持续不断释放改革新动能，打造高水平对外开放门户枢纽。2022年，广东自贸试验区外贸进出口总额5 350.8亿元，同比增长27.8%；新设外商投资企业1 839家，实际利用外资70.18亿美元。2023年，广东自贸试验区外贸进出口总额5 799.5亿元，同比增长5.1%；实际利用外资41.9亿美元，以全省万分之六的面积吸引了全省外资总额的1/4，各项指标保持全国自贸试验区前列。2023年，广东自贸试验区新设企业2.75万家，同比增长21.3%，其中新设外商投资企业2 217家，同比增长20.8%。

广东抢抓世界机遇，全面扩大开放。当前，广东正稳步实施贸易高质量发展，用足用好RCEP等政策红利，深化对内经济联系、增加经济纵深，增强畅通国内大循环和联通国内国际双循环的功能，加快推进规则、标准等制度型开放，推动建设更高水平开放型经济新体制。

（2）广东对外开放的具体措施

广东是改革开放的排头兵、先行地、实验区，改革开放是广东的鲜明特质和独特优势。广东不断深入推进广东自贸试验区和粤港澳大湾区建设，积极参与共建"一带一路"，大力建设外贸强省，加快构建开放型经济新体制。

①建设开放高地，广东自贸试验区获得更大改革自主权。2019年，省政府印发《支持自由贸易试验区深化改革创新若干措施分工方案的通知》，从营造优良投资环境、提升便利化水平、推动金融创新服务实体经济等方面部署了40项试点任务，并将多项省级权限下放自贸试验区。赋予自贸试验区更大的改革自主权，是广东打造"开放高地"的题中之义。广东自贸试验区作为全面深化改革和扩大开放"试验田"的作用明显，在探索构建开放型

经济新体制、打造高水平对外开放门户枢纽、深化粤港澳合作等方面取得显著成果。

②携手港澳打造国际一流湾区和世界级城市群。广东建立健全推进大湾区建设领导协调机制，聚焦体制机制创新，落实便利港澳居民到内地发展的政策措施，在科研经费跨境使用、取消办理就业许可证、实施港澳居民居住证政策等方面取得突破；推进国际科技创新中心建设，积极打造广深港澳科技创新走廊；成立粤澳合作发展基金并启动运营；加快标志性基础设施建设，港珠澳大桥正式开通，广深港高铁顺利开通运营，"一地两检"通关政策落地，加快莲塘/香园围口岸、粤澳新通道等项目建设。

③积极融入共建"一带一路"。广东紧密围绕建设战略枢纽、经贸合作中心和重要引擎三大定位要求，扎实推进各项工作：广东推出"外资十条"（修订版）、"实体经济十条"（修订版）等优惠政策措施，为广大企业投资兴业提供更加良好的营商环境；近年来，广东加快贸易便利化改革，扩大与共建国家的经贸合作，与共建国家基于比较优势建立了广泛的贸易合作关系；广东省政府及相关部门公开出台了多个政策文件以促进广东参与共建"一带一路"，政策内容涉及经济、贸易、金融、投资等多个关键领域，同时，各地市也积极出台了相关政策；在基础设施联通方面，广东着力提升与"一带一路"国家和地区的港口、机场、铁路联通，构筑联通内外、便捷高效的交通基础设施网络。

④从广东对外经济发展阶段看，由简单的"引进来 走出去"到"五外联动"，广东已从原始开放迈向制度型开放的新阶段。基于广东在原始开放阶段积累的外贸、外资、外包、外经、外智实践经验和政策理论基础，重新整合、系统输出，推动贸易转型、外资提质。逐步改变"两头在外"的贸易模式，加速创新要素在省内集聚。招商引资看重的不是资金，而是资源、技术、人才、品牌，基于完善整个区域布局的供应链、产业链的角度，取长补短，着力做好外包工作。工业设计是服务外包重点发展领域，广东的工业设

计早已积累了丰富的资源。在广东工业设计城，"政府推动、省区共建、市场运作"的发展方式已经成熟，作为全国第一个省区共建的工业主题园区，区内90%的企业都是做工业产品设计和研发的公司。广东工业设计城全力推动在岸、离岸业务齐头并进，引导工业设计企业不断提升服务功能，拓宽服务领域，迅速扩大企业承接服务外包的规模和能力；发展对外经济与建设优质营商环境密切关联，广东正在打造市场化、法治化、国际化一流的营商环境，提升利用外资质量和水平，出台"外资十条"（修订版）等政策措施，在全国率先出台首个地方外商投资权益保护条例；在外智方面，大湾区不断实施人才政策吸引外国投资者，实施外国人才个人所得税优惠政策，而且这项优惠政策在大湾区的九个城市都能实施；在外经方面，广东商品中亚展销中心暨海外仓推介会2023年1月在广州成功举办，推动粤港澳大湾区与中亚地区国家更大规模、更高水平、更深层次、更宽领域和更高质量的经贸合作；在中国国际贸易促进委员会广东省委员会（以下简称"广东省贸促会"）推进下，海外粤商会与驻境外经贸代表处双轮驱动，共同形成"代表处+海外粤商会""官方+民办""政府+市场"的全方位与区域性相结合、立体化与精细化相结合的海外经贸服务平台及工作体系，全力拓展外经合作项目。广泛收集全球经贸信息、组织举办对外经贸交流和招商促贸活动、推进境外广东商品展销中心与海外仓建设，在宣传推介广东，讲好广东故事、湾区故事以及吸引全球高端资源来粤投资兴业方面发挥重要的窗口作用。

⑤ 广东对外开放的经验启示。

纵观近年来广东对外开放的实践与探索，有以下几点经验值得借鉴。

·优化对外开放布局，立足服务和融入新发展格局，不断增强国内国际两个市场、两种资源联动效应，提升贸易投资合作质量和水平。深度参与共建"一带一路"，不断增强畅通国内大循环和联通国内国际双循环的功能。

·围绕高质量发展这个首要任务和构建新发展格局这个战略任务，打出外贸、外资、外包、外经、外智"五外联动"组合拳。其中，外贸方面研究建设一批出口集群、进口基地，培育壮大贸易新业态、新模式，多措并举稳定国际市场份额；大力吸引和利用外资，持续扩大高水平对外开放；不断改善营商环境，塑造开放型经济新优势。外资方面重点招引植根性强、竞争力强、固定资产和人力资本投入大的科技类、制造类外资项目，实现高水平"扭抱缠绕"。外包方面积极发展生产性服务外包，培育咨询设计、文化创意等高附加值服务外包，带动服务贸易增量提质。外经方面支持企业基于全球化布局，建设海外研发基地、生产基地、物流基地、仓储基地。外智方面引入更多外脑前来创新创业创造。在制度型开放上有更大作为，稳步扩大规则、规制、管理、标准等制度型开放，深入研究对接区域全面经济伙伴关系协定（RCEP）等国际高标准经贸规则，利用自贸试验区开展压力测试，推动制度型开放不断取得新突破，努力塑造开放型经济新优势。

•省市各级政府精心组建外资招商队伍，积极"出海"欧洲、日本和韩国、东南亚、中东等国家和地区，扩容全球"朋友圈"。同时持续打造品牌化招商引资活动平台，拓展广交会等知名展会招商功能，以会为媒，以商招商，并组织"云推介""云洽谈""云签约"等活动，线上线下同频共振，形成招商引资的强大合力。

5.2.2 江苏对外开放实践与经验

（1）江苏对外开放的成效

江苏实施开放布局优化行动，经贸"合作圈"持续扩大。2023年，江苏对共建"一带一路"国家进出口总额2.25万亿元，占比提升至42.9%，规模和占比均为倡议提出以来的最高水平；对共建"一带一路"国家新增对外投资项目数和中方协议投资额占比分别提升至52.1%和60.0%。全省7家境外园区入区企业达351家，在东道国纳税5.1亿美元，为当地创造就业岗位近6万个。

实施外贸创新发展攻坚行动，贸易新动能明显增强。全年进出口总额

5.25万亿元，连续21年居全国第二位。外贸结构调整实现新突破，民营企业首超外资企业成为第一大出口主体；东盟首超欧美成为第一大贸易伙伴，首超韩国成为第一大进口来源地；全省有进出口实绩企业突破8.8万家，增加超5 000家；全省RCEP签证出口货值和"新三样"出口规模居全国首位。跨境电商全年出口增长12.3%；"市采通"全年出口增长37.7%。

实施产业强链补链延链行动，全球高端要素加快集聚。2023年实际使用外资253.4亿美元，占全国比重的15.5%，规模继续保持全国首位。江苏全省25个项目新增列入商务部重点外资项目清单、4个项目新增入选全国制造业领域标志性外资项目，总数分别达84个和12个，数量均居全国第一。核定符合国家进口税收政策的外资研发中心72家，数量居全国第一。外资企业深耕江苏意愿持续增强，增资扩产力度不减，江苏全省外资利润再投资同比增长25.8%，规模保持全国第一。

实施强化高端平台建设行动，开放载体能级不断提升。开展江苏自贸试验区提升战略三年行动，成为全国首个实施生物医药研发用物品进口"白名单"制度试点的省份、首个在综合保税区外自贸试验区内开展保税维修业务的省份；三大片区新增制度创新成果100项，累计达379项，其中25项在全国复制推广。在2023年国家级经济技术开发区综合发展水平考核评价中，江苏全省共9家开发区位列前30位，数量全国第一，其中苏州工业园区实现"八连冠"，开放平台能级跃升。江苏自贸试验区对标高标准国际经贸规则，提升贸易投资便利化水平，开放度和竞争力得到全面提升。江苏省内省级以上开发区以全省10%的土地，创造了全省70%的规上工业增加值、80%的实际使用外资和外贸进出口。国家级经济技术开发区、高新技术产业开发区数量均居全国第一。

实施制度型开放引领行动，重点领域开放稳步拓展。江苏自贸试验区对标CPTPP、DEPA探索制度型开放的"38条"措施2/3实施见效，全国首个跨境电商和首个企业查询领域数据出境安全评估案例落地。2023年江苏全省共有合格境外有限合伙人（QFLP）试点基金54家，基金认缴规模61.6亿美元；合格境内有限合伙人（QDLP）对外投资试点成功落地，两批共5家企业获批开展试点，发放额度6亿美元。

实施开放通道畅通行动，陆海内外联通更加便捷。2023年江苏中欧（亚）班列累计开行2 123列，创历史新高，增长7.6%。初步构筑起商品汽车运输新优势，形成南京新车发运基地、连云港过境商品车发运基地、徐州二手商品车发运基地的商品车铁路运输专用车班列布局，发送数量等指标均居全国班列平台前列。国际航线航班持续恢复，截至2023年末，恢复开通国际（地区）客运航线32条、货运航线19条，全省全货机通航点超过40个。

实施数字开放枢纽建设行动，数字化赋能取得积极成效。太仓、连云港水运口岸获批全国首批"智慧口岸"建设试点。数据跨境流动安全管理成效明显，2023年江苏共12家企业通过国家数据出境安全评估，数量居全国前列，通过率全国第一，率先成为全国5个开展预评估试点的省份之一。

实施国际交流合作深化行动，国际影响力持续扩大。成功举办第五届中美友城大会。省委、省政府领导带团到新加坡、德国、哈萨克斯坦、乌兹别克斯坦等国家考察访问，深化全方位、多领域交流合作。2023年赴西班牙、法国等10多个国家举办海外文旅推广活动，得到广泛好评。江苏"买全球"的步伐越迈越大，在每年广交会、消博会、服贸会、进博会上表现亮眼，频频签下亿元大单；不仅"买全球"，江苏还将更多更好的产品卖向了全球。

江苏积极应对变化变局，全力稳住外贸外资基本盘，大力促进出口与进口、货物贸易与服务贸易的平衡发展，注重引进高端制造业和先进服务业外资，深化全方位高水平对外开放，以技术、品牌、质量、服务、标准为核心的国际合作与竞争新优势正在加快形成。江苏持续推动外贸转型升级、结构优化、智能赋能，不断提高出口产品的质量和竞争力，江苏全省集成电路等新一代信息技术、船舶及海工设备、工程机械、医药等产业出口规模居全国前列，全国1/5的高技术产品出口来自"江苏制造"。江苏还相继出台了一系列极具含金量的政策，从要素流动型开放向制度型开放加速转变，让各类市场主体"运营成本最低、办事效能最高、贸易投资最便利、发展预期最稳定"，努力将江苏打造成为最具吸引力和竞争力的投资目的地，成为对国际商品和全球资源的强大引力场。

（2）江苏对外开放的具体措施

① 服务国家战略，全面推进对外开放。江苏在开放型经济发展过程中，始终以服务国家重大战略为目标，将对外高水平开放工作与全局工作紧密结合，通过强化顶层设计和整体统筹，规范推进高水平对外开放建设。以外贸外资为例，江苏省从2012年发布的《关于加强和改进口岸管理促进外贸稳定增长的意见》到2022年发布的《江苏省推进数字贸易加快发展的若干措施》等相关文件，均围绕促进开放型经济发展这一主题制定外贸利好政策，为促进外贸外资提质增效提供有效的政策支撑，省委经济工作会议将建设高水平开放型经济作为重要任务，凸显江苏省推进高水平开放，构建新发展格局的决心。

② 贯彻新发展理念，赋能高质量发展。江苏省紧紧围绕"高质量发展走在前列"的目标定位，深入贯彻新发展理念，赋能开放型经济高质量发展。具体体现在：以新发展理念引领高质量共建"一带一路"，重点实施国际综合交通体系拓展计划、国际产能合作深化计划、"丝路贸易"促进计划、重点合作园区提升计划以及人文交流品牌塑造计划，构建共建"一带一路"交会点建设新格局；以新发展理念推动区域协调高质量发展，江苏省作为制造业大省，一方面聚焦"外部协作"，利用城市群板块比较优势，延长产业链的纵向深度与厚度，另一方面聚焦"内部协作"，采用以"高峰"带动"高原"的帮扶形式，促进区域内部优势互补。

③ 创新驱动新引擎，转型释放新动能。江苏坚持把提升创新驱动能力作为推进高水平对外开放的重要引擎，大力培育跨境贸易新业态、新模式，

实现外贸新旧动能转换。首先，江苏积极突破"卡脖子"环节，鼓励企业自主研发与创新，优化政产学研用一体化合作机制，培育高新技术产业和战略性新兴产业，进而实现原始创新能力跨越升级；其次，江苏坚持以人为本，始终将人才培养置于创新驱动首要地位，打造吸引人才、集聚人才的高地，尤其是首家全生命周期技能人才服务产业园的落地，为加快培育高质量技能人才再添新翼；最后，江苏聚焦改革赋能，连续三年出台优化营商环境的政策文件，深入推进市场化、法治化、国际化营商环境建设，打造要素资源"强磁场"，为创新驱动发展提供良好的政策环境。

（3）江苏对外开放的经验启示

① 持续优化投资环境。外资总是流向投资环境好的地区，构筑市场化、法治化、国际化程度高，规则、规制、管理、标准等与外贸需求高度契合的环境，促进政府管理体制的完善。

② 注重系统集成改革。以实现利用外资"稳中提质"为导向。不能就外资而谈外资，必须从国内国际双循环的角度出发，注重系统集成改革的协同推进效应，围绕投资、货物贸易、服务贸易、电子商务、知识产权等领域，协同商务、海关、外办、税务、金融、发改委等部门共同发力，推动系统集成改革。

③ 加大服务业开放力度。辽宁制造业开放程度比较高，服务业开放相对滞后。辽宁要在继续开放制造业的同时，把现代服务业特别是生产性服务业作为开放的重点。

④ 促进从要素驱动开放向创新驱动开放转变。国际经验表明，要跨越"中等收入陷阱"，就必须实现高质量发展，实现经济发展由要素驱动向技术创新驱动的跨越，大幅度提升全要素生产率、劳动生产率和科技贡献率。辽宁要继续实行开放式自主创新，吸引更多的国际国内创新要素在辽宁聚集，在开放式创新发展方面做示范。

⑤ 加大沿海开放开发，培育对外开放的新增长点。要高度重视辽宁出

海口建设，大力推进辽宁沿海经济带的发展。

5.2.3 山东对外开放实践与经验

（1）山东对外开放的成效

2023年，山东货物进出口总额实现3.26万亿元，同比增长1.7%，高于全国1.5个百分点，增量居全国第2位，展现了充足的韧性，扎实发挥了外贸大省挑大梁的作用，为全国外贸基本盘的稳定作出了大省贡献。2023年，山东出口机电产品总额8 938.3亿元，增长7%，占全省出口总额的46%，第一大出口产品优势巩固；农产品出口规模继续位居全国首位。山东实际使用外资居全国第5位，对俄罗斯、中东欧、中亚五国进出口分别增长27.6%、18.6%、18.1%，新加坡跃升为第二大外资来源地。

2023年，山东对共建"一带一路"国家进出口总额1.84万亿元，同比增长3.4%，有力支撑了山东全省外贸增长。山东港口货物吞吐量突破17亿吨，集装箱吞吐量突破4 000万标箱，分别位居全球第一位和第二位；新增内陆港9个，累计开通班列93条，海铁联运稳居全国首位。山东中欧班列可直达24个共建"一带一路"国家的56个城市，开行总量突破9 000列、开行量5年增长超十倍，居中国东部沿海省份首位。

对外开放前沿的园区发展取得丰硕成果。上合示范区通过与22个国家的51个园区机构建立合作，高水平承办重大活动100余场，签约项目金额930亿元，全方位打造共建"一带一路"合作"桥头堡"。自贸试验区海洋经济政策集成改革获国家支持，183项创新成果在全省复制推广，制度创新"头雁效应"显著增强。160家开发区开放型经济指标增速均高于全省，明水、胶州、德州、邹平4家经济技术开发区首次入围国家级经济技术开发区百强，14家综合保税区进出口规模稳居全国第4位。山东积极融入国家开放大局，加快对接国际高标准贸易规则，签发RCEP原产地证书数量居全国首位。

"境外百展"市场开拓计划组织 3 650 余家企业赴境外参展 545 场次，贸易伙伴"朋友圈"覆盖 230 多个国家和地区；组织 6 000 余家企业参加广交会等境内知名展会；10 场"跨境电商+产业集群"培育活动惠及企业 1 700 余家。

（2）山东对外开放的具体措施

① 山东将构建与新时代对外开放相衔接的制度框架和政策体系作为先手棋、把"开放倒逼改革"列为改革攻坚行动的九大任务之一，提出加快形成与国际投资、贸易通行规则相衔接的制度体系；出台《关于深化改革创新打造对外开放新高地的意见》，架起高水平扩大开放的"四梁八柱"，引领全面开放。

② 山东先后出台推动外贸外资稳规模优结构高质量发展、内外贸一体化、跨境电商跃升发展行动等政策措施，支持企业"访总部 拓市场"、提升"新三样"国际竞争力、扩大大宗商品进口，不断稳定市场预期、提振发展信心。

③ 依托上合示范区、中韩自贸区地方经济合作示范区等独具特色的开放平台，加快推进 RCEP 海关监管服务创新试验基地建设，对标国际高标准经贸规则，确定 70 个改革项目先行先试，鼓励基层海关因地制宜培育具有"领跑"性质的创新制度，助力山东打造对外开放新高地。对接和利用好高标准国际贸易规则，进一步塑强制度型开放的新优势，提升高水平开放层次与能级。

④ 山东发挥地缘优势，深化与日韩机制化地方经贸合作，先后建立高层省部合作机制、司局级定期磋商机制、第三方市场合作机制、经济咨询顾问会议制度等，推动制度型开放先行先试。

⑤ 山东上下倾力谋划推进行政管理体制改革与观念意识革新，不断放大优质营商环境对企业和人才的正效应。针对外资外企海外人才的需求和特点，山东不断推进相关领域的体制机制改革和政策措施改进，建立省领导联

系重点外贸外资企业制度，顶格推进帮助企业解决发展难题；组建500余支服务队，为2 335家外贸基本盘企业和1 119家外资基本盘企业提供定向服务；公布29项高层次人才绿色通道服务事项清单。山东一方面推进商务、海关、口岸等多部门协调联动，加速跨境贸易便利化，一方面全面落实外商投资准入前国民待遇加负面清单管理制度，推动投资自由化、便利化水平持续提高，一系列针对性举措的实施，持续降低海外投资山东的制度性成本。

⑥ 统筹国内国际两个大局，破除更多机制壁垒，聚力服务和融入全国统一大市场。2023年，开展妨碍统一市场和公平竞争的政策措施专项清理，共梳理政策措施9 095件，修改、废止问题文件99件，有效避免了"限定商品和服务类型""限制商品流动"等问题发生。加强对各级各部门政策文件的随机抽查，深入梳理和排查地方标准，坚决纠正妨碍商品和要素自由流通的行为，为高水平开放创造条件。

（3）山东对外开放的经验启示

① 提高开放能级，构筑高效能互联通道。提升中欧班列运载运营能力，提升中亚、中俄等精品线路效能，积极参与国际运输走廊建设，全力确保班列开行稳定。同时，着力构建供应链服务体系，加快推动供应链金融、运贸一体化等"班列+"创新发展，以物流带动商流、资金流的汇聚。

② 提高开放能级，用好改革和创新两个工具。自贸试验区等一系列国家高能级开放平台构成了高水平开放的平台矩阵，为深化改革与先行先试提供了广阔舞台。自贸试验区是新时代全面深化改革和扩大开放的试验田，用好自贸试验区的制度创新优势，可以为地区高质量发展与对外开放蹚出一条新路子。

③ 全力开拓国际市场，推出促进"新三样"出口、跨境电商、头部供应链企业等支持政策，培育更多外贸新动能。

④ 打造对外开放新高地最关键的是要加强制度创新、优化制度供给，努力成为开放型经济体制创新引领区、新高地。

5.2.4　广西对外开放实践与经验

（1）广西对外开放的成效

广西要构建面向东盟的国际大通道，打造西南、中南地区开放发展新的战略支点，形成 21 世纪海上丝绸之路与丝绸之路经济带有机衔接的重要门户的"三大定位"。国家赋予广西"三大定位"，体现了广西"一湾相挽十一国，良性互动东中西"的独特区位优势。数据显示，"十三五"期间，广西进出口总额累计 20 699.51 亿元，年均增长 10.1%；广西对外投资中方协议投资额累计 62.3 亿美元，对外实际投资额累计 39.34 亿美元，双向投资有效提升。2023 年广西外贸进出口总额 6 936.5 亿元，比上年增长 7.3%。其中，出口额 3 639.5 亿元，同比增长 1.5%；进口额 3 297 亿元，同比增长 14.6%。从贸易方式看，一般贸易进出口额增长 7.6%，边境小额贸易额（边民互市贸易除外）增长 5.9%。从国别（地区）看，对 RCEP 其他成员国、东盟、非洲、欧盟进出口额分别增长 23.7%、22.8%、27.2%、12.9%。

十多年来，广西加大基础设施建设力度，进一步提升互联互通水平，为区域经贸合作注入新动能。广西对东盟国家外贸进出口总额由 2012 年的 747.5 亿元，增长到 2021 年的 2 821.2 亿元，年均增长 15.8%。广西边境贸易进出口总额连续 7 年排名全国第一。得益于独特的区位优势，广西大力发展向海经济，依托大港口，绿色化工、装备制造、新能源新材料、林浆纸等产业集群与东盟国家在产业链、供应链等方面相互融合，呈现蓬勃发展之势。东盟已经连续 23 年保持广西第一大贸易伙伴地位，广西自东盟进口农产品规模不断扩大，与东盟在造纸、汽车产业合作日益深化。

广西深度融入共建"一带一路"。作为我国面向东盟开放合作的前沿和窗口，广西充分发挥独特区位优势，以东盟为重点，以互联互通为主线，积极推进基础设施联通，在高质量参与共建"一带一路"中取得明显成效。一方面，服务共建"一带一路"的综合立体交通运输网络加快完善。广西统筹布局铁路、公路、水运、航空等基础设施建设，推动湘桂铁路南宁至凭祥段提速运行，贵阳至南宁高铁建成通车，通江达海的"世纪工程"平陆运河全线动工建设，通往东兴、友谊关、水口、龙邦等口岸的高速公路建成通车，建成运营8个运输机场，"两干六支"民航机场体系加快形成。另一方面，服务共建"一带一路"的现代物流体系加快构建。广西充分发挥西部陆海新通道东西互济、陆海联动的突出优势，推动海铁联运班列覆盖我国18省69市138站，南宁机场国际货运航线基本实现东盟国家全覆盖，北部湾港集装箱航线通达全球100多个国家和地区的200多个港口，通道沿线省区市经广西口岸进出口的贸易总额不断攀升，通道辐射内陆、联通世界作用进一步增强。广西开展形式多样、领域广泛的人文交流，为共建"一带一路"夯实民意基础。截至2023年8月，广西与东盟国家缔结友城关系59对，位列全国第一。

自贸试验区是广西充分释放开放潜力、培育壮大开放合作新优势的关键抓手。广西自贸试验区聚焦生产制造、贸易、物流、市场、服务等关键环节，全力推动广西自贸试验区主导产业深度融入面向东盟的跨境产业链、供应链、价值链。随着RCEP正式生效，自2021年起，广西先后出台《广西加快对接RCEP经贸新规则若干措施》等文件，对广西现有产业进行细致梳理，提出对接东盟和日韩等不同市场的差异化发展政策。在RCEP框架下，广西已与马来西亚、文莱、越南、印度尼西亚、新加坡、老挝、柬埔寨、泰国8个东盟国家开展了园区平台合作，其中，中马"两国双园"开启中国与东盟国家在对方互设产业园区的先河。

加快形成面向东盟的金融开放门户。在面向东盟的金融开放门户政策引领下，广西围绕跨境金融、绿色金融、直接融资等领域，全面实施210项改革试点任务，形成创新成果276项，其中全国首创45项。通过跨境人民币双向流动便利化政策，最大限度提高外资进出广西的资金结算效率，稳步推进本外币合一银行结算账户体系试点和数字人民币试点。

中国-东盟博览会（简称"东博会"）助推中国-东盟一体化建设。广西南宁是东博会的永久举办地。自2004年首届东博会举办以来，广西始终立足于中国-东盟合作，不断推动共建"一带一路"有效衔接，积极服务RCEP的生效实施，助力构建更为紧密的中国-东盟命运共同体。

（2）广西对外开放的具体措施

① 广西持续以开放合作为宗旨，在加快建设中国-东盟经贸中心、打造双向投资高地以及丰富和拓展开放合作平台等多方面发力，积极建设高能级国际国内开放枢纽。

② 广西推动东盟国家在广西设立多品类、常态化商品展示交易采购中心，加快建设大宗商品供应链服务平台，打造面向东盟、对接粤港澳大湾区、辐射西南的大宗商品进口基地，并积极发展跨境电商、市场采购贸易和外贸综合服务等外贸新业态。

③ 在打造双向投资高地方面，广西积极建设国际投资"单一窗口"，构建集投资促进、政策咨询、业务办理于一体的服务平台，并综合用好RCEP等经贸新规则，扩大日本、韩国、澳大利亚、新加坡及东盟国家在广西投资。鼓励外商投资新开放领域。加快中国印尼经贸合作区、马中关丹产业园等境外园区建设，深化与共建"一带一路"国家、地区的国际合作。

④ 当前广西正和东盟共同打造国际陆海贸易新通道，构建立体物流网络。相比于传统的全程水运，新通道的多式联运使货运效率更高，更方便东盟商品深入中国西部市场。建设西部陆海新通道是广西加快形成国内国际双循环新发展格局的重要举措。

⑤ 广西正积极打造国内国际双循环市场经营便利地，对标RCEP、CPTTP投资负面清单承诺，发布了《广西出口RCEP零关税优势商品清单》《广西进口RCEP零关税优势商品清单》《广西优势产业货物贸易降税商品清单》三张清单，为企业提供指引与导航。

⑥ 通过统筹资源、口岸和园区融合发展，广西逐渐培养出"原材料进

口＋国内加工""大湾区研发＋广西制造＋东盟组装"等特色跨境产业链，当地企业也利用东盟进口的原材料及产品开展落地加工，把"通道经济"转变为"口岸经济"。

⑦ 高质量建设广西自贸试验区，推动中国-东盟博览会、中国-东盟商务与投资峰会从服务"10+1"向服务 RCEP 和共建"一带一路"拓展，创新与 RCEP 其他国家在贸易、投资、展览、产业等方面的平台合作机制，并深化与东盟在跨境金融、智慧城市、5G、人工智能等领域开放合作。

（3）广西对外开放的经验启示

① 面向东盟及 RCEP 国家，突出抓好一批标志性工程和"小而美"民生项目建设，深度融入共建"一带一路"立体互联互通网络。把握重点方向，集中力量形成突破。抢抓区域全面经济伙伴关系协定（RCEP）机遇，推动区域一体化进程。

② 实施更加积极主动的对外开放战略，围绕建成陆海新通道总目标，全力提升通道整体效能，激活开放崛起、高质量发展动能，助推高质量融入共建"一带一路"迈上新台阶。

③ 建设智慧口岸，构建跨境产业链、供应链。当地企业利用进口的原材料及产品开展落地加工，把"通道经济"转变为"口岸经济"。做大做强口岸经济，加快构建跨区域跨境产业链供应链，大力推动边境贸易提质升级。

④ 推动跨境人民币结算，发挥人民币在区域跨境使用方面的独特作用，加快区域金融枢纽地建设。

第6章

区域国别篇——辽宁对外开放重点
合作国家、地区

　　随着中国日益走近世界舞台中央，与外界的联系愈加紧密，区域国别研究的国家战略意义愈加凸显，重点区域和国别是辽宁深化对外开放的着力方向。日本、韩国、俄罗斯等东北亚国家始终是辽宁深化合作的重要伙伴，与此同时，共建"一带一路"国家、"区域全面经济伙伴关系协定"（RCEP）成员国也是辽宁深度融入共建"一带一路"和高质量发展的重点区域。本章对辽宁对外开放合作的重点国家、地区进行系统梳理，并提出推进合作的前瞻性、可行性对策建议。

6.1　辽宁与日本的经贸合作

　　日本是辽宁在东北亚地区的重要贸易伙伴，双方企业合作交流密切。近年来，辽宁深度融入共建"一带一路"，在经贸、文旅、科技等方面与日本开展合作，结出累累硕果。辽宁要发挥面向东北亚的开放大门户优势，增强沈阳、大连撬动东北亚国际合作的战略支点功能，深耕对日交流合作，促进与日本发展战略对接，促进合作共赢、互利多赢、共享成果，引领形成东北亚新型合作关系，助推"一带一路"建成睦邻合作之路。

6.1.1　辽宁与日本经贸合作面临的机遇

　　国务院振兴东北地区等老工业基地领导小组第33次会议强调，要充分发挥东北沿海沿边等区位优势，做好对外开放大文章，积极参与东北亚经济循环，抓住RCEP签署后带来的新机遇，加快开放步伐，在国际经贸合作中增强竞争力。辽宁位于环渤海地区重要位置，是东北经济区与京津冀都市圈的结合部，是东北地区对外开放的重要门户，是东北地区唯一兼具沿海、沿边、沿江优势的省份，在东北亚区域经济合作中具备得天独厚的优势。辽宁的区位优势为扩大对日经贸合作提供了有利条件，辽宁可以发挥沿海、沿边的地理优势，依托产业基础、对外开放的条件和背靠东北腹地的区位优势，营造良好的营商环境，深化与日本的经贸合作，有机融合和深度融入共建"一带一路"和东北亚经济圈，打造东北对外开放的新前沿。

日本在东北亚区域经济合作中具有重要地位，持续深入扩大辽宁与日本经贸合作，促进辽宁与日本经贸合作的健康发展，对于辽宁实施"深耕日韩俄"战略、拓展改革开放广度、深度和打造对外开放新前沿具有重要意义。辽宁与日本经贸合作基础扎实，现在呈现回暖态势，但仍存在诸多问题，合作潜力尚未充分释放。在东北全面振兴新要求下，辽宁应抓住国内国际有利发展契机，采取各种有力措施，促进辽宁与日本在更宽领域、更深层次、更高水平开展交流合作，助推辽宁振兴发展。

（1）东北振兴战略为辽宁与日本经贸合作提供重大发展契机

国务院公布的《东北全面振兴"十四五"实施方案》在东北全面振兴重点任务中提出，要提升东北亚国际合作水平，打造高水平开放合作平台（如图6-1所示）。

东北地区是东北亚地理位置中心，东北亚地区汇集了中国、日本、韩国、俄罗斯4个位于世界前13位的经济实体，还有朝鲜、蒙古国这两个经济发展潜力巨大的国家。东北漫长海陆边境线上有许多的沿边、沿江、沿海口岸开放城市，利用区位优势把东北振兴发展与"一带一路"深度融合，打造对外开放合作新前沿，深化与东北亚及中亚、欧洲的深度与广度联系，增强发展的内外联动能力，促进国内国际双循环，在更广阔的天地获得更多的发展机会，是东北全面振兴发展的必由之路。

日本是世界第四大经济体，在东北亚区域经济合作中具有举足轻重的地位。日本是辽宁的主要经贸伙伴，辽宁对日经贸具有牢固的基础和深厚的底蕴。在实施东北振兴战略提供的重大机遇下，促进辽宁与日本在经贸、文化交流和技术合作等方面的全方位、全领域的交流合作，显示了充分的必要性。在东北亚区域经济交流与合作进程中，深耕对日交流合作，对于辽宁打

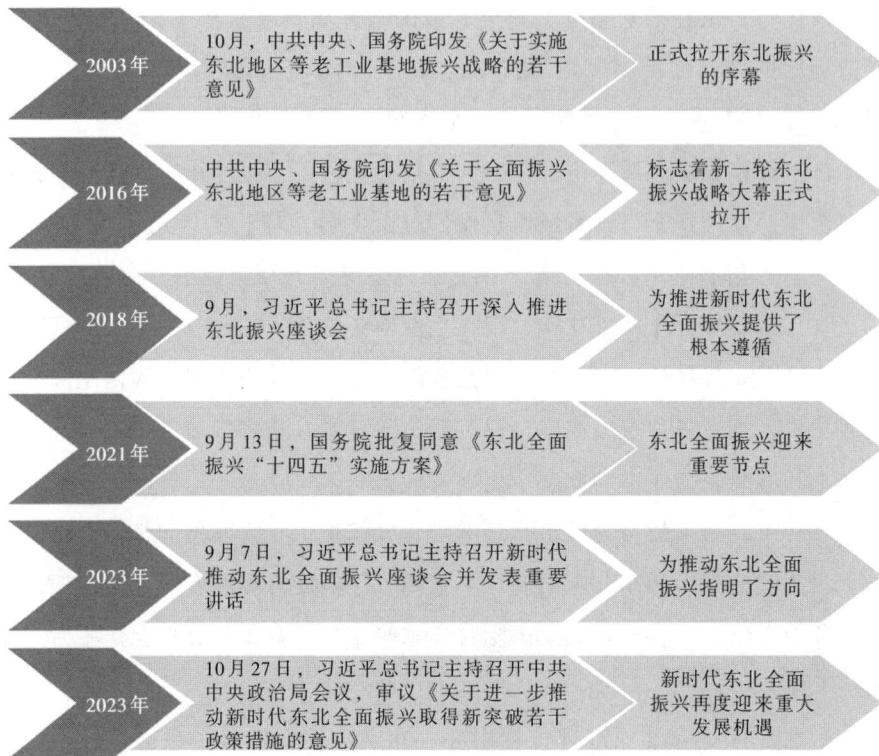

图6-1 东北振兴战略

资料来源：根据公开资料制作。

造对外开放新前沿、新高地，将发挥至关重要的作用。辽宁应充分发挥和利用区位优势，积极、主动地融入东北亚区域经济合作之中，努力把辽宁建设成为东北亚区域经济交流与合作的中心和桥头堡。

（2）"一带一路"倡议为辽宁对日经贸合作打开广阔前景

2013年中国政府提出了"一带一路"倡议，其核心内容是促进互联互通和基础设施建设，与各国发展战略和开发政策对接，促进彼此联动协调发展，更加深化务实合作，实现共同发展和社会繁荣。"一带一路"倡议根植于中国改革开放的深厚积累和长期实践，同时也向世界表明了中国与世界共赢、发展和构建人类命运共同体的真诚愿望。

加快"一带一路"建设，有利于促进共建国家经济繁荣与区域经济合作，加强不同文明交流互鉴，促进世界和平发展，是一项造福世界各国人民的伟大事业。

2013—2022年，中国与共建"一带一路"国家进出口累计总额达19.1万亿美元，年均增长6.4%，这个增速既高于同期我国外贸整体增速，也高于同期全球贸易增速。

2013—2022年，中国与"一带一路"共建国家的累计双向投资超过3 800亿美元，其中对共建国家的直接投资超过2 400亿美元。

同时，"一带一路"共建国家也积极投资中国，2013—2022年，累计对华投资超过1 400亿美元，在华新设的企业接近6.7万家；工程建设方面中国在共建"一带一路"国家的承包工程年均完成营业额大约为1 300亿美元；2013—2022年，中欧班列开辟了亚欧陆路运输新通道。

截至2023年9月底，中欧班列已通达欧洲25个国家217个城市，累计开行超过7.8万列，运送货物超过740万标箱，运输货物品类在开行初期以数码产品为主，目前已扩大到53个大类、5万多个品种产品。

"一带一路"倡议归根到底是区域经济合作的问题，是大时代、大格局、大智慧引领下的内外兼修的区域发展战略，"一带一路"倡议可以说是今后我国对外经贸战略的指针，积极参与"一带一路"对辽宁的意义是不言而喻的。发挥辽宁地理区位优势，连通日、韩、俄、蒙、朝，把东北亚区域经济合作纳入"一带一路"倡议是辽宁扩大对外经贸的发展方向和需要肩负的重要使命。

自2017年以来，日本对"一带一路"倡议的态度发生根本转变，中日双方就共同在第三方市场合作达成共识。作为中日合作的新平台，"一带一路"倡议在促进中日互利共赢、共同发展的同时，也将为第三方国家及地区乃至区域和全球经济发展作出积极贡献。

中日贸易基础良好，往来密切、互补性强，"一带一路"倡议为两国发掘经济合作潜力、寻找新的增长点、实现互利合作和共同发展提供了良好的机会和平台。近年来，日本地方政府与企业代表团多次访问辽宁，推动经贸交流，日本在辽宁投资的大项目相继落地。

辽宁日企数量较多，可以发挥日本在当地的商会、领事馆、民间组织等的作用，引进日本知名制造企业、科技企业及金融机构，共建中日高科技产业园、大连东北亚国际航运中心及国际物流中心等。在"一带一路"框架下，辽宁对日经贸合作展现了无比广阔的发展前景。

（3）RCEP为辽宁对日经贸合作提供巨大发展空间

2022年1月1日，区域全面经济伙伴关系协定（RCEP）正式生效，[①]RCEP是我国构建更高水平开放型经济新体制过程中具有里程碑意义的重大开放成果。RCEP正在形成一个东亚主导的、没有欧美集团参与的巨型区域贸易集团，推动了世界贸易体系的多极化。

RCEP的最大增量意义之一是中日首次建立了直接的自贸区关系，通过RCEP框架下关税下调，中日进出口贸易可以得到大幅跃升，而且围绕商品、服务贸易、投资、技术研发等制造业产业链的各个方面，中日之间能够形成相互促进、强化协同格局。

RCEP生效使东亚区域经济合作进入了一个新的发展阶段，也为中日合作提供了更广阔的舞台。

与中国签订自贸协定的RCEP成员国如图6-2所示。

2023年6月2日，RCEP对15个签署国全面生效，RCEP进入全面实施新阶段，辽宁外贸企业将迎来新的发展机遇。

RCEP的生效标志着全球最大的自由贸易区正式诞生，将有利于推动该地区各国间的经贸合作，特别是有利于中日之间的经贸合作。RCEP生效后，中国与日韩等RCEP其他成员国之间90%以上的货物贸易将最终实现零

---

① 《区域全面经济伙伴关系协定》（Regional Comprehensive Economic Partnership，RCEP）是2012年由东盟发起，历时8年，由包括中国、日本、韩国、澳大利亚、新西兰和东盟10国共15个成员制定的协定。

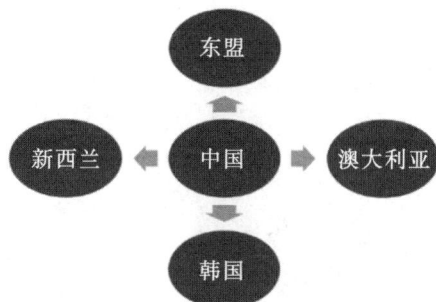

图6-2　与中国签订自贸协定的RCEP成员国

资料来源：根据公开资料制作。

关税。这为辽宁拓展与日本的经贸合作，实施更宽领域、更高层次的对外开放带来重要的战略机遇。

2022年，辽宁对RCEP成员国进出口总额为2 598.3亿元，占全省对外贸易总额的32.9%，同比增长2.7%。2023年，辽宁对RCEP成员国进出口总额为2 484.1亿元（如图6-3所示）。

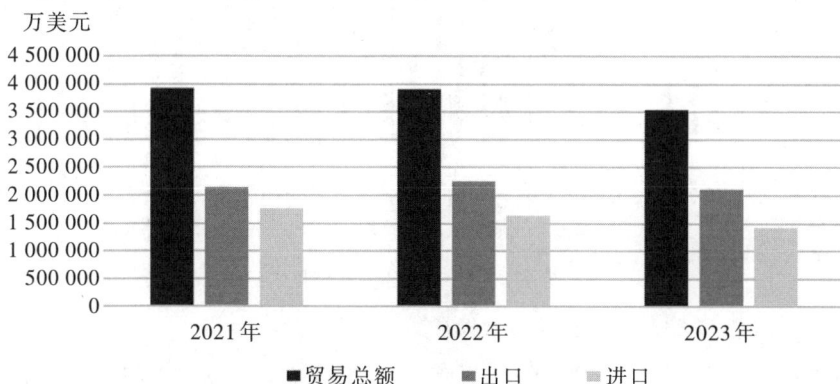

图6-3　辽宁对RCEP贸易变化

资料来源：根据公开资料制作。

辽宁需要及时抓住RCEP红利，更加深度地融入国家对外开放大格局，促进与日本经贸交流与合作。

RCEP为辽宁与日本在更大范围开展经济技术交流与合作提供了巨大的

发展空间，要进一步充分用好 RCEP 的相关政策，打造对外开放新前沿，推动辽宁全面振兴取得新突破。

6.1.2 辽宁与日本经贸合作的现状与问题

（1）辽宁与日本经贸合作现状

①辽宁对日贸易跌宕起伏

2023 年，辽宁对日本进出口总额为 127.9 亿美元。

如图 6-4 所示，近年来，辽宁对日本贸易一波三折。从 2018 年开始，辽宁对日贸易结束增长，出现连续下滑。

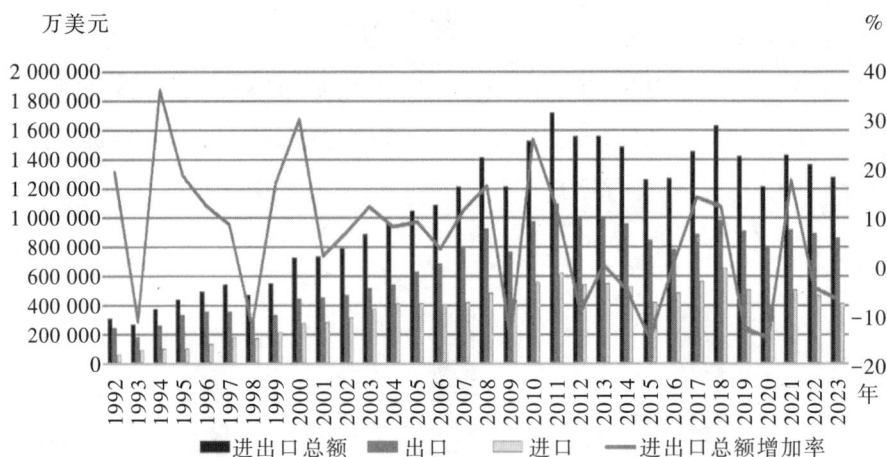

图 6-4　辽宁对日贸易变化

资料来源：根据辽宁省统计年鉴数据制作。

2020 年，辽宁对日本进出口总额为 121.8 亿美元，辽宁对日本进出口总额占全省进出口总额的 12.9%，全省 3/4 的服务外包合同来自日本。

而 2021 年辽宁对日贸易出现大幅反弹，对日本进出口总额达 143.3 亿美元，同比增长 17.7%，在 2021 年创下阶段性高点之后，又呈现连续下滑态势。

2023 年，辽宁对日本出口总额为 86.6 亿美元。

从近年的出口看，2017 年辽宁对日本出口总额为 88.6 亿美元，呈现大幅增长，结束了从2012年开始连续5年的负增长；2018年辽宁对日本出口总额为98.1亿美元，同比增长10.7%。

但是，2019年辽宁对日本出口总额为91.3亿美元，2020年辽宁对日本出口总额为80.8亿美元，说明辽宁对日出口呈现下降态势；2021年对日出口总额为92亿美元，大幅增长14%；之后，辽宁对日出口总额开始逐步下滑，但2022年辽宁对日出口总额占全部出口额比重仍然达到了16.7%。

日本是辽宁的主要贸易合作伙伴，辽宁对日贸易以加工贸易为主，主要的出口产品为纺织品、机电产品和钢材等。

因双方的贸易结构和地理位置等因素，日本将继续保持辽宁重要贸易伙伴的地位。

促进辽宁与日本贸易的健康发展对于辽宁拓展改革开放广度和深度，以及转变经济发展方式和调整经济结构有重要意义。

②双向投资合作不断深化

2021年日本对辽投资为1.7亿美元，恢复增长，营商环境改善效果明显（如图6-5所示）。

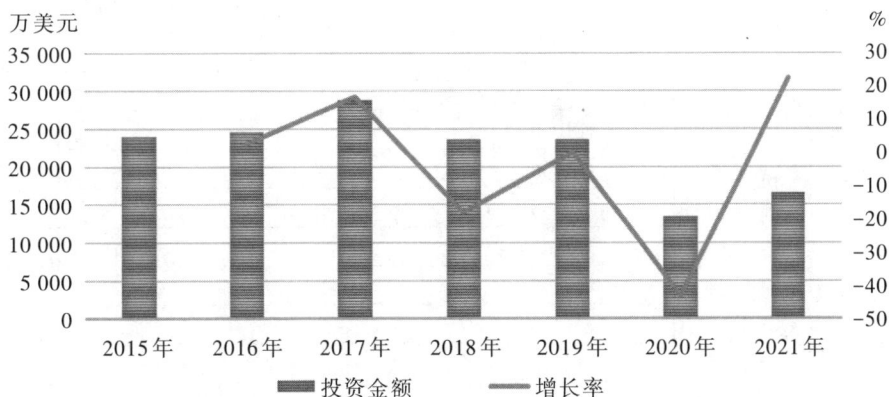

图6-5 日本对辽宁直接投资变化（2015—2021年）

资料来源：根据辽宁省统计年鉴数据制作。

2021年，辽宁有1 837家日本企业开展业务，占辽宁现有外资企业总数的22.2%。

日本对辽宁的投资已从第二产业逐渐向第三产业转变。基于辽宁的经济发展态势，与日本企业合作出现了从产业链分工向市场多元化协同转型的变化趋势。在辽日资企业在对日出口贸易中比例较大，在扩大辽宁对日贸易中起到了巨大的促进作用。

日本一直以来都是辽宁接受外商直接投资的主要国家之一，近年日本对辽投资整体上看出现萎缩。

2015年，在辽宁经营的日本上市公司共有356个，占日本在中现地法人（上市公司）总数的5.7%。其中，大连最多，有273个；其次是沈阳，有65个；再次是营口，有5个。而非上市公司共有450个，日本在中现地法人（非上市公司）总数的6.89%，按大连381个、沈阳32个、营口11个的顺序排列（参见表6-1和表6-2）。在中国东北区域，黑龙江省与吉林省合计只有日系企业82个，可以说日系企业基本上集中在辽宁。

表6-1　　　在中现地法人所在地分布（上市企业，辽宁省，2015）

省名	地区级市名	现地法人数	比例（%）
辽宁省		356	5.7
	沈阳市	65	
	大连市	273	
	鞍山市	3	
	抚顺市	3	
	本溪市	1	
	丹东市	3	
	锦州市	1	
	营口市	5	
	阜新市	1	
	盘锦市	1	

资料来源：21世纪中国総研.中国进出企业一覧 非上场会社编［M］.东京：21世纪中国総研，2022.

表6-2   在中现地法人所在地分布（非上市企业，辽宁省，2015）

省名	地区级市名	现地法人数	比例（%）
辽宁省		450	6.89
	沈阳市	32	
	大连市	381	
	鞍山市	8	
	抚顺市	3	
	本溪市	1	
	丹东市	8	
	锦州市	1	
	营口市	11	
	辽阳市	4	
	铁岭市	1	

资料来源：21世纪中国総研.中国进出企业一览 非上场会社编［M］.东京：21世纪中国総研，2022.

从辽宁日本法人所在地分布来看，大连最多，这是一个显著特征；2017年日本对辽宁直接投资为28 762万美元，比上年增长16.7%，从2015年起2年连续增长；2018年辽宁大约有1 800家日本企业开展业务，占东北三省的90%以上，约有6 000多名日本人在辽宁居住生活。

截至2018年底，日本企业在辽宁累计投资项目有7 690个，投资金额达240亿美元；2019年日本对辽宁直接投资达到阶段性高点，之后开始出现下滑；截至2020年底，日本累计在辽宁设立企业7 826家，累计投资244亿美元，占全省累计吸引外资总额的10.5%。

在辽日资企业呈现如下特征：从投资区域上看，主要集中于大连、沈阳及辽宁沿海地区；从投资规模上看，在辽日企多为日本大型企业；从投资行业分布上看，从过去的服装、制鞋、纺织、电子、玩具等劳动密集型传统制造业逐渐向房地产、IT、金融、服务业、生物、环保等领域转移；从投资目的看，开拓中国内需市场型企业数量逐年增加。

辽宁对外投资主要目的地国家和地区为中国香港、美国，辽宁对日投资还有很大空间，需下一些功夫扩大对日投资，以对日投资带动更多对日出口。辽宁十分重视同日本企业开展合作，在现有经贸合作的基础上，双方应不断拓宽合作领域和投资方式，推进优势互补、力争合作共赢是双方共同的目标选择。

③辽宁与日本各地方间交流合作渠道、平台不断扩大

辽宁与日本已缔结19对友好城市，与日本2/3以上的地方自治体建立了交流渠道。

辽宁自由贸易试验区和沈阳、大连、沈抚改革创新示范区等地规划的中日产业园及中日（大连）地方发展合作示范区建设不断取得进展，辽日双方在经贸、人文教育、医疗、旅游、环保等诸多领域取得了丰硕的合作成果。

（2）扩大辽宁与日本经贸合作面临的主要问题

一是与日本的经贸合作还需提质升级。辽宁外贸产业升级缓慢，贸易结构需要进一步优化，对日外贸产品国际竞争力有待进一步提升。在对日贸易中，一般贸易所占的比例仍需提高。

二是辽宁对日出口占比呈下降趋势。辽宁对东盟、欧盟、美国及俄罗斯出口增长较快，而对日本出口占比却持续下降。

三是在第三产业上的合作程度有待加强。要顺应产业发展规律和日企在辽投资趋势而动，顺势而为会取得事半功倍的效果。日本在金融、信息服务、旅游、医疗保健、文化等产业发展和促进出口方面有很多值得辽宁借鉴的成功经验，而辽宁的市场发展快、容量大，蕴含着非常大的发展潜力，须寻找与日方在第三产业合作的突破口。

四是与日本中小企业的交流合作比例不高。对与日本中小企业合作的重要作用重视不够，尤其是促进民营企业与日本中小企业合作的力度不大，信息交流、挖掘新商机的渠道不畅。

五是部分日资企业受外部环境影响面临经营调整。日方调查资料表明，在辽日资企业经营问题中，除了汇率波动外，占比最高的是"员工工资上

涨"，其次为"采购成本增加"（详见表6-3）。

表6-3　　　　辽宁日资企业经营上的问题（排名前五、多选）

排序	内容	回签率
1位	汇率波动	87.00%
2位	员工工资上涨	72.20%
3位	采购成本增加	62.20%
4位	竞争对手崛起（成本及价格方面竞争）	53.10%
5位	新客户开拓停滞	44.90%

资料来源：JETRO.2022年度アジア・オセアニア進出日系企業実態調査［R］.東京：日本貿易振興機構，2022

6.1.3　拓展辽宁与日本经贸合作的路径

辽宁与日本经贸合作呈现广阔发展前景，创造辽宁与日本经贸合作新的增长点，促进其飞跃发展，拓展双方合作纽带，巩固友好交流与合作基础是首要任务，探索深化辽宁与日本经贸交流的路径是目前的重要课题。

（1）强化设施联通，加快建设互联互通大通道

辽宁是东北地区唯一的出海大通道和沿海、沿边省份，是"一带一路"建设向北开放的高地和重要窗口，是对接东北亚、沟通欧亚大陆桥的重要陆海门户和前沿地带，在中国环渤海经济圈中具有重要地位。

中欧班列作为共建"一带一路"标志性品牌，2023年全年开行1.7万列，发送190万标箱，同比分别增长了6%和18%。这条国际物流的黄金通道连接着中国与欧洲的25个国家、217个城市。中欧班列开行数量和质量不断提高，国际合作和国内运输协调机制不断完善。

辽宁应以深度融入共建"一带一路"为契机，积极融入中蒙俄经济走廊建设，构建日本经辽宁各口岸过境中转至蒙古国、俄罗斯、欧洲和中亚的国

际海铁联运通道，促进通力合作，以达到协作共赢。辽宁应通过促进日本积极参与共建"一带一路"，进而打造连接东北亚经济圈和欧洲经济圈的国际"陆海丝路"。

（2）打造对日经贸合作的新增长点，促进辽宁对日经贸高质量发展

一是针对辽宁的产业结构特点和资源优势，加快在电子信息、医药制造、汽车制造等辽宁优势产业的合作。深化辽日高端制造业合作，进一步推动高端制造业基础能力提升、产业链延伸、数字化赋能，更快、更好地融入国内国际产业循环体系。

二是推进大健康产业合作。聚焦辽宁与日本在医疗与养老等大健康领域的技术创新及产业转化，构建服务辽宁、辐射东北的生命健康产业格局，实现生命健康产业的合作共赢。

三是扩大在环保产业领域的合作。辽宁与日本在环保产业领域也有着良好的合作基础，需要进一步深化交流，在节能环保、清洁生产、清洁能源、污染治理、生态修复、基础设施绿色升级、环保咨询服务等方面实现互利共赢。

四是着力促进在第三产业上的合作。要加强金融、保险、文化、旅游、教育、体育等领域的对日合作交流。

（3）完善渠道与平台，扩大对日交流与合作

一是建立健全辽日双边合作机制，拓宽渠道，搭建高质量的合作平台。加大辽宁自由贸易试验区、中日产业园建设力度，持续深化与日本地方的经贸交流与合作。充分发挥辽宁作为东北亚区域开放重要节点的优势，引领东北地区转变经济发展方式、提高经济发展质量和水平。

二是大力促进中日（大连）地方发展合作示范区建设，不断推动辽宁与日本共建高起点、高水平、高质量的地方发展合作示范区，充分发挥合作机制的关键作用，打造中日合作新样板。以示范区建设为契机，充分发挥辽宁沿海沿边龙头作用，当好东北对外开放合作的大门户，提高合作效能，促进辽宁与日本交流合作不断深化和全面升级。

三是充分利用"辽洽会"、中日博览会、中日经济合作会议等平台，加大对日招商引资力度，扎实推进辽宁对日合作。

（4）把握RCEP实施契机，强化与日本的经贸合作

一是努力扩大辽宁对日农产品贸易。RCEP使中日之间首次达成农产品关税减让安排，为辽宁农产品出口提供了新机遇。要积极拓展辽宁优势农产品对日出口，扩大进口选择。

二是利用RCEP在服务领域的高水平开放，着力构建与制造业相关的服务网络，尤其要重点助力物流产业，扩大对日服务贸易领域、提高对日服务贸易层级。

三是利用RCEP高关税减让，促进辽宁与日本在石化产业、汽车产业的合作。

四是积极培育对日外贸新业态，促进对日跨境电商发展，扩大日本海外仓规模。

五是结合企业需求，做好协定宣传解读和企业服务工作，帮助企业更好地搭乘RCEP快车，促进对日经贸合作快速发展。

（5）深挖合作潜力，扩大在第三方市场合作

须大力拓展辽宁与日本在第三方市场的经贸合作，实现日本的先进技术和资金与辽宁的优势产能有效对接。

应立足冶金建材、电力化工、装备制造和农产品加工等比较优势产业，通过与日本互利合作，结合"一带一路"倡议，积极进行海外布局，加快海外投资步伐，推进双方国际产能合作。在以"一带一路"倡议为平台扩大第三方市场合作方面，辽宁与日本双方在基建、贸易、物流、旅游和金融等产业领域面临很多合作机遇。辽宁与日本双方可以通过资本合作与相互持股共同投资等方式，充分发挥"一带一路"倡议的引领作用，促进经贸合作不断扩大和发展。

（6）强化企业"走出去"战略，带动对日出口增长

加强对日投资有利于辽宁企业吸收日本企业的经营管理方法和先进的技术，提高日本市场占有率。要加大对企业的指导力度，帮助企业提升参与国

际合作与竞争的本领，支持和鼓励辽宁企业"走出去"。引导企业发挥主观能动性，协助辽宁企业赴日投资，购买、兼并日资企业，增强辽宁企业的国际竞争力，促进辽宁企业的国际化发展。

（7）扩大合作规模，加强与日本中小企业的交流合作

日本企业大部分为中小企业，大企业不多。在日本的中小企业中掌握世界级先进技术的企业不在少数，要充分利用各种渠道和平台，进一步完善营商环境，努力扩大与日本中小企业的合作。要加强信息沟通，促进辽宁民营企业与日本中小企业的交流与合作。

6.2 辽宁与韩国的经贸合作

在全球化加速发展的当下，地区间的经贸联系对于推动各自以及全球的经济增长和文化交流具有至关重要的作用。辽宁作为东北地区对外开放的重要门户，与韩国之间的经贸往来就是这样一种重要关系的典范。这种关系不仅对两地的经济发展有着深远的影响，也在文化交流和人民友好方面起到了桥梁的作用。因此，深入分析辽宁与韩国之间的经贸关系现状，探讨存在的问题，并提出解决办法，对于促进两地的经济合作与发展具有重要意义。

6.2.1 辽宁与韩国经贸合作的现状

现阶段辽宁与韩国之间的经贸关系呈现出更加复杂和多元化的特征，体现在双边贸易额的增长、贸易结构的变化、投资领域的拓展以及合作模式的创新等方面。这些特点不仅反映了两地经济互补性的加强，也显示出在全球经济格局中双方合作的战略意义。

（1）双边贸易现状

以2023年为例，据海关统计，2023年辽宁对韩国进出口总额为634.1亿

元人民币，同比增长 8.6%。其中，进口总额为 254.6 亿元，同比下降 0.9%，出口总额为 379.5 亿元，同比增长 16.1%。2023 年 12 月份，辽宁对韩国进出口总额为 46.9 亿元人民币，同比下降 1.2%，环比下降 7.8%。

2023 年辽宁对韩国贸易主要特点为：

一是主要为一般贸易方式。辽宁对韩国以一般贸易方式进出口额为 355.6 亿元人民币，同比下降 4.5%，占同期辽宁对韩国进出口总额的 56.1%。

二是民营企业占主导地位，进出口总额为 318.2 亿元人民币，同比下降 4.5%，占同期辽宁对韩国进出口总额的 50.2%。

三是进口以二甲苯为主。进口二甲苯 146.8 亿元人民币，同比增长 3%，占同期辽宁自韩国进口总额的 57.7%。

四是出口以机电产品为主。机电产品出口总额为 192.7 亿元人民币，同比增长 52.3%，占同期辽宁对韩国出口总额的 50.8%，其中，集成电路出口总额为 111.6 亿元人民币，同比增长 1.2 倍，占同期辽宁对韩国出口总额的 29.4%。

2023 年辽宁对韩国的进出口总额达到 634.1 亿元人民币，同比增长 8.6%，显示了辽宁与韩国之间贸易往来的活跃性和增长势头。特别是出口总额增长 16.1%（同期进口总额下降 0.9%），这反映了辽宁出口产品竞争力的提升或韩国市场需求的增长。一般贸易方式进出口额占进出口总额的 56.1%，虽然较 2022 年下降了 4.5%，但仍是主要的贸易形式。一般贸易方式通常反映了两地贸易的基础性和常态化程度。民营企业在辽宁对韩国的贸易中占主导地位，其进出口总额占比达到 50.2%。这一点凸显了民营企业在中韩贸易中的活跃性和对外贸易中的重要性，同时也反映了辽宁经济结构的多元化和私营经济的发展。

从具体产品类别来看，二甲苯是辽宁从韩国进口的主要产品，占进口总额的 57.7%，显示了辽宁在化工原料领域对韩国的依赖。二甲苯主要用于生产合成树脂、合成纤维、合成橡胶、染料、药品等，是一种重要的化工原料和溶剂。机电产品是辽宁出口到韩国的主要产品，尤其是集成电路的出口额增长显著，同比增长 1.2 倍，占机电产品出口总额的 57.9%。这表明辽宁在高科技领域具有一定的竞争优势，且韩国市场对此类产品有较大需求。

随着中国制造业竞争力的提升，辽宁过去较依赖韩国进口的中间材料自给率上升。这可能是导致某些产品进口下降的原因之一。

近年来，我国的制造业竞争力提高，过去比较依赖韩国进口的中间材料自给率上升。相反，韩国在快速发展的动力电池产业核心原材料上对中国严重依赖，据韩国贸易协会统计，2023 年上半年韩国氢氧化锂、硫酸镍和硫酸钴对中国的依赖度分别达到 82.3%、72.1% 和 100%。同时，在韩国原来具有相对竞争优势的化妆品、智能手机和电动汽车等领域，中国商品的存在感也越来越强。中韩经贸合作从传统互补向产业链协同创新转型。

从"十四五"以来的辽宁与韩国进出口总体情况分析，2021—2024 年，进出口贸易总额分别为 571.1 亿元、585.6 亿元、634.1 亿元、613.2 亿元，总体保持稳中有升，略有波动。韩国始终是辽宁重要的贸易伙伴。

如图 6-6 和图 6-7 所示，从进口和出口情况看，2021—2024 年，辽宁对韩出口额始终高于进口额，并呈现稳定发展趋势，辽宁对韩国的出口竞争力不断增强，出口品类日益丰富。

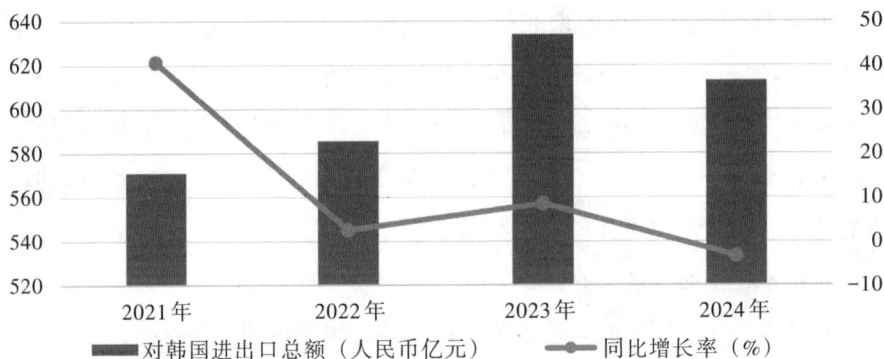

图 6-6　辽宁与韩国进出口总额及增长率趋势（2021—2024 年）

数据来源：根据中华人民共和国沈阳海关数据整理绘制。

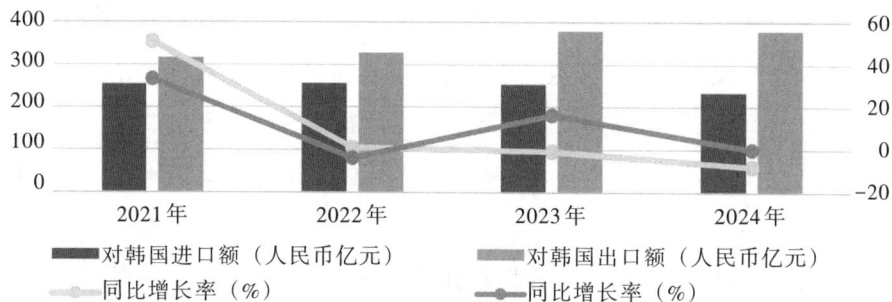

图6-7　辽宁与韩国进口额、出口额及增长率趋势（2021—2024年）

数据来源：根据中华人民共和国沈阳海关数据整理绘制。

（2）投资领域的拓展

①高新技术投资

2022年5月16日，大连市与SK海力士共创"芯"未来战略合作签约仪式以视频方式在大连和韩国首尔同步举行，SK海力士非易失性存储器项目同日在大连保税区正式开工。

与此同时，SK海力士还对无锡、重庆工厂增资进行产能扩充。作为一种非易失性存储器，闪存的特点是即使断电数据也不会丢失，因此是市场上最常见的存储芯片种类，无论是手机、电脑还是服务器中都会用到这种芯片。手机参数8G+128G中的128G指的就是闪存容量，电脑中的固态硬盘（SSD）也会用到闪存芯片。大连原本是美国半导体巨头英特尔的闪存制造基地，2020年10月，英特尔和SK海力士宣布，英特尔将以90亿美元的价格将NAND闪存及SSD业务出售给SK海力士。

2021年底，SK海力士完成收购英特尔NAND闪存及SSD业务的第一阶段，从英特尔手中接管SSD业务及其位于大连的NAND闪存制造工厂的资产。

为加快推动项目发展，SK海力士决定在大连继续扩大投资并建设新工厂，该项目位于大连金普新区，将建设一座新的晶圆工厂用于生产非易失性存储器3D NAND芯片产品。

半导体是大连金普新区重点培育的战略性新兴产业，目标是布局建设中国"北硅谷"，已初步形成以芯片制造、专用材料、特种专用设备、封装等为主的产业集群，随之SK海力士英特尔半导体三期、正威集团、矽碁科技等项目相继落地。

大连与SK海力士的战略合作及其在大连保税区新建晶圆工厂的项目，对辽宁乃至中国与韩国在经贸投资领域的拓展产生了深远的影响和积极作用。这一合作项目不仅是中韩双边经贸合作的具体体现，也标志着辽宁在全球半导体产业链中的地位进一步提升。通过引入韩国的先进技术和资本，大连不仅能够加速本地半导体产业的发展，还能够推动地区经济的整体升级和转型。

此外，SK海力士在大连的投资项目有助于促进当地就业和技术知识的传递。新建的晶圆工厂预计将为大连乃至辽宁创造大量高技能就业岗位，同时为本地员工提供在先进半导体制造技术领域的培训和学习机会。这种技术和知识的传递，将进一步提升辽宁乃至中国半导体产业的整体竞争力。

SK海力士与大连的合作还将促进地区内外部的产业链协同发展。半导体产业作为一个技术密集和资本密集的行业，其产业链条长、涉及面广。大连晶圆工厂的建立和投产，不仅能够吸引更多半导体上下游企业落户大连，形成产业集群，还能够促进辽宁乃至全国半导体产业链的完善和发展。同时，这一项目也为中国和韩国在更广泛的高新技术领域合作提供了新的机遇。随着半导体产业合作的深入，双方在其他高新技术领域的交流和合作也将得到促进，进一步加深了中韩两国在科技创新和产业发展方面的互信和合作。

总之，大连与SK海力士的战略合作项目不仅对大连乃至辽宁的经济发展产生了积极影响，也为中韩经贸投资领域的拓展开辟了新的路径，增强了两国在全球经济中的合作潜力和竞争优势，为未来的经济合作模式提供了新的思路和范例。

②农业技术投资

中韩智慧农业产业园项目于2023年7月30日正式签约，由信阳恒源新产业集团投资2亿元建设，计划整体收购辽宁桑乐数字化太阳能有限公司，主要进行农业技术的研发及推广服务，依托国内丰富资源、领先的科学技术以及绿色农业生产线等优势，为产业链条聚能赋能，打造绿色环保的新型高科技智慧农业产业园项目。

中韩智慧农业产业园项目的正式签约，不仅是中韩经贸投资领域合作的一个新篇章，也标志着双方在农业技术研发及推广服务方面的深入合作。这一合作模式不仅能够促进与韩国在农业科技领域的交流与合作，还将为双方带来一系列积极影响和作用。

首先，该项目的实施将有力推动辽宁农业科技创新与发展。通过与韩国在智慧农业领域的合作，辽宁能够引进韩国先进的农业科技和管理经验，加快本地农业技术的创新步伐。特别是在绿色环保和数字化太阳能技术方面，这不仅能够提升辽宁农业的可持续发展能力，也为提高农产品质量和效益提供了技术支持。

其次，此项目的建设和运营，将为深化对韩国经贸投资领域的拓展提供新的机遇。2亿元的投资额及后续的运营管理，将带动一系列相关产业的发展，包括农业生产材料供应、农产品加工及销售等，进而促进就业，增加农民收入，推动地方经济发展。

再次，中韩智慧农业产业园项目还将成为辽宁与韩国合作的示范项目，展示双方在绿色环保和高科技农业领域的合作成果。依托国内丰富的资源和领先的科学技术，以及韩国在智慧农业领域的经验和技术，共同打造的新型高科技智慧农业产业园将为产业链条聚能赋能，为中国乃至全球的绿色农业和智慧农业发展提供可借鉴的模式和经验。

最后，这一项目的实施，将进一步加深辽宁与韩国在经贸投资领域的合作关系，促进双方在更广泛领域的经贸往来。随着项目的深入推进，辽宁与韩国在农业科技、绿色环保、数字化技术等方面的合作将更加紧密，有助于双方建立长期稳定的合作伙伴关系，共同应对全球农业发展面临的挑战。

综上所述，中韩智慧农业产业园项目的签约与实施，不仅能够促进辽宁农业科技创新与发展，提升农业可持续发展能力，还将为韩国经贸投资领域的拓展提供新的机遇，深化双方在多个领域的合作关系，推动双边经贸合作迈向更高水平。

（3）合作模式的创新

①经贸合作模式的重点"韩国周"

2023年的"中国（沈阳）韩国周"作为第四届辽洽会的重要配套活动之一在沈阳开幕，体现了沈阳作为对外开放的高水平平台的地位。活动包括主题展览、中韩经贸合作活动及艺术演出等多种文体交流活动，沈阳与韩国地方政府和企业共签约了159个合作项目，投资总额达2 613.65亿元。

在韩国周开幕式上，皇姑区安娜国际（中韩）跨境贸易电子商务产业园、沈北新区好丽友土豆粉生产线改造、苏家屯区新生活集团总部大厦及生产基地等18个沈阳与韩国重点合作项目现场签约，涵盖生命健康、金融服务、电子商务、食品加工、节能环保等多个领域。

2023年的"中国（沈阳）韩国周"不仅是一次文化交流的盛会，更是辽宁与韩国经贸合作深入发展的重要里程碑。通过这一系列活动，沈阳成功展示了其作为对外开放高水平平台的地位，同时也对辽宁与韩国未来的经贸合作模式产生了深远的影响和积极作用。

首先，该活动的成功举办体现了沈阳乃至辽宁省在推进区域开放中的积极作为。通过引入主题展览、中韩经贸合作活动及艺术演出等多样化的文体交流形式，不仅为两国提供了一个相互了解和深入交流的平台，更为双方企业和地方政府搭建了直接对话和合作的桥梁。这种全方位、多层次的交流模式，对于加深双方的文化理解和经贸往来具有重要意义。

其次，159个合作项目的签约，总投资额达2 613.65亿元，展现了辽宁与韩国经贸合作的广泛领域和巨大潜力。这些项目覆盖了生命健康、金融服务、电子商务、食品加工、节能环保等多个重点领域，不仅能够促进沈阳市乃至辽宁省的产业升级和经济增长，也为韩国企业提供了进入中国市场的新机遇。

这种互利共赢的合作模式，是双方经贸合作深入发展的体现，也是推动区域经济一体化进程的重要举措。

最后，通过"中国（沈阳）韩国周"这样的平台，辽宁与韩国的经贸合作模式正在从传统的贸易往来，转向更深层次的产业链整合和创新合作。这种合作模式的创新，不仅能够为双方带来更多的经济利益，更能够促进技术交流、人才培养和文化互鉴，从而为两国关系的全面发展奠定坚实基础。

综上所述，"中国（沈阳）韩国周"不仅是一次成功的文化和经贸交流活动，更是辽宁与韩国深化经贸合作、共同推动开放发展的一个重要契机。未来，随着双方在合作中不断探索和创新，辽宁与韩国的经贸合作将展现出更加广阔的前景。

②文化产品交易

2023年9月12日，"珍奇辽味"在韩国——"辽菜"美食技艺交流会活动在韩国首尔新东洋中华料理店举办。活动举办地新东洋中华料理店，位于首尔市中心繁华地段，其历史可追溯至20世纪80年代末，是一家历史悠久的中餐厅。从外观看，它融合了中国传统元素和现代风格，以提供正宗的中国菜肴而闻名，所有的用料都精心挑选，以保证食物的新鲜和品质。活动当天邀请了韩国中餐厨师协会委员段振涛和东首尔大学烹饪师李炳浩两位中韩名厨现场烹饪美味菜品，让来自中韩两国各界嘉宾由口入心品味地道"辽菜"。

辽宁特色产品展示区集中展示沈阳榆园酸菜、辽宁农丰大米、辽宁弘侨北虫草、辽阳岭秀山不老莓饮品、盛京牧仁黄玉米饺子等辽宁特色产品。

  "珍奇辽味"在韩国——"辽菜"美食技艺交流会活动的成功举办，不仅是一场中韩文化交流的盛宴，也为辽宁与韩国经贸合作模式的创新提供了新的思路和方向。这一活动通过美食这一全球共通的语言，展示了辽宁独特的地方文化和饮食特色，为促进中韩之间的文化理解和经贸往来开辟了新的渠道。

  首先，这一活动通过聚焦于"辽菜"这一具体的文化元素，成功地将辽宁的地方特色介绍给韩国及国际社会。美食作为文化的一种直观表现形式，能够激发人们对异国文化的好奇心和兴趣。通过这样的交流活动，不仅能够提升辽宁在国际上的知名度，还能够吸引更多的韩国及国际游客前往辽宁旅游，探索更多的辽宁文化和美食，从而促进辽宁的旅游业和相关服务业的发展。

  其次，美食技艺交流会为中韩两国的经贸合作提供了新的合作模式。传统的经贸合作往往集中在商品贸易、技术交流等领域，而通过美食文化的交流，双方可以探索在餐饮业、文化产业、旅游业等更多领域的合作机会。例如，餐饮企业可以考虑在对方国家开设餐厅，共同开发新的美食产品，或者举办定期的美食节，这些都能为双方带来新的商业机会和经济增长点。

  此外，这种文化层面的交流还有助于增强中韩两国人民之间的友好感情，为经贸合作创造良好的社会氛围。文化的相互理解和尊重是深化国际合作的基础。通过美食技艺的交流，可以让中韩两国人民在享受美食的同时，增进对对方文化的认识和尊重，从而为双方在更广泛领域的合作奠定坚实的人文基础。

  综上所述，通过美食技艺的交流，辽宁与韩国不仅能够在文化上相互学习和欣赏，还能在经贸合作上探索新的合作模式和机会。这种以文化交流为桥梁的经贸合作模式的创新，不仅能够为双方带来直接的经济利益，更能够增进人民之间的友谊，为未来的合作打下坚实的基础。

辽宁与韩国之间的经贸合作正在经历一个前所未有的深化和拓展阶段，这一过程由双边贸易额的稳健增长、贸易结构的逐步优化、投资领域的广泛扩展，以及合作模式的持续创新共同推动。双边贸易额的增长不仅体现了两地经济互补性的增强，也映射出全球化背景下对外贸易策略的积极调整。随着贸易结构向高科技、高附加值产品的转型，双方经济合作的质量和效益得以提升，促进了辽宁与韩国在经济领域的持续健康发展。

在投资领域方面，辽宁与韩国的合作从传统制造业向高科技、绿色能源、智慧农业等新兴产业拓展。这些领域的投资合作不仅顺应了全球经济发展的新趋势，也满足了双方经济转型升级的内在需求，有助于深化经济技术合作，加速产业结构的优化升级。

此外，合作模式的创新为两地的经贸合作提供了新的动力和方向。从技术合作到共同研发，再到品牌共创，这些多元化的合作方式不仅丰富了双方的合作内容，也增加了合作的层次和深度，使辽宁与韩国能够更加灵活地应对全球经济的变化和挑战。

总的来说，辽宁与韩国之间的经贸合作作为互利共赢的典范，不仅促进了双方的经济发展，也为区域经济一体化提供了有力支撑。随着合作的不断深入，未来辽宁与韩国在经贸领域的合作将更加紧密，将共同面对全球经济挑战，实现更广阔的发展前景。

6.2.2 存在的主要问题及对策建议

辽宁与韩国之间的经贸关系尽管在过去几十年里取得了显著的成就，但仍然面临着一系列问题和挑战。这些问题涉及贸易不平衡、投资环境、技术与标准、文化差异等多个方面。

（1）存在的主要问题

① 贸易不平衡问题。

从在2023年的数据可知，辽宁省与韩国之间的出口总额为379.5亿元人民币，同比增长16.1%，而进口总额为254.6亿元人民币，同比下降0.9%，显示出辽宁在与韩国的贸易中实现了顺差。

贸易不平衡问题的探讨涉及贸易结构、产品附加值、市场需求和供应链等多个方面。即使辽宁目前对韩国有贸易顺差，但如果这种顺差主要依赖于低附加值产品的出口，而进口的则是高附加值的技术产品，这种结构性不平衡仍然值得关注。

同时，一年的数据虽能反映一定的趋势，但贸易关系的稳定性和可持续性需要通过长期数据来验证。对韩国出口增长的背后，是辽宁在某些产品领域的竞争优势、韩国市场需求的增长，以及辽宁企业不断优化国际市场布局的结果。

而进口额的轻微下降，可能反映了辽宁在提升本地生产能力、减少对外依赖方面取得了一定的成效。

这些变化表明，辽宁在全球价值链中的地位正在发生积极的变化，但也说明需要进一步提升出口产品的技术含量和附加值，加强产业升级和结构调整的必要性。

② 投资环境问题。

投资环境的不确定性主要来源于法律政策的频繁变动，以及实施过程中的不透明。这种不确定性会增加企业的风险评估难度，影响投资决策。政策的频繁变动可能导致投资环境的不确定性，从而影响外商对辽宁投资的信心。而实施过程中的不透明同样会影响投资环境的稳定性和吸引力。如果外商投资的审批流程、政策和实施细则不明确或不透明，可能会导致外商投资项目推进缓慢，增加企业的不确定性和风险。

此外，政策实施的不透明还可能引发外商投资者对于政府公平执行政策的疑虑，从而影响其投资意愿。

近年来，辽宁在吸引外资方面进行了一系列政策调整，旨在优化投资环境，但调整变化的政策和规定须加大对外资企业的宣传推广力度，尤其是特定行业的投资审批流程和标准发生变化时，须及时更新信息并实施细节指导，以提升韩国企业在辽投资的市场评估和项目规划。

知识产权保护也是国际投资中的重要考量。尽管中国政府近年来加大了知识产权保护力度，但在实际执行中仍存在不少挑战，这也是辽宁深化对韩企合作需要注意的问题。

③ 技术与标准的差异。

技术标准和认证要求是国际贸易中的重要环节，它们旨在保障进口国市场上销售的产品满足特定的安全、卫生、环保等标准。然而，不同国家或地区的技术标准和认证要求可能存在差异，这为跨国公司的产品在不同市场的销售带来了挑战。以三星为例，曾出现中国使用的是CCC标准，韩国使用的是KC标准，后经过协商后达成一致的情况。加强技术标准领域的沟通和磋商至关重要。

辽宁需进一步提升对技术标准的常态化沟通，以定期的技术对话、工作组会议等形式，就技术标准的差异、更新和协调进行讨论，探索缩小标准差异带来的贸易障碍，并加快推动我国技术标准的国际化，以缩小中国与韩国乃至其他国家间的技术标准差异。

④ 地缘政治问题。

朝鲜半岛局势是影响辽宁与韩国经贸关系的重要地缘政治因素之一。每当地区局势紧张时，韩国的经济和投资环境就会受到影响，这种不确定性也会间接影响辽宁与韩国的贸易和投资活动。紧张局势导致韩国投资者对于在辽宁的投资项目持谨慎态度，担心局势可能对投资回报产生不利影响。

⑤中美贸易摩擦的间接影响。

近年来的中美贸易摩擦对全球贸易环境产生了深远影响。

中美贸易摩擦导致全球贸易环境不确定性增加，与此同时，韩国作为美国盟友，在对华经贸政策尤其是中高端芯片出口方面受制于美国政策，因此影响了韩国的出口业绩，进而影响了韩国与辽宁之间的经贸活动。中美贸易摩擦期间，韩国对中国的出口受到影响，这也间接影响了韩国对辽宁的投资和贸易意愿。

（2）对策建议

第一，多措并举深化与韩国的贸易合作，同时优化自身的贸易结构。首先，可以通过加大对高新技术产业的支持力度，促进传统制造业向技术密集型产业转型。同时，积极参与国际合作项目，引进先进的技术和管理经验，提升本地产业的国际竞争力。其次，应鼓励和支持企业拓展新兴市场，通过多元化的市场布局，减少对单一市场的依赖，提高应对国际市场波动的能力。最后，应与韩国相关机构共同探索建立更为有效的贸易促进机制，如通过定期的经贸论坛、商务考察等方式，增进双方的理解和信任，促进贸易合作的深化。

第二，投资领域的拓展，尤其是在高新技术、智慧农业等新兴产业的合作。这不仅为辽宁的产业升级提供了动力，也为韩国企业进入中国市场提供了新的增长点。可以进一步探索辽宁与韩国在环保、健康、数字经济等领域的合作机会，共同应对全球经济挑战。在合作模式的创新方面，通过举办"中国（沈阳）韩国周"等活动，不仅促进了文化交流，也为两地经贸合作提供了新平台。此外，"辽菜"美食技艺交流会等文化产品交流活动，增进了两地人民的相互理解和友谊，为深化经贸合作奠定了人文基础。面对技术与标准差异、商务文化的不同等挑战，辽宁与韩国可以通过建立更紧密的沟通机制、加强双方的技术交流与合作、举办定期的文化交流活动等措施，促进相互理解，减少误解，共同寻找合作的最佳路径。

第三，鉴于地缘政治因素对经贸关系的影响具有双重性，应积极利用有利因素为经贸合作创造稳定的外部环境。积极参与区域经济一体化进程并利用区域性经济合作机制，如RCEP，来减少地缘政治因素对经济活动的干扰。构建多元化的经贸关系，通过与多个国家或地区的合作，分散地缘政治风险，增强经贸活动的韧性和稳定性。加大与韩国企业在参与"一带一路"

项目、共同开发第三方市场方面的合作，尤其是在辽宁与韩企竞争性上升的产业领域，积极推动通过多边合作实现共赢发展。此外，应进一步拓展经济外交，如商务代表团、经贸论坛和双边合作协议等，促进直接交流和合作，提升双方在对方市场的影响力。

第四，持续优化投资环境，提供稳定、透明、公平的法律和政策框架，吸引更多的外国投资者，特别是韩国企业的投资。持续优化营商环境，要切实把外资企业的国民待遇落实到位。通过优化外商投资结构，吸引更多外资参与到高端制造、科技创新等领域，可以推动产业结构优化和技术创新，促进实现"双碳"目标和数字化转型，加快实现新型工业化的步伐，推动辽宁经济高质量发展。

通过以上措施，可以应对地缘政治带来的挑战，将其转化为促进经贸合作的机遇，不仅推动双方经贸关系的发展，还能在更广泛的区域和全球范围内促进经济合作与发展。这要求双方展现出更大的智慧和策略，通过共同努力，实现更加广阔的发展空间和互利共赢的目标。总之，辽宁与韩国之间的经贸合作正处于转型升级的关键时期，面对挑战与机遇并存的复杂局面，双方需进一步深化合作，充分发挥各自优势，通过创新合作模式、优化投资环境、加强技术交流和文化互鉴，推动双边经贸关系实现更高质量、更广领域的发展。

6.3 辽宁参与中俄"东北 – 远东"地方合作

近年来，俄罗斯开始实施远东开发战略，通过设立"跨越式发展区"和"自由港"等举措，意图扩大远东地区的开放范围，提升开放程度。但多年来俄远东地区的开发成效并不尽如人意，"向东转"形式多于内容。俄乌冲突使俄远东地区的战略地位再次凸显，俄罗斯认为该地区是发展同亚太友好国家经贸合作的新平台。在此背景下，俄罗斯开始采取积极措施实质性"向东转"，中俄多个大项目合作随之先后落地，为深化我国东北和俄远东地区经贸合作提供了重要机遇。辽宁因独特的地缘优势和资源优势在我国与俄罗斯的经贸合作中占有举足轻重的地位。当下，辽宁面临发展对俄合作的战略机遇期，深入推进辽宁与俄罗斯的全维度合作是辽宁高质量融入"一带一路"倡议的重要抓手。

6.3.1　俄乌冲突背景下俄罗斯实质性推进"向东转"

在2022年2月爆发的俄乌冲突成为重塑世界地缘政治的新变量之后，俄远东地区正在变得越来越重要。自2012年普京第三次担任总统着重推介"向东看"战略以来，俄罗斯开启了新一轮远东大开发的浪潮。

在2013年的国情咨文中，普京总统正式提出"西伯利亚和远东的崛起，是俄罗斯整个21世纪的优先"这一说法，突出俄罗斯东部地区在其国家战略和发展中的重要性。这个表述是为了表明，俄联邦政府在此地区的政策将具有连贯性和持续性。在后俄乌冲突时代，资源丰富、面积广阔的俄远东地区无疑将成为俄罗斯发展与友好国家经贸关系的新平台、新区域。

俄罗斯远东大开发战略实施以来，俄联邦政府从政策、资金等多方面加大对远东地区的投入：设立远东发展部，推出《超前发展区法》等40多部法律法规，还重金打造东方经济论坛，扩大远东与亚太地区的国际合作。

俄罗斯远东大开发战略实施为该地区带来四个方面的积极变化：

一是资本流入加速。2012年以来，俄罗斯远东地区吸引投资超过400亿美元，占俄罗斯吸引外资总额的1/3左右。

二是经济增长加速。2015年以来，俄罗斯远东经济增长速度保持在4%左右，是俄罗斯平均增长速度的2倍左右。

三是人口减少的势头得到遏制，出生率高于死亡率，逐渐开始了正增长的势头。

四是自由港建设取得进展，符拉迪沃斯托克自由港投入运行，入驻企业超过1 400家。

在对外政策方面，2012年以来，俄罗斯显著提高了在各种亚洲国家间论坛中的参与水平，开始更多地思考东方，了解其在自身外交政策体系中的地位。

虽然俄远东地区发展取得了上述成绩，但该地区仍是东亚相对经济较落后的区域，也未能完全融入亚洲经济发展的分工协作进程中。究其原因，大体可分为三点：一是俄远东地区经济结构比较单一，以资源输出为支柱产业；二是俄远东地区的发展面临内生动力不足的难题，地方政府仍缺乏发展本地经济的主体意识、迫切感与落实度；三是在融入东亚产业链体系中存在发展战略的迟疑与摇摆。在外界看来，俄罗斯开发远东地区的诚意并不够，不少承诺与规划并没有完全落实。在对外政策方面，虽然俄罗斯增加了与亚洲国家的互动，但其外交和对外经济合作的重心仍在欧洲。

鉴于前十年俄罗斯"向东看"战略实施得不尽如人意，在俄乌冲突背景下，俄罗斯"向东看"正变成更快步伐的"向东走"。这里的"向东走"包含两层含义：一是面向国内，即远东开发战略的实质性推动；二是面向国外，即将对外经济合作的重心转向东方。

可以认为，俄联邦政府层面的远东政策已走出了在安全与发展之间进行权衡，并且长期以安全优先牺牲发展的历史惯性，进入了全面综合发展远东的新阶段。俄罗斯目前处于全面发展远东的新阶段，并不是说俄罗斯没有对远东的地缘政治与安全方面的考量，而是说俄罗斯的远东政策不再是为安全服务，真正进入了关注发展的阶段。

俄罗斯在远东地区的内、外威胁（与其西部边境地区不同）呈下降的趋势。

与中国的关系，中俄东部边境条约的最终签署，以及中欧战略伙伴关系的不断提升，是俄罗斯集中发展远东的一笔巨大的无形资产和保障。另有中国对于俄乌冲突秉持中立立场，没有屈从于美国和部分欧洲国家在制裁俄罗斯方面施加的压力，而是继续保持与俄罗斯正常的经贸往来。这对俄罗斯来说是一个值得信赖的立场。基于上述原因，俄罗斯对其东部安全的关注度进一步弱化。反倒是远东地区长期在发展方面的落后，已经成为影响俄罗斯国家安全、治理合法性的一个短板。远东不仅要发展，而且需要加速发展。

当前，俄联邦政府正在陆续出台新的支持远东地区发展的政策和新的面向东方的政策，在物流、贸易和金融机制方面支持"向东转"，并将俄罗斯公司的对外经济关系重新定位到东方：中国、印度、中东、土耳其以及东盟国家。当俄乌冲突使俄欧之间再次降下铁幕之时，与亚洲国家合作的发展有助于缓冲俄罗斯与西方冲突的负面后果。"集体西方"宣布的大规模制裁使俄罗斯的经济重新定位变得不可避免。俄罗斯认为亚洲是其传统出口产品的最重要买家、技术产品的来源以及优先贸易和经济伙伴。许多俄罗斯人甚至表示，发展与中国以及亚洲的关系应该取代俄罗斯在西方的传统伙伴关系。可以说，俄罗斯与美国和欧洲之间的冲突被视为一个条件，使转向东方不再是一种选择，而是一种需要，迫使俄罗斯真正认真对待它。

俄罗斯的经济和地缘政治利益正在重新定位，通过与中国接壤的俄罗斯远东地区开辟通往东方的道路是合乎逻辑的，这给了远东经济和社会增长的机会。

俄罗斯认为，远东地区的发展问题不仅限于国内政治，远东地区很有可能成为亚洲与俄罗斯其他地区之间以及亚洲与欧亚经济联盟和独联体一些国家之间的主要运输和物流中心。远东将有机会成为俄罗斯通往世界的新门户。

2022年6月10日，中俄黑河公路大桥正式开通；同年11月16日，中俄同江铁路桥通车，两座标志性的大桥开通与俄乌冲突爆发后俄罗斯战略方向实质性"向东看"的转变完全吻合。

尽管两座大桥在过去的建设过程中充满坎坷与变迁，但未来值得更多期待。这意味着中国东北与俄罗斯远东地区之间开辟出一条新的国际运输通道，中俄之间的经济联系会愈加频繁，两国间的贸易将再创新高，同时我国东北与俄远东地区的合作也将迎来新的发展机遇。

6.3.2　当前我国东北与俄罗斯远东地区合作面临的新机遇

（1）俄罗斯推出多项针对远东地区基础设施发展的措施和建议，中俄两地区互联互通持续推进

一是建设布拉戈维申斯克陆港。布拉戈维申斯克陆港内进出口货物整合将有助于在俄罗斯和中国建立定期铁路、水运、公路和航空路线。布拉戈维申斯克陆港码头将与布拉戈维申斯克－黑河跨境大桥的运营相连。初始阶段，该综合体建设将确保每年处理120万吨货物，之后将达250万吨货物。

二是建设生产液化天然气的工厂和海港。俄罗斯外贸银行与远东新兴集团公司签署了一项合作协议，协议规定实施在中国伙伴投资活动框架内的联合项目。其中包括在滨海边疆区建设生产液化天然气的工厂和海港。远东新兴集团公司隶属于中油新兴能源产业集团。俄罗斯外贸银行的财务、咨询和其他支持将有助于远东新兴集团公司在俄罗斯战略目标的实施。例如，该公司计划在滨海边疆区什科托沃区"五猎人"湾地区建设一个年产700万吨液化天然气（LNG）的大型工厂，以及一个每年转运700万吨液化天然气和100万吨液化石油气的海港（瓦连京娜天然气码头）。

三是务实推进中蒙俄经济走廊建设。随着物流的重新定向，俄罗斯对于东向运输线路的兴趣不断增长，包括经由蒙古国前往中国以及继续前往亚洲其他目的地的线路。除了重要的基础设施蒙古国纵贯铁路之外，其他潜在的运输线路也会有较大需求。中蒙俄经济走廊中线铁路升级改造项目正在加速推进。不仅上述项目的吸引力不断增大，连接西伯利亚铁路、中国东北地区铁路和蒙古国东部的东线铁路也在逐渐成形。这一线路主要面向过境集装箱运输和蒙古国矿产资源出口。

四是建设新物流综合体。据俄罗斯海关与物流门户网站消息，新物流综合体在符拉迪沃斯托克破土动工。新的物流综合体占地面积达1.1万平方米，项目投资额为626万美元。这一项目将在符拉迪沃斯托克自由港框架下落实。另外，俄罗斯联合化工油气有限公司和中国轩辕集团实业开发有限责任公司还将在跨阿穆尔河铁路大桥附近新建运输物流中心。预计，新运输物流中心的货物周转能力将达到每年1 500万吨。

五是建设新的铁路口岸。俄罗斯铁路公司计划在与中国的边界上建立4个新的铁路口岸，同时升级现有的铁路口岸。俄罗斯铁路公司副总经理表示，俄罗斯铁路公司计划在外贝加尔边疆区建立旧楚鲁海图伊斯基（普里额尔古纳斯克）–黑山头铁路口岸，在阿穆尔州建立布拉戈维申斯克–黑河铁路口岸和贾林达–漠河铁路口岸，在滨海边疆区建立列索扎沃茨克–虎林铁路口岸。此外，俄罗斯铁路公司正在升级现有的铁路口岸。在东部地区发展框架下，俄罗斯铁路公司计划到2025年完成纳乌什基、格罗杰科沃、马哈林诺和后贝加尔斯克过境点的交通基础设施发展的规划实施工作。

六是启用外贝加尔斯克–满洲里粮食铁路运输货运站。外贝加尔斯克–满洲里粮食铁路运输货运站是全球第一个，也是俄罗斯目前最大的粮食铁路运输货运站，其年吞吐量最高可达800万吨。新陆路粮食走廊集团公司经理指出，外贝加尔斯克–满洲里粮食铁路运输货运站启用后，与目前海运需要3个月相比，对华粮食出口到岸时间将仅需要2~3周。中俄新陆路粮食走廊项目的实质是释放乌拉尔、西伯利亚和远东地区农业增产方面的巨大潜力。俄罗斯通过增加农业用地以及开垦土地在乌拉尔以外地区实现农业长期增产具有可行性；中期，粮食产量从目前的每年2 700万吨预计可增加到6 000万吨；长期，则能达到每年9 000万吨。事实上，用于俄罗斯粮食向东出口的新走廊正在形成。

（2）俄罗斯提出建立自贸区的构想和建议

一是提议在黑瞎子岛建立自由贸易区。在黑瞎子岛上建设贸易区，中国方面的当地政府早在10多年前就曾提议，此次俄方再次提出，道出了两国拓展边贸的迫切性。俄罗斯远东发展部部长阿列克谢·切昆科夫表示，俄有意在黑瞎子岛建设一个新的集群，它可以是俄中之间的自贸区、商品交换区，类似中哈霍尔果斯国际边境合作中心，黑瞎子岛完全符合要求。俄方已在岛屿上做了数亿美元的投资，准备建造会议展览以及旅游休闲设施，并在寻找中国的战略投资商，这是非常好的迹象。两国在中央政府的统一协调下、地方政府的密切配合与坚决落实下，边贸发展能够再次取得重大突破。

二是在符拉迪沃斯托克建设中俄自由贸易试验区。俄罗斯国际事务委员会发表了分析文章——《从全球化到区域化：将北极和符拉迪沃斯托克打造为苏州式的欧亚新城》。该文章建议在符拉迪沃斯托克建设中俄自由贸易试验区、打造大型转运枢纽、推行数字货币，认为这将使亚太地区的双边贸易和投资倍增。该文章认为俄罗斯需要在符拉迪沃斯托克建设中俄自由贸易试验区，将双方经济关系上升到新层面。应当借鉴中国—新加坡苏州工业园的成功经验。目前苏州年进出口额超过3 200亿美元。

三是计划在俄远东联邦区建立国际超前发展区。超前发展区是俄罗斯的经济区，具有优惠的税收条件、简化的行政程序和其他为吸引投资和加速经济发展而提供的优惠。

俄联邦政府正在就建立国际超前发展区这一新型的优惠制度开展工作。俄罗斯副总理兼总统驻远东联邦区全权代表特鲁特涅夫表示，在制度框架下计划为投资者提供特别条件，即劳动资源、商品和资本自由流动，本币结算，许可证、证书、文凭互认，允许按技术供应方的标准开展建设，通过建立独立的法人登记系统对受益人的投资和信息进行保护，设立投资仲裁法庭，简化监督检查制度。

在俄远东联邦区建立国际超前发展区将为我国中小企业进入俄罗斯市场提供便利。

（3）俄远东地区投资环境展现积极趋势

2014—2022 年，俄远东地区固定资产投资增长率是全俄平均水平的 3 倍，工业生产增长率是全俄平均水平的 1.4 倍。

在俄联邦政府支持下，俄远东地区启动近 3 000 个投资项目，其中近 1/4 的项目已经完成。

2023 年俄远东联邦区经济和社会领域投资总额超过 3 万亿卢布。除投资环境改善以外，远东的竞争优势还体现在其独特的优惠制度——超前发展区（或称"跨越式发展区"）和符拉迪沃斯托克自由港。在发展充满不确定性、技术和物流链断裂、贷款成本上升的时期，超前发展区和符拉迪沃斯托克自由港将使远东经济一方面能够留住当前的投资者及其项目，另一方面吸引来自俄罗斯中部的新业务，并将其重新定位到亚太地区国家。

此外，俄政府在经济政策方面也向远东地区倾斜：俄罗斯副总理、总统远东联邦区全权代表尤里·特鲁特涅夫表示，政府在制裁压力下出台了 270 项支持经济的措施，专门拨款 250 亿美元发展远东。

2021—2023 年，俄远东联邦区与中国各省之间的贸易额翻了一番，中国企业在俄远东联邦区实施项目的总金额超过 200 亿美元。2023 年，俄远东联邦区境内的中俄公路口岸的货物吞吐量增长了一倍有余，中俄铁路口岸的货物吞吐量增长了 30%，集装箱周转量增长了 22%。

当俄方开始向中方谈及发展运输和边境基础设施时，一个旷日持久的难题才算有了解决的可能。中俄两国长期以来始终停留在规划初步阶段的"远东地区合作发展规划"在这个非常时期有了明显进展。我国东北地区具有同俄远东地区地理相邻、资源互补等优势，在俄罗斯迈出实质性"向东转"步伐的背景下，两地区合作有望实现新的突破。

6.3.3 我国东北与俄罗斯远东地区合作面临的新挑战

（1）物流问题较为突出

当前，俄远东地区发展同我国东北地区经贸往来中存在的物流问题较为突出。这一问题产生的原因较为复杂。一是俄境内仅有一条连接远东的西伯利亚大铁路，运力有限；二是俄远东港口吞吐能力未能完全发挥；三是中俄记账结算体系尚未建立。

俄罗斯东部地区的基础设施瓶颈问题依然很严重，科兹米诺港的原油装卸能力，远东港口的集装箱装卸能力，以及铁路口岸和公路口岸过货能力都有一些不足。俄远东地区基础设施无法应对经俄中边境的货运量增长，这既造成交货时间延长，又使运费上涨。中俄贸易在口岸运作方面面临重大问题。随着中俄贸易和货运量不断增长，两国口岸拥堵、货物交接不畅、换装能力不均、班列去程和回程计划不平衡等问题日益凸显，导致口岸班列积压、远东港口拥堵、船舶无法靠港等情况。俄罗斯远东各海港的情况最为紧张，货运量翻了一番。俄罗斯、中国和韩国的航运公司通过在现货市场租赁或购买集装箱船来组织定期的国际海运服务。但是这些船只在停泊场中停泊长达3周，在远东港口卸货的等待时间长达30天，而且卸货很少，海关检查没有足够的空地，此外也没有足够的铁路平台将货物从港口中运出。因此，从中国到俄罗斯的海上运输期限可能长达60天。在陆地边境口岸也出现了交通堵塞。这也造成交货时间延长，以及价格上涨。从中国到远东港口，海运的集装箱平均运费为5 000美元，如果用铁路运输，运费比使用海运贵20%，使用汽车运输，运费则会比使用海运贵30%。

中俄双方有关部门和地方应共同努力，继续加强沟通协调，相向而行，推动口岸基础设施升级改造，提高口岸换装、交接能力及远东港口吞吐、卸货和转运能力，继续优化口岸通关流程，共同为提升口岸过货能力创造更加有利的条件。

（2）俄罗斯远东地区的发展面临内生动力不足的难题

尽管普京总统曾说"俄罗斯永远感到自己是欧亚国家。我们任何时候也没忘记，俄罗斯的大部分领土位于亚洲……我们同亚太国家一起从言论转向行动去发展经济、政治和其他联系的时刻到了。在今天的俄罗斯，这种可能性已完全具备了。"①

但俄罗斯远东地区地方政府仍缺乏发展本地经济的主体意识、迫切感与落实度。有俄学者指出，多年以来，俄罗斯远东地方政府对促进本地经济发展、增加地方预算收入的兴趣，远不如对争取联邦财政预算投资、获取更多转移支付的热情高。此外，在融入东亚产业链体系中俄远东存在发展战略的迟疑与摇摆。

在很长一段时间里，俄罗斯对外经贸的重点都是欧盟，要平稳转向还需克服不少障碍。俄罗斯经济重心偏西，莫斯科、圣彼得堡、下诺夫哥罗德、喀山等重要的工业城市都地处俄罗斯东欧部分。在对欧出口遭到封锁后，俄罗斯需要将更多产品出口到亚洲。"出口转移"不但要找到替代市场，还要解决运输成本增加带来的价格竞争力下降问题。

俄罗斯与亚洲各国间的贸易额虽增长迅速，但贸易结构单一的问题一直没有得到解决。俄罗斯对亚洲出口的主要是能源、矿产、木材等大宗商品，高附加值产品占比不高，大宗商品价格又易受到国际市场波动影响，让俄罗斯对亚洲出口的收益很难保持稳定。

远东地区是俄罗斯参与亚太经济合作的最前沿，可远东人口太少，产业结构单一，当地企业也缺乏国际竞争力。因缺乏足够的经济实力和外资吸引力，远东地区很难在俄罗斯对亚洲贸易中发挥支点作用

（3）"向东转"，俄罗斯社会尚未做好充分准备

有俄学者认为，俄罗斯高层领导人正在尽一切可能扩大与东方的合作，促进贸易和经济关系，但俄罗斯公司的管理层还没有准备好。除了传统的俄

---

① 普京.普京文集［M］.北京：中国社会科学出版社，2002：196.

罗斯商品，他们不知道还能为中国和印度提供什么。公司管理层既不赞同建立合资企业，也不研究亚洲合作伙伴、不进行市场调查以调整产品线。

所以说，虽然俄高层开始推动实质性地向东转战略，但在俄民间和社会仍需要心理上的适应以及过渡期。

（4）东北及辽宁发展同俄罗斯经贸合作的对策建议

借着俄罗斯在俄乌冲突背景下实质性推进"向东转"的东风，中俄两国应加快推进东北－远东地区全面经贸合作。将中俄东北－远东地区经贸合作作为打造东北对外开放新前沿的重要抓手，积极打造我国向北开放的重要窗口和东北亚区域合作的重要枢纽。为此，本书提出以下建议：

① 以《中俄在俄罗斯远东地区合作发展规划（2018—2024年）》为指引，争取实现中俄东北－远东地区全面经贸合作的新突破。

一是充分利用现有平台深化中俄东北－远东地区经贸合作。东北地区要主动融入中俄博览会、中国－东北亚博览会、东方经济论坛等多个合作平台，深化双方在能源、旅游、农业、教育、文化产业等领域的合作，推动东北振兴与俄罗斯远东开发的有效对接。东北地区应重点发展同远东地区在能源和农业领域的合作。发挥东北在中俄能源合作中的重要作用。

二是充分利用东北地处东北亚区域几何中心的区位优势，持续加强中国东北与俄罗斯远东地区的石油、天然气合作，加快在东北地区建设国家能源战略储备基地。

三是扩大中俄东北—远东地区农业领域合作。立足我国优势，加强两地农业技术合作，支持两地共同发展农产品加工业，提升农产品附加值，加强两地农业劳务合作。

② 建设以中国东北地区南北两个自由贸易试验区为一方，以俄罗斯远东地区"一区一港"（一区指跨越式发展区，一港指符拉迪沃斯托克自由港）为另一方的开放合作新高地。

依托辽宁自贸试验区和黑龙江自贸试验区建设，全面带动包括东北地区与远东地区经济合作在内的中俄全方位合作，形成东北地区面向俄罗斯远东地区和东北亚的开放合作新格局。上述两个自贸试验区开展与俄罗斯远东"一区一港"对接合作互有需求，互补性强。

中国东北地区和俄罗斯远东地区应本着政府引导、企业作为主体和市场化运作的原则，务实推进两个毗邻地区的各领域合作，尤其是引导东北地区实力雄厚的企业入驻俄罗斯远东"一区一港"开展投资合作。俄罗斯"一区一港"建设需要投入巨额资金，但其国内资金匮乏，而中国则有许多资金实力雄厚的企业在为东北地区新一轮振兴寻找投资项目。因此，中俄这两个地区可以找到投资合作的契合点，尤其是在能源、港口、农业、矿产、旅游等领域的合作大有可为。

③ 辽宁在发展同俄罗斯的经贸合作过程中应推动项目又快又好落地。

根据国际形势的变化，辽宁与俄罗斯合作的项目要求时效性，要提高项目落实的效率，尽快把达成的意向落实为具体可见的成果。这就要求对相关项目持续跟进，及时发现和解决在项目落地过程中遇到的问题。要把短期项目与长期项目结合起来，落实并巩固阶段性成果，做到资金、技术与实效的有机结合，以高质量产品供应市场，充分发挥辽宁制造的特色。

要提高合作项目的市场黏度，提高品牌的市场美誉度，在填补市场空白的同时，保持市场占有率，形成忠诚度高的客户群体。要增强辽宁与俄罗斯合作的韧性，提升项目的适应性，做好应对国际局势变化的充分准备。

④ 辽宁与俄罗斯合作中应增进双方的相互了解。

一方面，要拓展信息供给渠道。相关部门要积极利用数智时代的技术便利，建设网站等信息推广介质，在推介辽宁的同时，及时准确地提供俄罗斯的相关信息，努力争取信息优势，推动信息创造价值。

另一方面，要推动基本信息交流。目前在辽宁与俄罗斯合作中存在着相互的刻板印象，获得的信息也有部分失真。在这种情况下，对内要为有与俄罗斯合作意向的企事业单位提供培训，精准介绍俄罗斯的文化、国情等知识，增进对俄了解。对外要采取多样化渠道宣传辽宁，使俄罗斯人民知辽友辽。

⑤ 辽宁在对俄合作中要加强风险意识。

俄乌冲突发生后俄罗斯经济与西方国家出现脱节，客观上为中国产品提高在俄罗斯市场上的占有率创造了有利条件。

鉴于当前复杂的国际局势，辽宁产品进入俄罗斯市场时需要做好研判，在把握机遇的同时，要注意规避时局和政策变化产生的风险。

俄乌冲突引发美欧对俄空前大规模制裁，美国采取有倾向性地将中俄绑定的做法，滥用经济金融制裁和出口管制，中俄经贸某种意义上已成为美国二级制裁的高风险区。对俄原油进口、对俄车辆、集成电路及含有芯片的相关机电产品出口、对俄投资、结算等都有可能落入二级制裁的范围。对此，有必要加强安全和风险意识，采取黑名单筛查、出口产品物项筛查、物流运输筛查等措施，系统研究审慎应对制裁带来的不确定性，保证辽宁与俄罗斯经贸合作能安全稳定运行。

6.4　辽宁深度融入高质量共建"一带一路"

"深度融入共建'一带一路'，建设开放合作高地"是习近平总书记在2018年考察东北三省并就深入推进东北振兴发表的重要讲话，为东北地区如何在开放合作中分享机会和利益、实现互利共赢指引了方向，同时也为辽宁"以全面开放引领全面振兴，深度融入'一带一路'"明确了方向、指明了道路、提供了遵循。

辽宁作为东北地区唯一既沿边又沿海的省份，是"一带一路"重要节点。辽宁深度融入"一带一路"，不仅是国家"一带一路"倡议的重要组成部分，也对辽宁乃至东北振兴发挥着至关重要的作用、具有深远意义。因此，辽宁有必要进一步扬长补短，通过全面开放、深度融入共建"一带一路"来引领全面振兴和高质量发展。

6.4.1　辽宁融入共建"一带一路"的必要性分析

（1）辽宁融入共建"一带一路"是对接国家对外开放战略，实现高质量发展的必由之路

2023年11月6日至7日，中国共产党辽宁省第十三届委员会第六次全体会议在沈阳召开，提出了新时代"六地"目标定位，提出将辽宁打造成东北亚开放合作枢纽地，就是要充分发挥区位优势，高站位优化开放布局，深度融入共建"一带一路"高质量发展，全力推进向北开放，高标准建设东北海陆大通道，加强同京津冀协同发展、长江经济带发展、长三角一体化发展、粤港澳大湾区建设、西部大开发等国家重大战略的对接，打造东北亚经济圈开放合作的中心和枢纽，推动辽宁重回沿海开放强省大省行列，在畅通国内大循环、联通国内国际双循环中发挥更大作用。要增强前沿意识、开放意识，以共建"一带一路"国家和RCEP成员国为重点，在科技、医疗、教育、文化等领域开展国际合作，把辽宁建设成为深度融入共建"一带一路"高质量发展的重要节点、国家向东向北开放的重要战略支撑、东北亚区域合作的中心枢纽。

（2）"一带一路"倡议是振兴辽宁经济发展的新动力

①有利于辽宁产业的换代升级

"一带一路"倡议为我国传统制造业转型升级提供了机遇。

"一带一路"所跨地域较大，范围广泛，覆盖了亚洲、欧洲、非洲的60多个国家和地区。在海上和陆上构建出了两条经济带，共建国家对基础建设需求巨大。辽宁在钢铁、冶金，以及装备制造业等方面有着得天独厚的优势，有很多知名的大型企业，如鞍山钢铁集团、大连造船厂、沈阳的机床产业、大连的机车厂等都具有对外投资合作的优势。共建"一带一路"国家对高速铁路以及公路建设的需求将为这些企业带来巨大的发展前景和机遇，从而不断推进辽宁产业结构升级。

近年来，各国都把保护生态环境、节能减排、促进经济持续发展作为首要的任务。为此，辽宁的钢材、水泥和纺织等传统行业必须进行转型升级。由于共建"一带一路"国家处在不同发展阶段，辽宁可与共建国家实现优势互补，深度融入共建"一带一路"，将"引进来"与"走出去"做到有机结合，鼓励"千企出国门"，积极参与国际分工，开拓国内国际两个市场、利用两种资源，以开放引领辽宁全面振兴。高标准的对外开放将推动企业转型升级，可以加速资金循环与周转，为供给侧结构性改革提供了资金积累。

②"一带一路"倡议为辽宁区域协同发展提供借鉴

改革开放40多年，辽宁从整体上看处于一个高速发展的过程，但发展所带来的不平衡不充分问题也相伴而生。

辽宁按区域分为辽西、辽东、辽南和辽北4个区域，区域间经济发展水平存在一定差异。从经济发展速度看是东快西慢，从收入水平看是东高西低。从工业布局看集中于沈阳、大连等大城市，从工业发展比重上看重工业重、轻工业轻，从生产产品所处的价值链上看多是中低端产品，从进出口上看对外贸易一枝独秀……众多的不平衡不充分使人们的获得感不强、经济增长乏力、社会矛盾突出、供给侧结构性改革难以落实等各种问题凸显出来，辽宁现有的优势得不到发挥。

基于"一带一路"倡议，促进各区域协同发展，能够更加有效地打破地域差异，使得辽宁各地区的经济要素更好地优化聚集。"一带一路"倡议为辽宁解决辽西北地区经济落后问题指引了方向。辽西北地区虽然是相对落后的地区，但依然有很大的发展空间。辽西北的优势产业如农业、畜牧业资源丰富，农产品品种众多，是辽宁重要的粮食产区。"一带一路"倡议下的蒙俄经济走廊建设不断完善，辐射范围不断扩大，为辽西北地区的发展带来了新的机遇。

应通过深度融入共建"一带一路"，充分发挥辽宁现有的优势，使辽宁发展相对落后的西北地区加入开放合作的行列中去，尽快调整辽宁工业布局和轻重工业比重，促进结构优化，生产优质产品打造更多的辽宁品牌，实施创新驱动发展，掌握核心技术，生产出更多的高附加值的产品，加大对西部和北部地区的宣传力度，文化搭台经济唱戏，从而实现全省的全面振兴。

（3）"一带一路"倡议助推辽宁全方位扩大对外开放，提升区域和国际竞争力

①有助于形成开放合作的大格局

以往辽宁开放合作的短板为：发展不快、步伐不大，融入共建"一带一路"的大格局尚未形成。面对全国开放大棋局，面对国际局势变化大环境，需要以战略眼光、全球视野来谋划东北地区对外开放，不能仅仅盯着货物贸易搞开放。

融入共建"一带一路"的开放合作是全方位的开放，通过推进"两廊两沿""七港七路""一网一桥"建设，主动融入"六廊"即中巴经济走廊、新欧亚大陆桥经济走廊、孟中印缅经济走廊、中国—中南半岛经济走廊、中国—中亚—西亚经济走廊等合作，积极发展同欧美地区和非洲拉美合作，加强同具有地缘优势的东北亚地区合作，辽宁以全球为视野的全方位开放合作格局已然形成。

融入共建"一带一路"的对外开放合作是全领域的对外开放，过去辽宁开放合作是对外贸易的一枝独秀，而未来的开放合作则是充分发挥辽宁优势的开放合作，是包括"政策沟通、设施联通、经贸畅通、资金融通、民心相通"的全领域的开放合作。融入共建"一带一路"的开放合作是全时空的开放合作，通过"数字丝路"的构筑，搭建起全球化的信息平台，通过大数据中心和数字化创新平台建设，实现创新交易方式，培育数字贸易新业态，这就使得未来的开放合作呈现出全时空的特点。

②为辽宁跨境电商发展提供了新平台

共建"一带一路"国家为辽宁跨境电商贸易国别及商品类别提供了更丰富的可选择性。辽宁共有6个港口，拥有4个国家交通枢纽，分别为大连、营口两个国家海运枢纽和大连周水子、沈阳仙桃两个国家空运枢纽，铁路交通网络健全，为跨境电商的发展提供了完善的运输网络。辽宁产能丰富，是传统的重

工业基地，具有良好的工农业生产基础，为跨境电商提供了充足的货源进行出口。虽然辽宁跨境电商起步较晚，还有很多不足之处，但可借共建"一带一路"契机抓紧相关配套设施建设，扩展贸易平台，激发跨境电商活力。

③为辽宁企业提供了"走出去"的新契机

改革开放以来，辽宁以其优越的地理位置和深厚的工业基础，在石油化工、设备制造、建材制造、机电制造等方面取得了很大进步，具有一定的优势。共建"一带一路"的大部分国家都是发展中国家，这为辽宁在海外建立产业园区提供了难得的机遇。自2014年以来，辽宁的企业已经开始走出国门，与共建"一带一路"国家开展工程合作。

6.4.2 辽宁融入共建"一带一路"所取得的成果

（1）在政策沟通方面

自2013年中国提出"一带一路"倡议以来，辽宁省委、省政府全面落实关于"一带一路"倡议的重大决策部署，把对外开放作为推动高质量发展的重要抓手，出台一系列重要纲领性文件，从制度层面构建起对外开放的四梁八柱，对外开放政策体系基本形成。

2018年8月，辽宁省委、省政府发布了《辽宁"一带一路"综合试验区建设总体方案》，这是全国首个在省域范围内探索创建"一带一路"综合试验区的建设方案，是辽宁主动融入和参与"一带一路"建设的切实体现。该方案围绕"五通+智库"的合作主线，有力践行中央推动形成全面开放新格局的重大决策，转身向海，加快开放，以全面开放引领全面振兴。

2018年10月，辽宁省人民政府出台了《关于深度融入共建"一带一路"建设 开放合作新高地的实施意见》，指出辽宁省深度融入共建"一带一路"的重点任务是巩固欧洲、深耕日韩俄、狠抓中东欧、做大港澳台、拓展东南亚、辐射亚非拉、打造大平台。

2019年9月26日，辽宁省人民政府出台《关于加快推进东北亚经贸合作打造对外开放新前沿的意见》，提出以深度融入共建"一带一路"为主线，以创建东北亚经贸合作先行区为目标，以高水平自由贸易试验区建设为引擎，以大连东北亚国际航运中心为龙头，以辽宁沿海经济带为支撑，统筹平台、投资、贸易、通道建设，加快推动同东北亚国家的经贸合作，在参与国家构建东北亚经济圈、推动东北全面振兴中打头阵、当先锋，建设中国北方地区对外开放的大门户和东北亚区域合作的中心枢纽，打造对外开放新前沿。

上述对外开放的指导性文件，确定了辽宁以全面开放引领全面振兴的总体战略，是进一步做好对外开放制度性、结构性安排，逐渐完善对外开放政策体系。

（2）在设施联通方面

持续推进基础设施"硬联通"。"辽满欧"、"辽蒙欧"和"辽海欧"综合运输通道相继开通运营。以大连港、营口港为依托的辽鲁陆海货滚甩挂运输大通道、烟大轮渡大通道快速发展。改扩建沈阳机场二跑道、新建大连机场等项目的前期工作稳步推进。"中蒙俄—中国（锦州港）综合商品海外仓"项目实现了俄罗斯煤炭前置到锦州港，用现货的方式销售给国内买家。中欧班列发展增量提质，辽宁陆海衔接枢纽初步形成。

目前，辽宁已初步形成自沿海港口东进南下北上，经中欧班列西行北上的海陆通道。辽宁紧抓对外开放平台这个重要载体，以辽宁自贸试验区为代表的最高级别对外开放平台创新引领作用不断增强，经济技术开发区、跨境电商综试区、进口贸易促进创新示范区、综合保税区等一大批平台服务对外开放能力全面提升。

（3）在贸易畅通方面

据沈阳海关统计，2013—2022年，辽宁与共建"一带一路"国家贸易规模不断扩大。2013—2022年，辽宁对共建"一带一路"国家进出口规模从3 090.5亿元扩大到3 888.9亿元。

"2013—2022年，辽宁对共建"一带一路"国家进出口总额增量显著。辽宁对共建"一带一路"国家出口商品结构不断优化，机电产品占比从

2013年的31.3%提升至2022年的46.1%。

从进出口结构分析，辽宁对共建"一带一路"国家进口额始终高于出口，与共建"一带一路"国家间形成良好的互补贸易关系。

图6-8为辽宁对共建"一带一路"国家进出口总额及增长趋势（2018—2023年）；图6-9为辽宁对共建"一带一路"国家进口额、出口额及增长趋势（2018—2023年）。

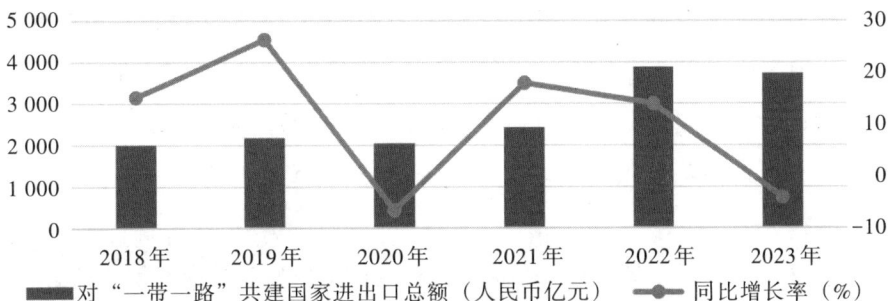

图6-8 辽宁对共建"一带一路"国家进出口总额及增长趋势（2018—2023年）

数据来源：根据中华人民共和国沈阳海关数据整理绘制。

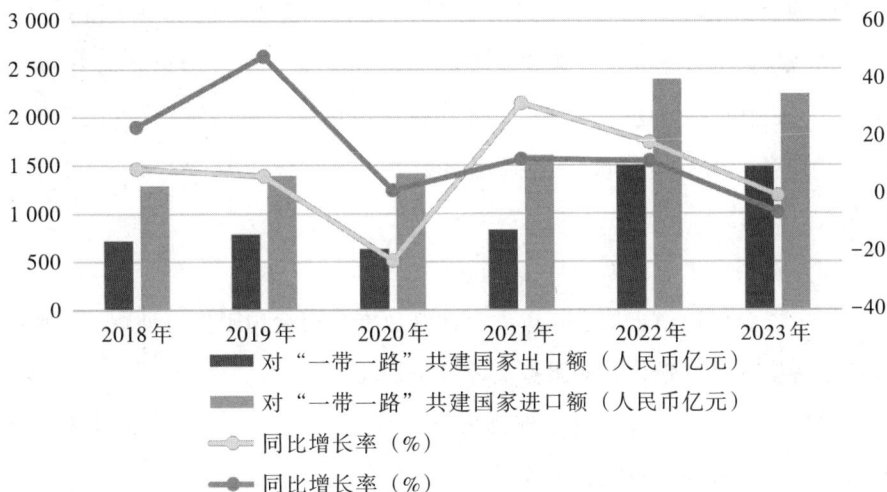

图6-9 辽宁对"一带一路"共建国家进口额、出口额及增幅趋势（2018—2023年）

数据来源：根据中华人民共和国沈阳海关数据整理绘制。

贸易畅通成果丰硕，多边贸易投资体系逐步拓展。一方面，辽宁坚持高质量"引进来"，近年来，多个重大外资项目为辽宁注入发展活力。华晨宝马新工厂建成投产，盘锦伟英兴高性能材料有限公司年产 1 500 吨聚芳醚酮生产与加工项目开车运行，宝马全新动力电池等项目落户辽宁，大连英特尔、日本电产等项目实现增资。另一方面，重点企业"走出去"，打造合作新标杆。辽港集团莫斯科别雷拉斯特物流中心建成多条装卸线和集装箱堆场，服务网络覆盖俄罗斯、德国、波兰等国家和国内 37 个城市；中铁九局承揽的匈塞铁路项目是中国与中东欧国家合作的标志性项目，也是"一带一路"互通合作中"硬联通"的经典案例。报告显示，2023 年辽宁深度融入共建"一带一路"，3 项成果入选第三届"一带一路"国际合作高峰论坛成果清单。

2013—2022 年，辽宁与"一带一路"共建国家持续深化经贸交流合作，韩国、俄罗斯、沙特阿拉伯、新加坡和阿联酋是前五大贸易伙伴，合计占辽宁与共建国家贸易总额的 45.3%。其中，对沙特阿拉伯和俄罗斯进出口贸易发展较快，2013—2022 年，辽宁对沙特阿拉伯和俄罗斯进出口规模分别从 299.8 亿元和 150.5 亿元扩大到 599 亿元和 358.9 亿元，年均增速分别为 8% 和 10.1%。民营企业是辽宁开拓"一带一路"市场的"主力军"，占比逐年提高。2013 年，辽宁民营企业对共建国家进出口占比为 36.9%，2022 年增至 55.6%。

（4）在资金融通方面

辽宁资金融通稳步推进，设立全面开放专项资金用于支持外贸结构调整及产业转型升级，强化金融服务实体经济功能。

2018—2022 年，辽宁每年安排 3.5 亿元资金，重点支持外贸结构调整和转型升级，培育外贸新业态新模式，提高服务贸易水平。

大连、沈阳金融集聚区加快建设，与中国出口信用保险公司、国家开发银行等金融保险机构紧密协调，创新走出去"政银保企"服务机制，开通融资绿色通道，"一带一路"融资融智条件得到改善，金融服务实体经济水平不断提高。

辽宁还不断加大金融支撑保障力度。中信保辽宁省公司承保企业和承保金额同比分别增长10.6%和10.8%，中国进出口银行辽宁省分行贷款规模增长13.6%。中国人民银行沈阳分行推出更高水平便利化实施方案，跨境结算效率大幅提升，单笔业务受理时间由半天缩短为1小时，已与56个共建国家开展了跨境人民币结算业务。

（5）在民心相通方面

2013—2022年，辽宁积极推进文化国际交融，在全球25个国家建立26所孔子学院、1个汉语中心和3个孔子讲堂，省属高校举办孔子学院数量居全国首位。

辽宁多次举办"寻根之旅""中华文化大乐园"等活动，吸引1 600余名海外华裔青少年参加。组建"中国·辽宁东北亚语言交流译配中心"，完成200多集影片译制，并在海外播出。此外，还重磅推出大型全媒体策划"国宝在辽宁"，用30件国宝向世界讲述辽宁故事，展示辽宁形象。

辽宁还与30多所高校推进国际教育合作，2.3万名留学生数量居全国前列。组织省内16所高校通过"云对话"活动。与白俄罗斯布列斯特州开展教育合作，成立中国－乌克兰大学联盟。与多国深化医疗健康领域合作，与日本爱媛县保健福祉部签署《关于加强养老领域和护理人才培养与交流合作的备忘录》，成功举办2021年国际产学研用合作会议、"一带一路"国际医学教育联盟第二届理事会第一次会议等。

6.4.3 辽宁融入共建"一带一路"面临的挑战

（1）辽宁自身存在的薄弱环节

①产业结构仍需优化，产业发展外向度不高。

目前，辽宁传统优势产业的优势不足、溢值能力低，难以推动新常态下辽宁经济的发展，产业集群集聚力辐射力不强，技术创新动力不足。同时，辽宁的外贸产业结构不合理，出口商品种类单一，主要是以机电产品和高新技术产品为主。

此外，辽宁进出口企业发展不平衡，大多是中小企业，企业规模小、实力弱，缺乏自主研发的核心技术，处于国际产业链的中低端的加工位置，因此在国际高新技术产业链中，产业竞争力不强，经济辐射作用不大，急需进行产业结构调整和技术升级改造。

②开放合作不均衡，开放程度有待提升。

从对外开放的国家看，辽宁以往对外开放侧重于对日本、韩国、德国、美国等发达国家及周边的朝鲜、俄罗斯的开放，与蒙古国、中亚、中东、南亚、非洲、拉美等国家和地区之间的开放程度低。

辽宁进出口贸易主要集中在亚洲地区。这种出口市场结构相对集中的现象，容易因贸易摩擦以及政治等问题导致贸易风险。融入共建"一带一路"后，由于对合作的国家认知较少，合作交流机制缺乏，势必带来沟通的不便，加之开放的基础设施薄弱，增加了开放的难度。

③省内港口体制机制不适应，存在同质化竞争问题。

大连东北亚国际航运中心建设是辽宁全省的共同任务，目前除大连市外，其他城市尚未形成共同建设国际航运中心的共识。特别是港口资源分散、体制机制不活是大连东北亚重要国际航运中心建设的主要瓶颈。

虽然对锦州港、盘锦港和葫芦岛港进行了局部整合，但全省港口布局仍然是大连港、营口港、丹东港三大板块主导。港口融合度不高，管理各自为政、产业发展趋同、相互压价竞争的现象十分突出，造成低水平重复建设、资源浪费严重、港口过度竞争，全省港口难以实现统筹规划、协调发展，难以形成港口发展的整体合力。

④东北海陆大通道运行中存在的制约因素。

当前，东北海陆大通道运行效率逐步提高、服务水平不断提升，维护供应链产业链稳定，在国际运输通道中发挥着越来越重要的作用，但由于正处于建设初期，仍然存在一些亟待补齐的短板。

具体而言，在基础设施方面，道路、桥梁、港口等设施不够完善；在物流成本方面，运输、仓储、人工等成本相对较高；在人才方面，物流管理、市场营销、国际贸易等领域的人才相对较少；在气候条件方面，天气寒冷，冬季漫长，对交通运输和物流管理等方面提出了较高的要求；在政策支持方面，税收政策、土地使用政策等仍有完善空间。

（2）外部环境的制约

①共建"一带一路"的全球政治、经济和社会环境出现深刻变化。

当前，世界正经历百年未有之大变局，国际环境错综复杂。在中美博弈加剧的背景下，共建"一带一路"面临较大地缘政治压力。

美国意图通过北约东扩与"印太战略"从陆海两个方向对"丝绸之路经济带"和"21世纪海上丝绸之路"形成合围，在地缘政治和军事安全领域对共建"一带一路"施压。

在国际地缘政治风险上升的同时，世界经济陷入低迷期，全球产业链供应链面临重塑，经济全球化遭遇"逆风逆流"，单边主义、保护主义明显上升，经贸投资合作持续承压，国际市场需求持续不振，外部经济环境显著恶化。在此背景下，我国经济发展面临需求收缩、供给冲击、预期转弱三重压力，消费和投资恢复迟缓，企业面临较大的经营困难。

②"一带一路"共建国家内部挑战趋向复杂化。

受发达经济体宏观政策调整的外溢效应影响，"一带一路"共建国家面临的金融风险明显增加。部分"一带一路"共建国家本币大幅贬值，债务急剧上升，经济复苏乏力，甚至面临经济危机。

全球产业链供应链重构也对共建"一带一路"带来冲击。乌克兰危机升级使部分"一带一路"共建国家尤其是中东欧国家产供链受阻，贸易成本增加。受地缘政治经济影响，"一带一路"建设产供链被动走向区域化布局。

另外，"一带一路"部分共建国家还存在结构性发展赤字问题，导致其基建投资难以维系。

6.4.4　辽宁深度融入共建"一带一路"的对策建议

（1）推进开放型现代产业体系建设

① 促进工业产业转型升级。

尤其是要调整工业产业结构，促进工业制造业向数字化、网络化、智能化转型升级，在数实融合和未来产业的"新赛道"上抢位、占位，进一步提高辽宁研发能力和工业技术支撑能力，为实现辽宁与共建国家（地区）工业产业合作提供有力支撑。

② 推进农业产业转型升级。

要推进现代农业发展，实现传统农业向现代农业转型升级，进一步形成辽宁新的农业经济格局。具体来看，辽宁应充分利用人工智能、大数据、云计算等信息技术、数字技术，加快新技术与传统农业的有机融合，进一步催生一大批农业新产业、新业态、新技术、新模式，进而提高农业生产质量和效率。同时，要利用"一带一路"倡议机遇，与共建国家地区实现农业产业优势互补，为辽宁农业转型升级提供强有力的支持。

③ 促进能源产业转型升级。

辽宁拥有丰富的能源资源，能源产业发展优势得天独厚，但也存在不足，需要与"一带一路"共建国家形成能源产业合作，进而促进辽宁能源产业转型升级。辽宁应增强能源安全供给能力，围绕稳定化石能源产能供给，提高电力安全保障水平，加强能源输送储备建设，拓展能源多元合作新局面，提升运行安全应对能力。

（2）推动对外贸易高质量发展

辽宁应发挥重点外贸企业引领作用，在重大技术装备、国家新型原材料、石油化工、机械制造、汽车及零部件、船舶、机器人、集成电路和重要技术创新与研发等领域，培育具有较强创新能力和国际竞争力的龙头企业，推动出口产品迈上国际产业链中高端；实施市场多元化战略，以深度融入共建"一带一路"为重点，以《区域全面经济伙伴关系协定》生效为契机，巩固和提升对日本、韩国、俄罗斯、东盟和欧盟等传统市场的贸易规模，积极拓展以共建"一带一路"国家为主的新兴市场。

辽宁应借助"辽满欧""辽蒙欧""辽海欧"三大交通枢纽，积极发展转口贸易，着力于中东、中亚等新兴市场，提高与共建"一带一路"国家和地区贸易额比重。

（3）多措并举将外资"引进来"，鼓励内资"走出去"

辽宁外资利用应该向具有优势的产业倾斜，提高投资的回报率，如大连的高新技术、先进装备制造产业；营口的冶金、新型建材产业；锦州的农产品加工、汽车零部件产业；盘锦的农产品、石化产业；丹东的仪器仪表产业。产业的多样化为外商投资提供了选择的空间，有利于辽宁吸引更多的外资投入。

大力支持辽宁企业"走出去"进行境外投资，有利于企业进行科学技术、人才、资源、资金的多样化融合，有助于企业增强国际竞争能力。目前，辽宁产业剩余产能大多集中在纺织服装、软件、机械设备等领域，具有显著市场导向型的投资国别主要分布在东南亚、中东欧以及非洲地区，这些剩余产能产品出口面临的技术壁垒等贸易保护现象比较严重，因此，这些产业类型的辽宁企业可以考虑选择直接在东南亚、中东欧以及非洲等地区设立工厂。

（4）构建全方位立体对外开放通道

①加快建设东北海陆大通道。

《推动共建丝绸之路经济带和21世纪海上丝绸之路的愿景与行动》将辽宁定位为向北开放的重要窗口，指出要完善陆海联运的工作方向。辽宁要进一步完善综合立体联运设施体系建设，打通集疏运体系"最先一千米"和"最后一千米"断点。同时，还要建设"数字高速"，推动多式联运智能化信息化，创新以港口为枢纽的"货运一单制，信息一网通"物流服务体系，全面完成多式联运高质量发展交通强国试点任务，初步建成东北海陆大通道。

②优化中欧班列资源，高标准推进中欧班列（沈阳）集结中心运营。

《辽宁"一带一路"综合试验区建设总体方案》提出要优化辽宁中欧班列资源，创建辽宁中欧班列集结中心，提升中欧班列运行效益，推进市场化发展和品牌化建设。近年来，辽宁中欧班列开行列数、发送货物量保持增长态势。而中欧班列（沈阳）集结中心的建设，遵循经济要素的"集聚—扩散"规律，推动从"点到点"运输转变为"枢纽到枢纽"的运输模式，将进一步推进中欧班列高质量发展，为沈阳构建与营口港、大连港联动的物流服务体系，打造"公铁海"多式联运国际物流枢纽打下坚实基础。

（5）构建高能级开放合作平台

自由贸易试验区建设的核心任务是制度创新。辽宁自由贸易试验区自成立以来，充分发挥了改革开放试验田的关键作用，通过总体设计与强力推动相结合、功能定位与协同合作相结合、大胆创新与务实落地相结合、企业导向与小切口突破相结合，推出了一批极具特色的"辽字号"制度创新经验。

党的二十大报告指出，要实施自由贸易试验区提升战略。辽宁自由贸易试验区应继续发挥制度试验田的作用，不断提升制度创新的供给能力和供给水平，锚定辽宁的重点改革任务，集中力量开创更多具有辽宁底色的独创性、突破性制度创新成果。

辽宁沿海经济带是东北地区最便捷的出海通道和重要的对外开放窗口，战略地位突出、资源禀赋优良。

推动辽宁沿海经济带的高质量发展，应充分考虑现有开发强度、资源环境承载能力和发展潜力，因地制宜、发挥优势，整合平台资源，促进开放合作协同，有效整合沿海各市对外贸易、投资和开放通道、平台，培育建设一批发展思路清晰、功能定位准确、产业分工合理、示范带动作用突出的重点区域和产业集群。

（6）加大政策支持力度、完善风险防范机制

①要加大政府政策支持力度。

要切实保障辽宁同共建"一带一路"国家间在区域经济合作中的合法权益，规范市场秩序。

要加强地方政府的产业规划和相关政策制定，做大做强辽宁优势特色产业，打造产业品牌，同时培育新的主导产业，提高同共建国家间区域经济合作的比较优势和竞争优势。

要深入研究国家开放战略导向和政策取向，积极争取中央支持。坚持"走出去、请进来"，认真学习先进地区经验做法。

要统筹利用国家和省财政、金融、人才等扩大对外开放的支持政策。

要在对外贸易稳量提质、招商引资促进、经济开发区高质量发展、开放通道和开放平台建设、对外投资合作等方面加大支持力度。

②加强政府风险防控政策的制定和执行。

要搭建辽宁国际产能合作综合服务平台，完善风险评估、监测预警、应急处置"三位一体"的境外安全保障机制。确定对共建国家的重点监测国别、产业和产品，列出重点预警清单。

要定期推出国别贸易异常产品清单及产业影响分析报告，为产业和企业决策服务，形成对国别、产业、买方、产品等风险的识别、防控、保障，建立化解全流程风险的管理机制。

要及时向企业提供境外投资贸易咨询服务和境外安全风险信息，在事前、事中、事后的各个环节做好海外项目风险保障，降低企业境外投资风险。

同时，要协调好同类企业走出去过程中的无序竞争问题，依法维护公平竞争的市场秩序。

6.5 辽宁深化与RCEP成员国合作

作为全球人口最多、经贸规模最大，也最具发展潜力的自由贸易区，《区域全面经济伙伴关系协定》（RCEP）已正式签署近5年，生效超3年。

2023年6月2日，《区域全面经济伙伴关系协定》正式对15个成员国全面生效。《区域全面经济伙伴关系协定》的生效，不仅整合了亚洲原有27个自贸协定和44个投资协定，而且首次将中日韩等亚洲主要经济体纳入单一市场规则安排之中。RCEP将持续拉动国际贸易投资增长，以强大的区域动能促进全球经济复苏，为我国构建国内国际双循环协同互动的新发展格局以及经济高质量发展提供助力，也将为地方开放发展注入新动力。RCEP成员国是辽宁最重要、最具潜力的合作伙伴。

随着RCEP生效实施，辽宁与RCEP成员国的产业合作关系将更加紧密，RCEP高质量实施是辽宁提高对外开放水平的重要发展契机。

本书将立足辽宁区位、通道、产业、资源等优势，提出RCEP框架下辽宁打造东北亚—东南亚合作枢纽的对策建议。

6.5.1 辽宁实施利用RCEP情况

（1）积极推动协定组织实施

2021年，辽宁省成立了由省政府分管领导同志任总召集人、21个省（中）直单位为成员的推进落实RCEP工作机制，统筹谋划推进工作。

2022年，辽宁省商务厅印发《辽宁省高质量实施RCEP工作方案》，围绕深化与日韩经贸合作、用好成员国降税承诺和优惠原产地规则、畅通与RCEP国家物流大通道等，提出15项重点工作内容。全省14个市全部成立工作专班，制订出台配套工作方案。截至2024年6月，在全省范围内分片区开展RCEP政策培训超50次，受众超5万人次。

大连自贸区充分发挥示范引领作用，出台全面对接RCEP的三年行动计划和配套措施，打造RCEP（大连）国际商务区，设立RCEP经贸促进中心，规划建设RCEP大厦，打造RCEP企业总部基地，对RCEP国家外商新设的跨国总部或功能性总部，最高给予1 000万元奖励，在鼓励扩大与RCEP区域贸易往来和产业合作方面给予奖励、补助或贷款贴息、租金补贴等多项扶持举措。

沈阳市出台落实RCEP协定三年行动计划和重点任务实施方案，明确进一步提升贸易和投资发展水平、扩大国际合作等重点工作任务，吸引日韩商品在沈阳综合保税区聚集。

（2）率先打造RCEP综合服务平台

为帮助企业解决RCEP协定文本阅读困难、对新兴市场需求及风险不了解和无客户资源的问题，辽宁省打造了国内首个集RCEP规则查询、市场分析及开拓于一体的全流程综合服务平台——辽宁RCEP公共服务平台。该平台于2022年4月25日正式上线，PC端、手机端均可登录。

区别于国内其他同类平台的单一国家税率查询，辽宁RCEP公共服务平台利用模糊查询功能，实现对同一产品在不同国家不同税率的查询比对，方便企业在RCEP域内寻找更具关税优势的供需市场，分析目标市场进出口情况、辽宁与其贸易往来情况及市场前景，并找寻目标市场主要客户名称及联系方式。

2023年，辽宁RCEP公共服务平台持续优化平台服务功能，新增中国进出口商品海关监管条件、申报要素、检验检疫标准、关税及税率等查询功能模块，全面提升平台帮助外贸企业精准对接国际国家市场的时效性、精准性。辽宁RCEP公共服务平台自上线以来，实现累计查询次数超百万次，服务辽宁外贸企业超5 000家。

2022年9月8日，辽宁自贸试验区沈阳片区RCEP一站式服务平台揭牌运行。服务平台具有政策宣传引导、企业咨询服务、企业维权指引、RCEP框架下税务事先裁定服务、强化创新引领五大功能，可为企业提供税务、投资、原产地证书等方面的咨询服务。

（3）与RCEP国家贸易规模持续扩大

2022年，辽宁实现对RCEP成员国进出口额2 598.3亿元，同比增长2.7%，占全省出口总量达到32.9%。

2023年，辽宁实现对RCEP成员国进出口额2 484.1亿元，占全省进出口总额的32.4%。全省累计签发RCEP协定项下原产地证书40 346份、同比增长17.6%，获协定税款减让1.58亿元、同比增长8.1%，省内企业自主出具RCEP原产地声明824份，新增AEO认证企业19户、总数达到155户。

2024年，辽宁实现对RCEP成员国进出口总额2 696.1亿元，同比增长8.4%，占全省进出口总额的35.3%。

2024年，沈阳海关签发原产地证书1 500余份，大连海关签发原产地证书21 200余份。辽宁贸促系统签发RCEP项下优惠原产地证书21 950份、较上年增长18.5%，涉及货物出口额达49.96亿元人民币。

同时，辽宁充分发挥重点境外展会支持政策的撬动作用，鼓励和支持企业开拓RCEP国家新兴市场，将日本名古屋国际模具展、印尼汽配展等22个RCEP国家举办的展会列入2023年重点境外展会清单，占重点境外展会总数的31%。

辽宁全年共组织236家企业参展，达成意向成交金额超过21亿元。辽宁与RCEP其他成员国进出口总额及增长趋势如图6-10所示。

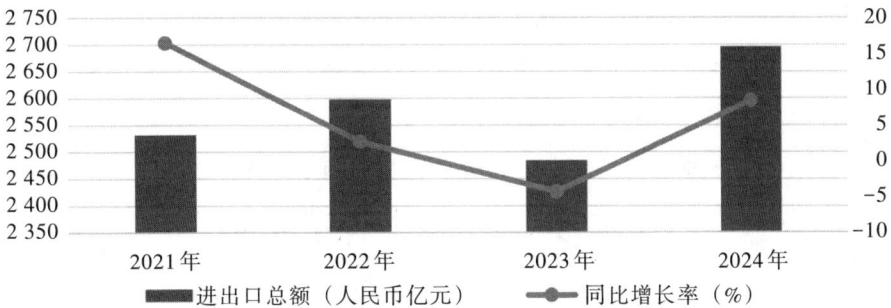

图6-10　辽宁与RCEP其他成员国进出口总额及增长趋势图（2021—2024年）

数据来源：根据中华人民共和国沈阳海关数据整理绘制。

从进口和出口情况来看，2021—2024年，辽宁对RCEP其他成员国出口额分别为1 390.8亿元、1 507.8亿元、1 480.3亿元、1 447.0亿元，进口额分别为1 141.2亿元、1 090.5亿元、1 003.8亿元、1 249.1亿元（如图6-11所示）。总体处于贸易顺差，但2024年进出口差额在明显收窄，辽宁对RCEP其他成员国进口产品需求有所提升。

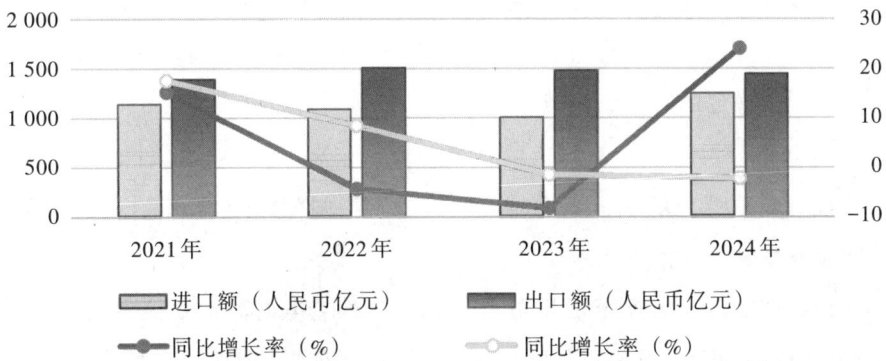

图6-11　辽宁与RCEP其他成员国进口额、出口额及增长趋势（2021—2024年）

数据来源：根据中华人民共和国沈阳海关数据整理绘制。

（4）产业合作不断深化

大连中日生态示范新城重点发展高端装备制造、新材料、新能源汽车整车及零部件等产业，构建千亿级高端装备制造产业生态，藤洋钢材、金港中日智慧制造产业园、富士电梯等一批重点项目正在加速推进。

沈阳中日产业园聚焦医疗健康、节能环保等主导产业，促进国际技术转移，培育壮大相关领域中小企业群体。

沈阳中韩产业园依托浑南中韩园和沈北国际（中韩）创新产业园，加强与韩国机构、中小企业技术合作与交流，开展人才引进，培育壮大科技型中小企业。

沈阳积极打造与东盟各国经贸合作新平台，推动中国—东盟（沈阳）高科技经贸产业园项目高水平规划建设。2024 年 9 月在广西南宁举办的第 21 届中国—东盟博览会上，辽宁重点展示设计施工、装备制造、农产品生产、工艺品生产等 20 余家企业在贸易、投资、承包工程等领域的优势，助力企业开拓东盟市场、扩大发展空间、实现合作共赢。

（5）全方位畅通物流大通道

2022 年起，辽宁新增多条面向 RCEP 国家的外贸航线。大连港东南亚集装箱航线增至 20 多条，基本实现了 RCEP 成员国核心港口全覆盖。

大连港开通首条直达悉尼、墨尔本和布里斯班等澳大利亚重点港口的直航航线，到悉尼的航期缩减至最短 20 天。

2024 年，大连新开首尔货运航线，加密东京、大阪等航线，恢复北九州航线，复航芽庄航线，新增胡志明航线，周国际定期航班量增至 123 班，国际业务量继续保持东北领先。

2025 年 3 月，大连至仁川首条"9610"跨境电商海运物流专线正式开通；"大连—宜昌—曼谷""大连—宜昌—胡志明""大连—宜昌—河内"3 条国际旅游航线开通。

2022 年 4 月 23 日，东北首趟中老铁路（沈阳—万象）国际货运列车开通，在全国率先实现日本商品车由大连港换装铁路运输至中亚国家。

2023 年 3 月 18 日，从越南、老挝以及日本、韩国等 RCEP 国家集结的货物，在沈阳以转口贸易的方式，通过中欧班列发往欧洲。沈阳桃仙机场已开通首尔、东京、大阪、釜山、济州和芽庄等RCEP国家国际航线。

（6）"RCEP智库"工作成效显著

2022年6月，辽宁省贸促会牵头正式成立了辽宁省"RCEP智库"。三年来，智库按照服务市场主体、服务政府决策的宗旨，围绕规则研究、形成成果、咨政建言等为上千家市场主体外经外贸发展和政府决策提供服务，获评辽宁省第二批省级重点新型智库。

"创新举措有实招 助企发展见实效 辽宁省RCEP智库扎实开展助企服务工作"实践案例，获评中国贸促会服务FTA高质量实施推广示范案例一等奖。

辽宁省贸促会先后举办中国—老挝合作论坛、东北亚共同体论坛、RCEP推动扩大开放与全球价值链重构研讨会、省市开放发展与东盟及RCEP区域合作座谈交流会、投资泰国推介会、辽宁—泰国生物循环绿色经济投资座谈会等活动。

辽宁省贸促会与RCEP成员国有关机构、组织的紧密联系，与印度尼西亚全国乡村合作社联盟、新西兰中国国际贸易促进委员会达成合作协议，在印度尼西亚、新西兰设立辽宁省贸促会RCEP企业代表处。

2024年11月，辽宁省贸促会经贸代表团出访马来西亚和印度尼西亚，进一步拓宽了对东盟联络渠道，构建了更加紧密的纽带关系。

6.5.2　RCEP框架下辽宁深化与RCEP其他成员国合作潜力分析

（1）进出口贸易额有增量空间

协议生效后，中国与东盟国家、澳大利亚、新西兰之间的零关税比例将超过65%，将促进辽宁纺织、电子、机械、汽车、化工、农业等重点行业进出口贸易增长。

从重点行业的产品出口来看，RCEP有利于发挥辽宁轻工纺织行业传统优势，进一步扩大皮革制品、家具寝具、家电、纺织原料和服装等产品向成员方出口。

同时，农产品和食品、石油及化工产品在日本市场，汽车、摩托车、机械设备在东盟市场也将获得更多出口机会。尤其是原产地累积规则有利于推动纺织、皮革、电子、汽车等重点行业的原材料和零部件出口。

从重点行业的产品进口来看，RCEP有利于东盟热带水果、日韩加工休闲食品、澳新乳制品和牛羊肉等产品进口，进一步丰富辽宁市场，促进消费升级。RCEP还有利于降低关键零部件、高端钢材、石化原料以及高端机械等中间产品和设备的进口成本，更好满足辽宁内生产需求，并使下游行业获益。

（2）带来产业融合发展新机遇

原产地累积规则扩大了辽宁与RCEP其他成员国之间低关税和零关税产品的受惠范围，推动产业的合理配置及产业链的深度融合，以地缘关系为基础的区域化产业链能够降低生产所需基础材料获取的风险。

中日韩三国间、三国与RCEP其他成员国间贸易投资的一体化发展，形成了以中国、东盟为生产加工中心，以日本和韩国为中间品供给中心"四极体制"为特征的东亚地区产业链分工体系。大量的机电产品、运输设备、纺织品等原材料、中间品在中日韩和东盟间进出口，辽宁作为连接东北亚和东南亚的"中转站"，与东盟承担起产业链中的加工制造环节，形成的最终产品再出口到欧美及世界其他地区。

RCEP下货物贸易的自由化将使区域内的贸易成本大幅降低，这将大幅促进中日韩三国间、三国与RCEP其他成员国之间中间品货物的进出口贸易，促进区域产业链的进一步融合深化。

（3）统一经贸规则环境变化的影响

经贸规则统一有利于优化辽宁与日韩第三方市场合作的营商环境，域内各国都签订了多个多边或双边的自贸协定，合作规则错综复杂。

RCEP为提高区域内政治互信与经济互惠水平而对区域内贸易协定进行了一定程度的协调，经贸环境的改善能够拓展、优化产业链条，上下游产业联动更加紧密，同时吸引日韩对辽宁的内部投资流向在RCEP中增加的新兴产业和潜力发展部门，外部投资流向要素成本具有优势的部门，共同推进辽宁与日韩产业链的升级。

通过推动与日韩在大数据、5G技术、新材料、新能源、生物医药等新领域的合作，辽宁与日韩产业链升级和深化合作，最终为产业链提供高端技术支撑和完整的产业集群，新的发展模式、数字领域的设施建设都是不可或缺的一环。

6.5.3 RCEP框架下辽宁打造东北亚—东南亚合作枢纽的对策建议

（1）加快发展与RCEP成员国的国际物流通道，推动RCEP贸易物流高质量发展

东北海陆大通道以辽宁大连港、营口港、锦州港等沿海枢纽港口为海向支点，以沈阳、长春、哈尔滨等经济中心城市为内陆口岸枢纽和货物集结中枢，纵贯东北地区及内蒙古"三省一区"，向东辐射日韩、向南辐射东盟及我国东南沿海地区，向西连接俄罗斯、欧盟及中亚国家。

应进一步探索"中老班列＋跨境电商"运营模式，强化中老国际货运列车与中欧班列的有效对接，提升RCEP货物有效供给质量。进一步发挥辽宁连接东北亚与东南亚通达的枢纽功能，积极打造RCEP货运集结与服务体系，促进通道班列与港口航线网络、班轮时刻、舱位等进行对接，加密内贸南北直航航线，优化支线中转平台，完善干支中转模式，积极开辟连接俄罗斯、蒙古国、韩国、日本等东北亚国家的通道，开辟通达RCEP国家航线，打造RCEP框架下的物流产业跨国合作新模式。

（2）深入利用RCEP税制和原产地规则，进一步提升辽宁与日韩及东盟国家的农业产业链协同效率

在农产品领域，辽宁与日韩地理位置相邻，饮食习惯相似，食品领域合作具有得天独厚的条件。其他RCEP成员国农业资源丰富，与辽宁有着明显的南北地域差异和优势互补性，农业领域合作前景广阔。

随着RCEP降税表逐年实施到位，多数承诺产品将在16年内降为零，辽宁可利用原产地累积规则，打造辽宁与日韩预制菜、酒水及果蔬等产业链，将辽宁食品大省和消费品工业产业基地打造与日韩、东南亚产业和市场深度融合。与此同时，加快推动中日韩在农产品领域建立共同市场，加快发展跨境电商，推动形成东北亚—东南亚农产品便捷流通市场。

（3）以引进日韩高端制造等产业为抓手，集聚发展新质生产力

中日韩在传统工业领域都具有较强竞争力，彼此合作广泛。要通过RCEP高质量实施，加快实施制造业项下的生产器械、技术服务等自由贸易政策及技术人员自由流动政策，推动形成中日韩制造业分工合作新机制，以装备制造、智能制造等为重点强化与日本和韩国的产业链、供应链合作，使得辽宁与日韩企业在竞争中找到各自在产业链供应链中更合适的位置，将竞争转化为深化产业链供应链合作的动力，在新质生产力发展中实现共赢合作。

在RCEP框架下，我国从日本进口的石化产品关税直接降到零的有400多种。辽宁需进一步用好RCEP关税减免政策，实现日韩化工原材料和高端产品降成本进口，吸引更多日韩化工科技类企业投资辽宁，同时共同面向东盟国家，做到产品销售渠道畅通，共同打造第四方销售市场。

（4）利用RCEP市场准入规则，拓宽与RCEP其他成员更广阔的合作领域

RCEP提供了新的市场准入机会，在低碳、金融、数字经济等领域，辽宁与RCEP成员国企业未来的合作空间更为广阔。

一方面，需巩固并拓展辽宁与日韩的外包业务，吸收日韩信息技术的业务优势，发展高技术、高附加值外包服务业务，提高产业营业利润，扩大生产规模及高端服务外包业务比重，进而有能力进行产品研发、技术创新，不断扩大服务出口，推动辽宁服务贸易高质量发展。

另一方面，需紧跟当下数字经济的发展步伐，紧抓中日韩数字经济发展的机遇，着力推进辽宁装备制造产业数字化转型，使数字经济发展成为高质量发展的着力点，找到服务贸易合作新的突破口。

RCEP制定了比较严整的电子商务规则，辽宁需要更好顺应数字化潮流，继续加强与RCEP成员国电商平台企业间的合作，形成产业与贸易融合发展的新格局。可以RCEP（大连）商务区等平台为试点，不断提高跨境电商零售交易效率。

此外，可深化RCEP框架下能源转型、降耗减排、资源循环利用、能效管理、碳交易、减碳能力建设提升等领域的地方政府间协调机制，可与日韩及东盟各国成立地方政府间合作组织，鼓励企业探索新合作模式。

（5）发挥各自优势，在医疗、养老、教育等专业服务领域开展产业合作

基于RCEP各项规则的落地实施，中日韩在医疗、养老、教育等专业服务领域加强合作，契合各方利益，辽宁可从以下几个方面进一步推进与日韩康养产业合作：

可以持续扩大医疗健康、养老产业的合作规模，促进日韩的技术、经验与辽宁及东北市场相结合。日本在先进的医疗技术方面具有较强的竞争力。辽宁医药企业可与日本企业就BNCT治疗设备和药物开展合作，并引入先进癌症治疗技术及服务，落地自由贸易试验区。

辽宁职业教育基底厚重，可以与RCEP成员国在职业教育培训领域进行交流合作，开展专业服务相关的培训项目，这有助于完善中国现代职业教育体系，提升从业人员的职业化和专业化水平，加快中国养老服务人才的队伍建设。可以在大连、葫芦岛等沿海城市进行试点，建设RCEP职业技能产业合作示范城，延伸教育、养老、医疗和医美等产业链条。

在RCEP框架下，还可进一步简化专业人士和高端人才的出入境、居住、住宿、工作签证等手续，优化技术人员跨境合作交流的环境，为研究开发、设计认证、维修检测、教育培训等专业服务人士在区域内移动和开展业务提供便利。

（6）提升旅游、文化产业附加值，带动RCEP项下文旅产业链发展

旅游业与其他产业之间的关联度非常高，在带动旅客运输服务和住宿餐饮服

务、增加当地社会就业、助力乡村振兴等方面能够产生显著的经济和社会效益。

文化产业则涉及项目设计开发、营销推广、数据要素嵌入、后期制作、文化出口等多个服务环节，文化价值与实体经济的融合是各国关注的重点。

辽宁与日韩在地理上接近，饮食、文化、社会风俗等方面的相互接受度较高，是发展旅游贸易较为便利的对象；与此同时，辽宁与东盟国家和澳大利亚、新西兰人文地理差异较大，可实现差异化、互补性旅游路线设计。

可充分利用现有免签政策，进一步提升 RCEP 成员国游客在行前预订、金融结算、移动支付、网络服务、证件使用、语言交流等方面的便利化水平，优化境外游客购物离境退税服务，并在签证办理、出入境手续方面进一步简化流程。

可深度开发中老铁路特色国际旅游专线，增加对相关成员国的航线，提升旅游品牌国际影响力，打造东北亚-东南亚融合发展视域下高品质文体旅融合发展示范基地。

中国与 RCEP 其他成员国之间免签政策见表6-4。

表6-4　　　　　　中国与RCEP其他成员国之间免签政策

中国对其实行单方面免签政策	文莱、新西兰、澳大利亚、韩国、日本。持普通护照人员来华经商、旅游观光、探亲访友、交流访问、过境不超过30天，可免签入境
与中国全面互免	泰国、新加坡，2国单次停留均不超过30天
对中国单方面实行免签政策	2024年7月1日，老挝对中国游客实行15日免签政策。有效期至2024年12月31日。 2023年12月1日至2026年底，马来西亚对中国公民实施30天免签政策。 韩国济州岛：提供30天免签，持有特定签证可中转免签30天
对中国公民提供落地签政策	缅甸、印度尼西亚、越南、柬埔寨

数据来源：中国领事服务网（http://cs.mfa.gov.cn/）.

第7章

辽宁对外开放平台载体建设情况

自由贸易试验区（简称"自贸试验区"）、经济开发区、综合保税区、特色产业园区等各类开放合作平台，一直是辽宁扩大高水平对外开放、吸引高质量人才以及集聚优质资源的重要载体。推进各类开放平台建设，有利于实施更大范围、更宽领域和更深层次的对外开放；支持各类开放平台创新，有利于对标国际规则，推进规制、规则、管理、标准等制度型开放，推动辽宁探索更加完善的开放型经济新体制。加快推动开放平台提质升级，将有助于进一步提升辽宁深度融入新发展格局的能力和水平，更加有效地平衡内需和外需、出口和进口、生产与消费、引进外资和对外投资，实现高水平开放。

7.1 辽宁自由贸易试验区

辽宁自贸试验区地处我国东北，秉持"为国家试制度，推动东北地区等老工业基地振兴"的战略方向，不断探索深化改革、扩大开放的新路径，成为辽宁高质量发展和高水平开放的引领区。从自贸试验区高质量发展的8个方面的指数来看，辽宁自由贸易试验区总体上处于全国中游，其中区域带动指数和高水平开放指数处于全国上游水平。

7.1.1 辽宁自贸试验区基本情况

辽宁自贸试验区系国家第三批自贸试验区，2017年4月1日正式挂牌运行，实施范围119.89平方千米，涵盖三个片区：大连片区59.96平方千米，以大小窑湾为核心；沈阳片区29.97平方千米，以浑南新区（桃仙空港）为核心；营口片区29.96平方千米，以营口高新区为核心。

（1）战略定位和发展目标

辽宁自贸试验区的战略定位是落实党中央关于加快市场取向体制机制改

革、推动结构调整的要求，着力打造提升东北老工业基地发展整体竞争力和对外开放水平的新引擎。发展目标是经过 3~5 年改革试验，构建开放型经济新体制，营造国际化、便利化的营商环境，形成与国际贸易通行规则相衔接的制度创新体系，努力建成高端产业集聚、投资贸易便利、金融服务完善、监管高效便捷、法治环境规范的先行先试区，建成引领带动东北地区转变经济发展方式、提高经济发展水平的示范带动区，提升东北老工业基地发展整体竞争力。

（2）主要建设内容

按照国家的总体部署，辽宁自贸试验区重点开展以下 6 个方面的试点内容：

一是切实转变政府职能。重点是建立符合市场化、法治化、国际化要求的政府管理模式；将能够下放的经济社会管理权限，全部下放给自贸试验区；深化商事制度改革，推进政府管理由注重事前审批向注重事中事后监管转变。

二是深化投资领域改革。重点是实施"准入前国民待遇+负面清单"外商投资管理模式；减少和取消对外商投资准入限制，提高开放度和透明度；推进金融、港航、空运等服务业领域及装备制造、航空、汽车等制造业领域对外开放。

三是推进贸易转型升级。主要是完善国际贸易"单一窗口"应用功能，优化口岸监管执法流程和通关流程；加快推进大宗商品现货市场和资源配置平台建设，开展期货保税交易以及发展跨境电商。

四是深化金融领域开放创新。重点包括推进实施资本项目可兑换、利率市场化、金融市场开放等系列改革措施；简化外汇收支手续，推进多层次资本市场体系和产业金融服务体系建设等。

五是推进老工业基地结构调整。完善有利于推动产业集群发展的体制机制，鼓励智能装备、航空制造、商贸物流、产业金融等产业要素向自贸试验区集聚，鼓励开展系统集成、设备租赁、提供解决方案、再制造、检验检测、远程咨询等增值服务。

六是加强东北亚区域开放合作。主要内容是加速利用国际国内"两个市场""两种资源"参与国际竞争，构建辽宁全方位开放型新格局；推进与东北亚各国和共建"一带一路"国家的国际产能和装备制造合作，实现重大项目和重点领域的突破；推进大连东北亚国际航运中心建设，推进营口港海铁联运和沈阳跨境铁路通道建设。

（3）各片区功能划分

按照区域布局划分，3个片区的建设发展各有侧重：

沈阳片区重点发展装备制造、汽车及零部件、航空装备等先进制造业和金融、科技、物流等现代服务业，提高国家新型工业化示范城市、东北地区科技创新中心发展水平，建设具有国际竞争力的先进装备制造业基地。

大连片区重点发展港航物流、金融商贸、先进装备制造、高新技术、循环经济、航运服务等产业，推动东北亚国际航运中心、国际物流中心建设进程，形成面向东北亚开放合作的战略高地。

营口片区重点发展商贸物流、跨境电商、金融等现代服务业和新一代信息技术、高端装备制造等新兴产业，带动区域性物流中心和高端装备制造、高新技术产业基地发展，构建国际海铁联运大通道的重要枢纽。

7.1.2 辽宁自贸试验区建设的主要成效

（1）国家赋予辽宁的首批改革试点任务全部落地

党中央、国务院高度重视辽宁自贸试验区建设，赋予123项试点任务，要求辽宁经过3~5年的探索完成。

辽宁自贸试验区自2017年4月运营以来，在辽宁省委、省政府的领导下，经过3年的不懈努力，截至2020年3月底，123项试点任务已经100%落地。据普华永道、商务部研究院等国内外知名机构评估报告显示，辽宁自贸试验区改革试点任务落地率居同批7家自贸试验区前列。

（2）发挥了对外开放的引领示范功能

在扩大开放过程中，辽宁自贸试验区重点强化与东北亚、RCEP成员国的经贸合作，统筹贸易、投资、通道、平台，着力提升开放合作水平。

大连片区针对日韩投资与贸易、物流与供应链、跨境电商及产业优势互补四大合作领域开展了系列专项合作，与中国（云南）自贸试验区昆明片区管委会建立战略合作关系，携手共建了"日韩—东盟RCEP贸易走廊"。

沈阳片区积极融入RCEP合作，加强中日韩三方合作，高标准建设启迪中韩科技园，招引中韩两国医疗器械、国际医疗服务、药品研发等高端项目入驻园区，打造生命健康产业集群。

营口片区强化与日、韩、俄的对接合作，聚焦中俄"两国四地"（广东珠海—辽宁营口—黑龙江黑河及同江—俄罗斯阿穆尔州及犹太自治州）物流大通道建设，打造东北亚跨境商品集散中心。

（3）创造了一批可复制可推广经验

辽宁自贸试验区紧紧围绕试点任务推进制度创新，自主创造了一批改革经验，16项经验在全国复制推广，得到了国家的充分肯定。

大连片区"保税混合"监管创新被列入国家第四批改革试点经验。沈阳片区优化涉税事项办理程序、大连片区进境粮食检疫全流程监管、营口片区集装箱风险分级管理制度3项创新被列入国家第五批改革试点经验。沈阳片区出入境人员综合服务一站式平台、飞机行业内加工贸易保税货物便捷调拨监管模式，大连片区进出口商品智慧申报导航服务，营口片区多领域实施"包容免罚"清单模式、出版物发行业务许可与网络发行备案联办制度5项创新，被列入国家第六批改革试点经验。

大连片区出口货物检验检疫证单云签发平台、口岸危险货物谎报匿报四步稽查法2项创新，被列入国家第七批改革试点经验。

大连片区集装箱码头股权整合、沈阳片区国有企业"内创业"模式、大连片区"冰山模式"国有企业混合所有制改革、沈阳国有企业改革"三级跳模式""诚信政府建设新模式"5项改革创新案例入选国家"最佳实践案例"。营口片区以制度创新持续优化营商环境，列入国务院第五次大督查典型经验做法。同时，结合辽宁实际，在推进投资自由便利、贸易转型升级、金融服务完善、监管高效便捷等方面，已有6批179项改革创新经验在全省复制推广。

（4）改革创新红利不断释放

辽宁自贸试验区始终坚持以改革促进发展、以创新引领开放，各项经济指标取得新突破。

辽宁自贸试验区自成立至2023年底，共设立企业9.75万家，注册资本12 426.9亿元。2023年，辽宁自贸试验区新增注册企业1.4万家；新增固定资产投资345亿元，同比增长79.6%。与以往相比，呈现出大项目多、开工率高的特点。

2023年，辽宁自贸试验区新引入投资额亿元以上项目163个，开工116个，其中包括中粮油脂大连饲料蛋白加工基地项目（投资额50亿元）、泰星四期项目（投资额16亿元）、辽宁供销国际冷链枢纽项目（投资额15.6亿元）等。

（5）以金融领域开放创新优化营商环境

辽宁省自贸办制定了金融支持自贸试验区高质量发展的22条政策措施，推动金融创新试点在自贸试验区落地生效。东北首家境内外合资的QFLP基金管理企业落地沈阳片区。

沈阳片区充分利用境内外市场，打通贸易融资资产跨境转让通道，实现人民币资产跨境转让23.06亿元。

大连片区促进大连新型离岸贸易发展，协助托克辽港国际贸易（辽宁）有限公司办理新型离岸贸易原油结算3 757万美元。

营口片区建立了"首次贷款中心""绿色贷款中心""科创贷款中心"，

为相关企业提供贴息和保费补贴，有效降低企业融资成本。

（6）建立联动创新区，更好地发挥辽宁自贸试验区创新溢出效应

根据 2023 年辽宁省政府工作报告中提出的"提升辽宁自贸试验区能级，建立联动创新区"要求，辽宁省自贸办制定了《辽宁自贸试验区联动创新区建设实施方案（试行）》，启动首批联动创新区申报评定工作。

经过认真研究和筛选，辽宁省自贸办本着成熟一个、发展一个，逐步积累经验，分批设立的原则，确定了首批 5 家联动创新区。下一步，辽宁省自贸办将做好政策解读与督导跟踪等工作，确保联动创新区切实发挥作用。

7.2 中日（大连）地方发展合作示范区

2019 年 8 月，国家发展改革委与日本内阁府共同签署《关于推进中日地方发展合作备忘录》，正式建立中日地方发展合作机制，并在积极调研基础上选取 6 个城市设立中日地方发展合作示范区。大连市积极响应，周密部署，多次跟踪了解国家发展改革委的意图和动向，积极申报在大连设立中日地方发展合作示范区。

2020 年 4 月，国家发展改革委印发文件，正式批准在大连、天津、上海、苏州、青岛、成都 6 市设立中日地方发展合作示范区。大连是唯一获批两个产业方向、面积最大的示范区，也是东北地区唯一的示范区。

大连示范区总面积 52.92 平方千米，两个产业方向为高端装备制造和新材料产业，以金普新区为核心，以黄渤海沿岸为两翼，包含新日本工业团地、松木岛、西中岛、花园口 4 个片区。

新日本工业团地重点聚焦发展高端装备制造产业和新材料产业，拟构建技术创新、产业对接、金融服务等合作平台，加强与日本的产业对接合作，促进高端装备制造与新材料产业发展质量提升，辐射带动东北地区产业转型

升级；松木岛片区重点发展半导体、催化剂、医药中间体等新材料产业；西中岛片区围绕精细化工和化工新材料两大领域，招揽日本化工企业集团和有化工园区开发运营经验的企业或团体，开展合资开发、招商和运营；花园口片区重点围绕高品质功能材料、复合材料、结构材料、新型轻合金材料、高品质特种钢材料、新型轻合金金属材料、精细化工新材料、新型建筑节能材料、航空新材料、功能膜材料、碳纤维材料等产业开展对日合作。

中日生态示范新城是中日（大连）地方发展合作示范区的核心片区之一，重点发展高端装备制造、新能源汽车整车及零部件等产业，努力构建千亿级高端装备制造产业生态。目前，中日生态示范新城已引入尼得科电机、东信业达中日产教融合教育示范园等多个重点项目，所有项目均在稳步推进中。

7.3　特色产业园区

7.3.1　中德（沈阳）高端装备制造产业园

2015年12月，国务院正式印发《关于中德（沈阳）高端装备制造产业园建设方案的批复》，中德（沈阳）高端装备制造产业园（简称"中德园"）成为国务院批复的全国第一个以中德高端装备制造产业合作为主题的战略性平台。

中德园现已成为整个东北地区面向世界、合作共赢的重要窗口。中德园整体规划面积48平方千米，重点发展智能装备、高端装备、汽车制造、工业服务、战略性新兴五大产业。

目前，中德园已集聚德国宝马集团、采埃孚集团、贺利氏集团，瑞士GF集团、布克哈德公司，西班牙海斯坦普集团、安通林集团等各国企业超过300家，提供高质量就业岗位1.2万个。其中，外资企业127家，占比超过40%，外资企业中，德资企业最多，为72家。

成立以来，中德园综合实力不断增强，经济总量翻一番。2023年，中德园规模以上工业总产值完成1 006.7亿元，同比增长16.8%。全口径税收收入完成102.9亿元，同比增长3.5%。作为沈阳转型发展的新引擎、中国制造与德国工业4.0战略合作试验区、开放型经济新体制探索区、国际先进装备制造业发展示范区、创新驱动和绿色集约发展引领区的中德园备受国家及省市有关部门的高度重视。

国家发展改革委、工业和信息化部、商务部等部门联合建立了园区"直通车"制度。园区相继获得工业和信息化部授予的"中德智能制造合作试点示范园区""绿色工业园区"，科技部授予的"国家国际科技合作基地"，国家发展改革委授予的"产业转型升级示范园区"，中国科协授予的"国家海外人才离岸创新创业基地"等荣誉和称号。

截至2023年，园区累计培育高新技术企业81家，科创中国试点园区入驻机构234家，集聚创新资源2 100余项。聚集国家铸锻金属质量检验标准实验室、国家稀土永磁电机工程技术研究中心、东北大学中国工程院唐立新院士工业智能数据解析与优化实验室、哈工大国家储能技术产教融合创新平台、沈阳智能制造产业技术研究院等创新平台30余个，工业企业上云数量突破300家，打造智能工厂（车间）52家。

与此同时，中德园还大力发展数字经济，加快建设智能工厂、智能车间和智能生产线，打造5G标杆园区，积极推进中国工业互联网研究院辽宁分院、国家工业互联网大数据中心辽宁分中心，工业互联网全球大会永久会址、辽宁工业大数据交易中心等重大创新平台载体建设，推动企业向数字化、网络化、智能化转型升级。

作为辽宁自贸试验区沈阳片区协同区，中德园始终在锐意开拓、扩大开放。中德园不断加快构建开放型经济新体制，以国内大循环为主体、国内国际双循环相互促进的新发展格局正在形成。在中德园内，中欧班列可实现企业直达，全面实现贸易通关便利化。建成的德国海德堡离岸创新中心已成为东北首家"国家海外人才离岸创新创业基地"。目前，园区与300多家德国及欧洲企业建立了良好的联系，累计开展"德国铁西日""德国企业沈阳行""中德友谊之夜新春交响音乐会"等经贸、文化交流活动130多场，邀请接待400多位国外嘉宾走进中德园，园区全球知名度和影响力不断提高，不断完善海外离岸创新中心科技成果转化、加快高端人才引进、放大招商引资平台作用。

为打造国际化一流营商环境，中德园坚持以"一个平台、五大体系"建设为抓手，努力在"办事方便、法治良好、成本竞争力强、生态宜居"等各个方面下足功夫。中德园深入推进的"管委会+平台公司"开发建设管理模式，极大地提高了园区市场化开发建设水平。

中德园高标准、高质量推进"一条龙"便企服务平台试点建设。同时，为充分体现国家知识产权环境建设先导区优势，中德园积极组建了知识产权局、维权援助站、知识产权学院、知识产权仲裁院等机构。为了向园区高质量输送人才，中德园积极建设"1+1+X"现代双元人才培育体系，成功组建中德园产教联盟、华晨宝马培训中心、中德应用技术学院等。

中德园解决了企业发展的诸多后顾之忧。除了工业厂房产业项目，中德园还配套建设商业空间、产居社区、人才公寓以及学校、医院等，为企业人才提供住房、健康、子女入学入园、政务协调等配套服务，确保企业引进来、留得住、发展好。如今，由万科国际社区、积水潭国际医院、盍碧玺曼詹国际学校、中德国际风情街、国际泵道公园、东方银座酒店、万丽酒店、杉杉奥特莱斯等公共服务配套设施支撑的一个富有国际化元素、生态宜居的绿色产业新城正加速形成。

中德园正在加快推进主导产业向高端、智能、绿色方向转型升级，着力构建现代化产业体系，奋力在建设具有国际竞争力的先进装备制造业基地、世界级汽车产业基地方面取得突破性进展。在产业智能化发展赛道上，建好中德园工业互联网创新基地核心板块，推动"星火·链网"超级节点尽快形成区域性服务能力，加快推进智能工业数据解析与优化实验室等重点项目建设，着力聚集人工智能、云计算、大数据等新业态；在产业绿色化发展方向上，抢抓沈阳打造"储能之都"机遇，高水平构建"4+1"新能源产业体系和"3+1"节能环保产业链，创建碳达峰试点园区。2024年4月，宝马集团宣布将对沈阳生产基地再次新增投资200亿元人民币，用于大东工厂的大规模升级和技术创新。这一举措将为"新世代"车型的本土化整车生产奠定坚实基础。

7.3.2 沈阳万科中日产业园

沈阳万科中日产业园是辽宁重点招商合作项目，被列为省、市"重强抓"项目，项目围绕沈阳市主导产业需求，结合日本高新优势产业，从项目和市场机会出发，开放区域需求和资源平台，构建全国首个"企业主导、政府支持、中日共建"的创新型国际产业社区。

园区作为沈阳市对外经贸合作重要的窗口与平台，旨在整合国内、日本等多方资源，以"健康医疗、节能环保、城市消费"为主导产业板块，致力于打造"生产、生态、生活"融合发展产业园区。

2020年3月，沈阳市浑南区与万科沈阳公司实现签约，由沈阳万科企业有限公司投资建设，投资总额为150亿元人民币，总占地面积1 055亩，计划分两期建设。园区一期地块于2021年4月30日实现土地摘牌，2021年8月15日即实现"都心御苑"自然生态公园等综合示范区开放。园区首批产业用房已完成主体建设，A4产业板块已于2022年交付。市政配套、公园及河道工程均已完工，市政道路已完成铺设，桥梁工程均已完成主体施工并交付使用。

经贸合作工作同步开展，园区采取招商先行策略，将招商工作前置，目前已累计洽谈储备项目193个，完成签约项目36个，达成入驻协议17个。园区积极引进新材料、新产品、新服务，松下、东芝纷纷落户园区。园区已与三菱商事、三井物产、罗森、松下、东芝等36家企业签订了全方位、多领域的战略合作协议。罗森与松下合作的全国首家集工业化装配式、自带独立停车场、节能减排环保三位一体的综合示范店和中日进出口商品集合馆等5家企业已入驻园区。

在搭建产品平台方面，园区帮助入驻企业上海乐孜睿泰生物科技有限公司对接中国医科大学附属第一医院，促进双方联合在园区设立CPC细胞制备中心及细胞研究院，开展干细胞再生医疗产业合作。

沈阳万科中日产业园将产业、商业、教育、公园开发、河道治理、综合居住区开发、城市界面设计等有机规划，着力构建生态、生产、生活"三生"融合的、具有万科特色的宜业宜居宜教宜乐的国际化产业社区。

7.3.3 中俄（沈阳）经贸合作产业园

沈阳市辽中区围绕"平台+通道+产业"的开放发展思路，奋力抢抓向北开放重大历史机遇，依托沈阳综合保税区辽中园区、沈阳生产服务型国家物流枢纽近海货站等发展优势，举全区之力加快推进中俄（沈阳）经贸合作产业园（简称"中俄产业园"）建设。

中俄产业园规划总面积为54平方千米，其中先行启动区6.9平方千米，核心发展区17.1平方千米，依托综合保税区、物流枢纽基地和辽宁产业基础，规划了"两核、双轴、三区、三园"，建设保税加工和仓储物流分拨两个核心，打造产城融合发展轴、产业集聚发展轴，打造商务服务区、产业配套区、生活服务区，重点建设中俄食品园、机电园、木材园3个特色园区。

到2030年，中俄产业园计划实现落户企业200家以上，工业总产值实现200亿元，中俄贸易额突破100亿元，成为中俄经贸合作新样板，高水平对外开放新高地，东北经济振兴新动力和"一带一路"倡议实施新典范。

园区3个重点在建项目加快建设：

一是沈阳综合保税区近海园区一期项目。该项目聚焦完善沈阳综合保税区功能配套设施、促进园区产业聚集，采取"央地合作"模式推进园区一期基础设施建设。总建筑面积达30万平方米，总投资25亿元，建有口岸作业区、冷链仓储区、检测维修区、研发中心和保税加工标准化厂房。目前一期围网内土地开发利用率达到91%，标准化厂房、冷库等工程建设综合进度在50%以上。2024年6月交付使用，沈阳综合保税区近海园区口岸综合功能、通关服务效能显著提升。

二是辽中壹号国际会客厅项目。项目建筑面积1.9万平方米，总投资1.6亿元，主要建设俄罗斯国家馆、产品展示中心、会展中心、总部基地、产业交流合作中心和"一站式"商务服务中心，旨在打造中俄合作企业的办公总部集群，以及中俄交流平台和地方合作展示平台。2024年初交付使用。

三是中欧班列近海货站项目。项目占地11万平方米，总投资2.17亿元，主要建设集装箱作业区、冷链作业区、通用仓库区、检验检疫区和海关监管场所。目前，海关监管仓库已竣工、海关综合办公楼已顺利封顶，国家物流枢纽近海场站建设工程完成60%以上，项目2024年6月交付使用，中欧班列同期通行，为中俄产业园开展中俄大宗商品贸易提供有力的物流支撑，打造中欧班列集结分中心。

公路通道方面，沈阳综合保税区近海园区"中欧卡车航班"进出口直达业务实现双向运营。

铁路通道方面，中俄产业园全力推进沈阳综合保税区近海物流枢纽中心项目建设，深化与中外运合作开行"中欧班列"，助力沈阳创建国家中欧班列集结中心。

海上通道方面，中俄产业园已经开展"区港直通"业务，强化沈阳综合保税区与营口港等港区互动、优势互补。

空中通道方面，中俄产业园放大近海线空港优势，探索开展电子元器件、化妆品等空运业务，推动开通沈阳至俄罗斯货运包机业务。

"网上"通道方面，中俄产业园全力引进跨境电商企业入驻，持续完善跨境电商二级节点及公共服务功能，打造沈阳跨境电子商务综合试验区重要片区。

目前，中俄产业园已经实现"1210""9610""9710""9810"跨境电商业务模式全覆盖，辽宁中俄数字贸易港暨沈阳俄罗斯特色商品馆已启用，正在探索开展"跨境电商+直播"等新业务模式。

2023年，沈阳综合保税区签约亿元以上项目115个，落地亿元以上项目72个。一是深耕与央企、国企合作。中国交通建设集团、中国建筑第八工程局等央企参与沈阳综合保税区建设，助力园区建设走上提质增效"快车道"。目前，沈阳综合保税区在建及签约央企项目共14个、投资总额共计183.14亿元。二是聚焦中俄产业园开展主题招商。坚持国际贸易与保税加工并重，开展"抢抓中俄经贸合作新机遇、打造沈阳对外开放新高地"系列主题招商活动，中俄产业园签约项目68个，落地21个，储备在谈项目100多个。沈阳综合保税区新增外资外贸注册企业57家，其中俄罗斯全资企业21家，对俄进出口贸易额达到2.63亿元。首个保税加工制造项目——香港长桑集团圆融科技电子零部件项目正式投产；辽宁华强国际化妆品保税加工项目设备正在调试；白俄罗斯乳制品加工项目签约落地，这是第一个泛俄语国家保税加工项目落户辽中。园区业态正加速由国际贸易向生产加工转型升级，逐步形成以生物技术、微电子及集成电路为核心的新兴产业集群。

7.3.4 中韩产业园

（1）沈北国际（中韩）创新产业园

沈北国际（中韩）创新产业园位于沈北新区中西部，是沈阳蒲河生态经济带核心示范区域，占地约18.6平方千米。

园区现已形成以晨讯科技、大墨机器人、云狐科技、中兴软件、格微软件、软通动力、中国移动位置服务基地、帝信科技、北方电商产业总部、中关村领创空间、东北总部基地、太平洋工业园为代表的高端资源集聚，涵盖高端设备制造业、新一代信息技术业、现代服务业等产业。

园区毗邻辽宁省大专院校和科研院所最集中、智力资源最密集的区域，汇集了辽宁大学、中国医科大学、沈阳航空航天大学、沈阳师范大学等8所高等院校以及辽宁交通高等专科学校、沈阳装备制造学院、沈阳信息工程学校等13所高职院校；在校师生25万人，每年可培养各类人才5万人。拥有国家、省部级重点实验室45个，省级企业研发中心12个，企业博士后工作站8家。

园区依托信鼎检测认证中心，实现了型号核准、认证咨询及免费CTA（中国质量检验认证）代办等一站式检测服务；依托沈北商贸信息服务平台，实现了高效、精准地向企业提供信息、咨询、培训、展示等服务；依托中国国际大数据产业博览会、中国移动智能终端订货大会及泰兴嘉合营销平台等，搭建了产品展销平台，助力企业宣传推广；依托沈阳格微软件技术学校、中兴职业培训学校及区内高校资源，搭建了人才实训平台，提供技能培训、职业评价及外包服务；依托启动在线，建立了智能终端软硬件设计、结构设计及外观设计等方面的公共研发平台；依托中关村领创空间、格微青年创业号及沈阳师范大学创业工场等众创平台，推动了技术、人才、项目及资金的创新创业要素集聚；依托沈北新区政府的智慧政务平台，构建了数据共享、办公高效、服务便捷的政务体系。

园区范围内有配套加工区（含标准厂房）、太平洋产业园、汉富包装基地、地峰科技园、旗丰物流中心等工业地产，毗邻东北总部基地及光电信息产业园。土地及厂房等配套资源储备充足，未来发展空间巨大。

（2）中韩（皇姑）经贸产业园

中韩（皇姑）经贸产业园位于沈阳市昆山中路与北陵大街交汇处，面积12 000平方米，围绕进出口贸易、跨境电商等领域，搭建中韩、中俄、中欧企业合作交流平台。

园区发挥基础设施效应，在新一代信息技术、人工智能、健康医疗、文化创意、智能制造、跨境电商、电竞体育等领域招商引资，吸纳中韩创新文化特色优势产业，建设"五园一中心"，即中韩时尚创新产业园区、安娜国际跨境电子商务园区、中韩生命健康产业园区、中韩文旅创意园区、中韩金融合作与发展示范园区、中韩国际文化交流中心。

"五园一中心"将引入一批韩国高端品牌作为主力企业，运营、培育和集聚一批优质韩国中小型创新企业，以更高的层次、更大的规模、更宽的领域开展中韩友好交流及经贸、文化等领域合作，全面推动皇姑区深挖中韩两国经贸领域合作潜力，吸纳中韩创新文化特色产业，产业链向高端延伸、产品向高端转型，助推沈阳打造东北亚国际化中心城市和面向东北亚开放新高地。

7.3.5　中英（大连）先进制造产业示范园

中英（大连）先进制造产业示范园（简称"中英产业园"）是东北地区唯一由中英两国政府共同推动打造的产业园区。

2017年10月，大连市政府与英国国际贸易部在北京签署合作建立中英（大连）先进制造产业示范园谅解备忘录，在大连花园口共同建设中英产业园后，园区以竞技和测试功能并行的国际汽车赛道项目为切入点，引进世界级新能源汽车检测和无人驾驶测试中心，导入汽车新材料、新能源、动力总成及零部件制造，引进整车研发制造及相关服务产业。

多年来，大连市政府致力于将中英产业园打造为中英合作的样板，着力促进两地之间的技术研发、成果转化、高端制造、人才培养等多层次交流；将依托中英产业园，聚焦高端智能装备、机器人等领域，加速培育发展高新技术企业，强化产业链条建设，打造"智造大连"的示范区和创新创业的优质平台。

7.4 省级以上经济开发区

经济开发区是地方经济发展的重要引擎，必须切实发挥经济开发区在辽宁省经济发展和扩大开放中的主力军、主阵地作用。

2023年，辽宁省商务厅印发《全省经济开发区创新提质新突破三年行动方案（2023—2025）》，确定了2023—2025年全省经济开发区的主要发展目标和重点工作任务，旨在全面提升经济开发区发展活力、增长动力和整体实力。到2025年，辽宁省经济开发区地区生产总值年均保持增长7%以上，增速领先辽宁省平均水平；招商引资实际到位内资额、对外贸易额、实际利用外资额分别达到辽宁省总量的55%、60%和70%；工业总产值超过1 000亿元的经济开发区总数达到8家；3年累计新引入投资额亿元以上的项目突破5 000个等。

2024年3月13日，辽宁省商务厅印发《2024年全省经济开发区工作指导意见》，从全力推进《全省经济开发区创新提质新突破三年行动方案》各项重点工作、加大招商引资和项目建设力度、优化产业结构、深化体制机制改革、完善开发区资源配置、加强对口交流合作、健全开发区"全周期"管理体系、强化各项政策精准落地8个方面重点任务入手，全方位提升辽宁省经济开发区经济规模、发展质量和综合竞争能力，力促经济开发区成为实现全面振兴新突破的重要平台和有力支撑。尤其是，聚焦全面提高外向度水平，支持经济开发区建设国家级、省级进出口示范基地和服务贸易特色功能区，支持有条件的开发区打造一批内外贸一体化示范园区（集群），研究出台辽宁省国际合作园区评定办法，评定一批省级国际合作园区。

2023年，沈阳经济开发区完成规模以上工业总产值2 240.2亿元；一般公共预算收入78.8亿元；固定资产投资346.8亿元，营商环境综合评价跻身全国前 15 名；大连经济开发区实际利用外资 6.3 亿美元，占大连市实际利用外资总额的 2/3；外贸进出口额 1 147.9 亿元；现有高新技术企业 815 家、"瞪羚"企业 36 家。在 229 家国家级经济开发区 2023 年度综合发展水平情况考核评价中，沈阳经济技术开发区、大连经济技术开发区入选综合排名前 30 名，沈阳经济技术开发区排第 14 位，大连经济技术开发区排第 25 位。2024 年前三季度，辽宁省级以上经济开发区共实现地区生产总值 9 160 亿元，同比增长 5.3%，占辽宁省总量的 40.6%；一般公共预算收入 777 亿元，同比增长 6%；固定资产投资 2 949 亿元，同比增长 7.4%；实际利用外资 11.2 亿美元，占辽宁省总量的 42.4%；进出口总额 3 889 亿元，占辽宁省总量的 67.8%。

经济技术开发区在辽宁对外开放、产业集聚、科技创新、绿色低碳发展等方面起到积极引领作用。

7.5 国家跨境电子商务综合试验区

作为稳外贸的"利器"之一，跨境电商综合试验区建设是辽宁高水平对外开放的重要平台。目前，辽宁省已有大连、沈阳、抚顺、营口、盘锦、鞍山 6 市获批设立跨境电子商务综合试验区，数量位居全国前列。2023 年 6 月，商务部发布了 2022 年跨境电商综试区考核评估结果，辽宁省大连市和抚顺市取得提档升级好成绩。大连市由 2021 年度"成效初显"第三档，晋升为"成效较好"第二档；抚顺市由 2021 年度"尚在起步阶段"第四档，晋升为"成效初显"第三档。沈阳市和营口市、盘锦市分别继续保持了第二档和第三档成绩。2022 年，辽宁省跨境电商进出口成交总额是 2021 年的 3 倍，继续保持倍增势头。辽宁省共有 11 家省级重点培育的跨境电商产业园区，入驻各类跨境电商经营主体超过 500 家。辽宁省已实现"1210""9610"

"9710""9810"跨境电商进出口 4 种监管模式全覆盖，已同世界 70 多个国家开展了跨境电商业务往来。

（1）中国（大连）跨境电子商务综合试验区

2016 年 1 月 12 日，国务院印发《关于同意在天津等 12 个城市设立跨境电子商务综合试验区的批复》，大连是其中之一。

在中国人民银行大连市分行的大力支持下，中国（大连）跨境电子商务综合试验区（简称"大连跨境电商综合试验区"）以"形成适用的跨境电子商务监管规则，培育有竞争力的跨境电子商务企业，打造完整的跨境电子商务生态链，营造良好的创新创业和营商气氛"为目标，努力建设东北跨境电子商务发展的先行区。设立以来，大连跨境电商综合试验区呈现出强劲的发展势头。

2022 年以来，大连市充分利用 RCEP 实施提供的新机遇，联动大连自贸片区深化改革，将推动跨境电商高质量发展纳入全市战略，着力完善政策体系，吸引国内外优质跨境电商企业及其上下游供应链企业入驻集聚发展。借助"9710""9810"模式开展多元化出口业务，重点培育外贸中小型企业触网出海，推动发展"跨境电商+大连特色产业"。

2021—2022 年，大连市跨境电商成交总额占一般贸易进出口比重，由原来不足 1%，提高至近 5%。

2022 年，大连市推动 700 余家传统外贸企业触网升级，积极支持企业利用第三方平台开展跨境电商业务、自建跨境电商独立站以及拓展第三方服务业务。

2023 年，大连市跨境电商经营主体数量同比增长 10.32%，全年实现进出口额 128 亿元，同比增长 25%，高于全国平均增速近十个百分点。同时，跨境电商向室内除臭制品、蜡烛及类似品、钢铁丝制品产业渗透率分别达 66%、41% 和 35%，惠及更多中小企业。

2024 年前 5 个月，大连市跨境电商企业实现进出口额 52.93 亿元，同比增长1.83%，有力促进了经济提质增效升级。

辽宁省加快实施跨境电商促振兴战略，积极推进"跨境电商+产业带"深度融合，与海外仓等新型外贸基础设施协同联动，将把大连市建设成为东北跨境电子商务发展的先行区、外贸转型发展的引领区和东北亚跨境商品的集散区，放大其作为东北地区首个跨境电商综试区的示范带动效应，引领辽宁省跨境电商发展，加快培育辽宁省外贸的新动能。

（2）中国（沈阳）跨境电子商务综合试验区

2018年7月24日，国务院批准成立中国（沈阳）跨境电子商务综合试验区（简称"沈阳跨境电商综合试验区"）。

沈阳跨境电商综合试验区自设立以来，建成跨境电商二级节点、5个跨境电商产业园区、5个跨境电商监管场所和7个产业园区，全面开通跨境电商"1210"和"9610"进出口业务，跨境电商服务体系基本形成。

2021年，沈阳市商务局和沈阳市财政局联合印发了《沈阳市支持跨境电子商务发展的若干政策措施》，引进了菜鸟网络、中大门等一批龙头企业，跨境电商发展环境不断优化，先后开通了航空、中欧班列、国际卡车航线等跨境电商国际物流通道。其中，沈阳至洛杉矶、伦敦等城市的跨境电商国际货运航线已累计执飞300余班次。目前，沈阳已集聚阿里巴巴国际站、全球速卖通汽配品类专区等第三方跨境电商平台，以及独立站运营、跨境直播等综合服务商，助力本土企业拓展国际市场，推动一批传统外贸企业成功转型。

2023年，沈阳跨境电商综合试验区跨境电商交易额达28.3亿元，交易单量达614万单，在商务部跨境电商综试区评估中连续两年领跑东北。

2024年以来沈阳跨境电商综合试验区网购进口保税模式下订单量激增。网购进口保税模式是指跨境电商企业先通过集中海外采购，统一由海外发至综合保税区跨境电商仓储中心，等消费者下单后，海关对商品进行清关，直接从仓储中心发货给消费者。这种"境内买、境内卖"的模式，大大缩短了物流时间，降低了物流成本，让"买全球"更便捷，沈阳本地消费者能享受商品"次日达"。

（3）中国（抚顺）跨境电子商务综合试验区

2019 年 12 月，国务院批复设立中国（抚顺）跨境电子商务综合试验区（简称"抚顺跨境电商综合试验区"），抚顺市成为继大连市、沈阳市之后，辽宁省第三个获批设立国家跨境电子商务综合试验区的城市。

2020 年 6 月 1 日，辽宁省人民政府印发《中国（抚顺）跨境电子商务综合试验区实施方案》，要求抚顺学习借鉴先进地区跨境电子商务发展经验，整合沈阳市、抚顺市和沈抚改革创新示范区优势，以探索跨境电商 B2B 特色新模式为重点突破口，力争经过 3~5 年改革试验，把综合试验区打造成为"便捷物流通关渠道+特色跨境产业集群+全产业链一站式服务"的具有区域和产业特色的综合试验区。

抚顺市加快推进跨境电商"两平台""六体系"建设，2020 年 10 月，辽宁省跨境电商公共服务平台抚顺综试区运行模块正式开通，标志着抚顺市跨境电商公共服务平台建设进入实质性阶段。

截至 2023 年底，抚顺市跨境电商创新创业园区正式孵化和入驻跨境电商企业 67 家，开展社会化免费培训 4 场，300 余人次参加了培训，与辽宁石油化工大学、抚顺市技师学院等院校建立校企合作关系，对接金融、物流、支付企业 8 家，为入驻企业提供一站式服务。

辽宁盛辉经贸有限公司通过跨境电商综合服务平台达成了 14.34 万美元的出口贸易额，标志着 2023 年度抚顺市跨境电商及"9710"模式贸易额的"零突破"。

（4）中国（营口）跨境电子商务综合试验区

2020 年 4 月 27 日，国务院批复同意设立中国（营口）跨境电子商务综合试验区（简称"营口跨境电商综合试验区"）。

营口跨境电商综合试验区围绕提升开放能级、做强对外贸易，统筹发挥自贸试验区、综合保税区、"17+1"经贸合作示范区先行区以及港口型国家物流枢纽、多式联运示范工程等创新开放优势，积极探索直播电商与跨境电子商务融合发展模式，推进建设两大平台、实施五大工程、构建六大体系，推动跨境电商与本地产业深度融合，打造全域跨境电子商务大格局，为辽宁全面振兴、全方位振兴注入新动能。

营口自贸区外贸（跨境）综合服务产业园，一期于2022年8月22日正式启动。产业园区设立"一区域两基地五中心"，为入驻企业提供集工商注册、海关、税务、外汇、金融、物流、物业、国际贸易于一体的外贸综合服务，是营口自贸区促进"内贸+外贸（跨境）"协同发展的重要抓手。

营口市2024年跨境电商交易额完成10.1亿元，并力争到2025年实现12亿元的交易额。为了实现这些目标，营口市采取了一系列措施，包括支持传统外贸、制造和流通企业通过开展跨境电子商务推动数字化转型，加大重点企业服务力度，支持企业做大做强，以及积极推动"跨境电商+产业带"模式发展等。

2023年3月，为加快推动营口跨境电商综合试验区发展，引导传统外贸产业与跨境电商深度融合，促进外贸新业态新模式快速发展，辽宁自由贸易试验区营口片区管理委员会专门制定了《营口片区跨境电商产业扶持政策》。

（5）中国（盘锦）跨境电子商务综合试验区

2020年4月27日，国务院批复同意设立中国（盘锦）跨境电子商务综合试验区（简称"盘锦跨境电商综合试验区"）。

盘锦市高度重视跨境电商发展，继2020年4月获批建设全国第五批跨境电子商务综合试验区以来，持续发力就核心区功能定位及配套硬件设施、线上线下平台建设、申建跨境电商监管场所等事项进行部署及推进。

2021—2023年，盘锦市出台了一系列扶持政策，指导企业跨境转型，增强企业外贸新动力，为盘锦市外贸企业转型跨境电商提供全方位培育服务。与此同时，盘锦市积极推进传统贸易与跨境电商贸易新旧动能转换，引导本地传统企业外贸出口转型升级，通过提升数字化水平，增强国际市场竞争力。

2022 年 1 月 2 日，位于盘锦市双台子区精细化工中试基地的德罗西化学自建跨境电商独立站正式投入运营。同年 1 月 29 日，辽宁德罗西化学科技有限公司生产的 600 千克合成橡皮，实现了申报"9710"出口首单落地，标志着盘锦市跨境电商发展迈入"9710"海关监管模式新阶段，也标志着盘锦市从事跨境电商的企业都可以通过"9710"海关监管模式，进行跨境电商 B2B 直接出口业务。

截至 2023 年底，盘锦市传统外贸企业转型开展跨境电商数量达 21 家，对外贸易数字化水平不断提升。盘锦市跨境电商贸易额 2022 年达到 7.2 亿元。

2023 年底，盘锦跨境电商综合试验区综合服务平台正式投入运行。平台的上线运行汇集了跨境电商服务、结汇服务、通关服务等多个功能，为盘锦市外贸企业打通了更加便捷高效的国际贸易通道。

（6）中国（鞍山）跨境电子商务综合试验区

2022 年 11 月 14 日，国务院批复同意设立中国（鞍山）跨境电子商务综合试验区（简称"鞍山跨境电商综合试验区"）。

2023 年 12 月 24 日，辽宁省人民政府印发了《中国（鞍山）跨境电子商务综合试验区实施方案》，旨在推动鞍山跨境电子商务的高质量发展。方案提出，到 2028 年，鞍山市跨境电子商务规模将不断扩大，外贸数字化创新能力将显著提升。其中，"直播经济+特色专业市场+综合服务"的发展模式将成为鞍山市跨境电子商务的特色。为实现这一目标，方案提出了一系列措施，包括建设全产业链、全场景、全业态的跨境电子商务生态体系，搭建国际跨境直播带货服务平台，建设跨境电子商务促进制造业数字化转型示范基地等。这些措施将有助于打造东北贸易数字化先行区，助力建设数字鞍山、智造鞍山、创新鞍山。

鞍山市正在加快打造线下"3+N"功能园区，推进鞍山市陆港和海城国际物流服务中心建设，提升对外开放通道整体运行效率，打造陆海空多式联运物流服务体系，并将不断强化政策扶持，拓展多元化新型化融资服务，引导更多社会资本流入跨境电商领域。

7.6 服务业对外开放试点城市

2025年4月11日，中国政府网发布《国务院关于〈加快推进服务业扩大开放综合试点工作方案〉的批复》。批复称，国务院原则同意《加快推进服务业扩大开放综合试点工作方案》，在已有试点地区基础上，将大连市、宁波市、厦门市、青岛市、深圳市、合肥市、福州市、西安市、苏州市9个城市纳入试点范围。至此，辽宁省已有沈阳市、大连市两座城市纳入试点范围。2022年12月，国务院同意在沈阳市等6个城市开展服务业扩大开放综合试点，试点期为自批复之日起3年。

2023年1月，商务部发布了《沈阳市服务业扩大开放综合试点总体方案》，提出了95项试点任务措施，全面启动了沈阳市试点工作，总体来看，主要有3个突出特点：一是突出承接国家部署任务这一要求，沈阳市坚持不折不扣完成国家部署的各项试点工作任务，建立1个工作领导小组、11个专项推进小组和N个试点工作专班，形成了"1+11+N"工作推进机制，确定首批5个综合试点示范区、20个重点示范园区、100个重点示范项目，明确推进工作时间表、路线图，确保试点任务在沈阳"落地开花"。二是突出创新示范引领这一主题，沈阳市注重发挥首创精神，在体制机制创新上下功夫，提出了一系列体系化、制度化的创新举措，确保试点的"含金量"和"含新量"，真正为国家试制度、为地方谋发展。三是突出结合沈阳实际这一特色，沈阳市结合产业基础扎实、开放潜力较大等优势，在"两业"融合、优化营商环境、沈阳现代化都市圈建设等方面开展创新，"量身定制"提出54项具有沈阳特色的试点任务措施，探索形成服务业扩大开放的"沈阳模式"和"沈阳经验"，为国家全方位主动开放和服务业的开放创新发展发挥示范带动作用。

一是着力打造与国际接轨的服务业开放"先行区"。以扩大开放为先导，围绕服务业8大领域以及现代服务业同先进制造业"两业"融合发展，分类放宽准入限制，提出了38项促进产业开放政策措施。重点是推动充分竞争性服务业开放，增强有限竞争性服务业活力，在金融服务、批发零售、商务服务、教育医疗等领域，向外资和民间资本开放部分经营业务，创新流通机制，探索国际合作模式。同时，高质量推动"两业"融合发展，积极培育科技研发、现代物流等生产性服务业。

二是着力打造体制机制创新"试验田"。坚持稳步扩大规则、规制、管理、标准等制度型开放，重点在金融、科技、人才等方面破解体制机制障碍，加大先行先试力度，提出了33项制度创新事项。推动金融创新发展，争取央行数字人民币试点，探索发展知识产权抵押等融资新模式。推动科技体制创新，深化科技成果使用权、处置权和收益权改革，充分激发科研人员创新积极性。推动人才机制创新，在职业技能认定、人才培养等方面给予更大自由度。

三是着力打造东北振兴赋能"强引擎"。注重发挥服务业扩大开放的辐射带动作用，建立完善区域开放合作机制，构建形成引领带动东北振兴的产业协同、要素融通开放格局。加强与东北地区其他城市开放合作，深化沈阳现代化都市圈一体化建设，搭建合作平台、拓宽合作领域、提升合作层次，促进区域经济一体化发展，提升整体综合竞争力。通过进一步深化交流合作，推动地区协调发展、协同发展、共同发展，促进市场互联互通、要素便捷流动、经贸深化合作，形成东北振兴发展的强大动能。

四是着力打造园区平台开放"增长极"。着力构建高质量开放平台载体，发挥开发区、园区主阵地主力军作用，探索"产业+园区"模式，推出13项政策措施。积极推动自贸区、综合保税区、临空经济区扩容增效，培育壮大保税维修、保税展示等新业态，扩大RCEP成员国商品进出口。深入推进高新区、经济开发区、金融商贸开发区等国家级和省级开发区建设，加强"两业"融合、成果转化、科技金融等领域试点示范。

五是着力打造一流营商环境"新标杆"。对标国际先进规则，积极营造一流的开放发展环境，聚焦营商环境改革创新，推出11项创新措施。打造便捷高效的政务环境，推动政务服务事项实行清单式管理，为企业发展提供便利化、一站式服务，全面提升政务服务效能。营造公平公正的法治环境，健全营商环境法规体系，加强社会信用体系建设。构建接轨国际的市场环境，贯彻落实市场准入负面清单制度，完善"信用+监管"模式，推动贸易和投资跨境自由流动。

2024年7月8日，国务院发布批复，同意在沈阳市、南京市、杭州市、武汉市、广州市、成都市6个服务业扩大开放综合试点城市暂时调整实施《民办非企业单位登记管理暂行条例》《旅行社条例》《娱乐场所管理条例》《营业性演出管理条例》《外商投资准入特别管理措施（负面清单）（2021年版）》的有关规定。一系列规定的集中调整，显示出试点的灵活性和针对性，揭示出一个有试点、有推广、有扩大的整体开放局面正在形成。从本次法规调整的城市来看，沈阳涉及4个领域，有利于加大推进医疗、旅游、信息和电信领域对外开放进程（如表7-1所示）。

表7-1　　6个服务业扩大开放综合试点城市本轮调整开放的领域

	沈阳	南京	杭州	武汉	广州	成都
共同捐资举办非营利性医疗机构	沈阳	/		武汉	广州	成都
捐资举办非营利性养老机构	/	/	杭州	/	广州	成都
外商投资旅行社从事出境游	沈阳	南京		/	广州	成都
开放国内互联网虚拟专用网业务	沈阳	南京	杭州	/	广州	成都
取消增值电信业务外资股比限制	沈阳	南京	杭州	/	广州	成都
娱乐场所经营活动审批权下放		南京	杭州	武汉	广州	成都
演出场所经营单位、演出经纪机构审批权下放	/	南京	杭州	武汉	广州	成都
营业性演出审批权下放	/	南京	/	武汉	广州	成都
有条件允许外商投资社会调查	/	/	/	/	广州	/

数据来源：根据《国务院关于同意在沈阳等6个城市暂时调整实施有关行政法规和经国务院批准的部门规章规定的批复》内容整理绘制。

7.7　沈阳临空经济区

临空经济区已经成为城市拓展对外交往、提升功能品质的重要空间载体，是新时代推动地区经济发展的重要引擎。建设沈阳临空经济区，有利于优化辽宁省空港商务、临空制造、科技创新、多式联运、会展商贸等功能板块布局，提高沈阳东北亚国际化中心城市建设能级，全方位畅通"陆海空网"对内对外开放能力，进一步完善升级开放平台功能。

2023 年 2 月，经沈阳市委编委会研究决定，空港经济区、自由贸易试验区沈阳片区（以下简称"沈阳自贸片区"）、沈阳综合保税区桃仙园区（以下简称"综保区"）实行一套领导班子、三块牌子，合署办公。2023 年 12 月 9 日，辽宁省人民政府发布关于《沈阳临空经济区总体发展规划（2023—2030 年）》的批复，规划由辽宁省发展和改革委员会、沈阳市人民政府印发，并组织实施。

《沈阳临空经济区总体发展规划（2023—2030 年）》按照整体规划、分步推进的原则，聚焦临空指向产业，围绕高能级流量、高效能创新、高水平服务和高品质生活，做大临空经济规模，提高经济密度，推动沈阳全面振兴实现新突破。到 2025 年，构建现代化综合交通体系，逐步形成以航空运输业、高端制造业、现代服务业为支撑的产业体系，创新驱动、产业高端、物流发达、贸易便利、生态优美、开放引领的临空经济区基本建成。到 2035 年，综合交通体系更加完善，枢纽地位与功能显著增强，产业基础更加雄厚，创新能力大幅提高，资金、人才、技术、信息等高端要素聚集，汇集一批国际知名的临空专业机构和服务企业，全面建成国内领先、具有较强国际影响力、智慧绿色的现代化航空新城。

沈阳临空经济区总体规划范围为东至沈李公路，南至拟规划建设的都市圈环线高速公路（五环），西至雪莲街，北至全运路。按照临空经济的梯度性布局特征，综合考虑产业、交通、政策叠加等要素，将临空经济区划分为3个功能圈层，即临空经济区融合发展区、临空经济区聚集区（示范区）、临空经济区核心发展区。

沈阳临空经济区围绕临空经济区的发展定位，以空港、陆港为发展核心，依托交通干线形成的现代交通网络和自然河流构建的生态绿地系统，打造"两核、两廊、八片区"的空间发展格局，形成"双核引领、蓝绿相间、产城融合"的空间发展策略。

两核，即沈阳桃仙国际机场（空港）和沈阳多式联运中心（陆港），两核联动形成临空经济区的产业集聚核。

两廊，即沈抚运河生态廊道和北沙河生态廊道。依托两条河流打造区域生态廊道，构建绿地景观体系，提升临空经济区环境品质，塑造绿色生态的高品质空间环境，积极融入城市生态绿地系统。

八片区，即结合现有产业基础以及用地条件，规划形成八大功能片区，分别为空港服务区、商贸物流区、临空制造区、航空产业区、会展商贸区、科创服务区、文旅产业区、生命健康产业区。

沈阳临空经济区搭建涵盖政府、企业、机构多方的"空港合伙人"平台，打造临空"奋斗共同体"，实现市场主体共生、产业生态共建、发展成果共享。

《沈阳临空经济区总体发展规划（2023—2030年）》提出2025年至2027年"三年腾飞计划"，确定2025年为提速突破年、2026年为提质跃升年、2027年为提效腾飞年，推动主要经济指标总量、增速、占比分别实现倍增；贯通"四个一批"专项行动，明确三年内分别实现签约、开工、投产亿元以上项目超100个；计划到2027年底，国家级制度创新成果和规模以上企业数量均较2024年底翻一番。利用三年时间，加快推进产业转型升级、加快推动产业聚链成群、加快打造企业雁阵梯队，实现产业"扩能"倍增、企业

"升规"倍增、创新"登高"倍增、贸易"出海"倍增"四个倍增"。在推动新时代全面振兴取得新突破上勇于争先,奋力谱写中国式现代化沈阳临空篇章。

第 8 章
辽宁打造东北亚开放合作枢纽的目标任务与实施路径

辽宁省是我国东北地区最具开放基因和潜力的省份，始终发挥着带动东北地区全面提高对外开放水平的龙头作用。辽宁要以更高的战略眼光和全球视野谋划更高水平开放发展，进一步激活自身独特的区位优势、产业基础和要素资源潜能，以构建一个连接东北亚和欧亚大陆桥的经济合作桥梁，建设成为区域内贸易、投资、技术交流等领域的关键节点和中心枢纽。

8.1 打造东北亚开放合作枢纽地的内涵定位

辽宁打造东北亚开放合作枢纽地，需进一步清晰梳理相关概念和开放目标的逻辑关系，进而更准确定位东北亚开放合作枢纽地的内涵、发展目标、重点任务和实施路径。

8.1.1 打造东北亚开放合作枢纽地须理顺三个关系

（1）东北亚开放合作枢纽地与东北亚地区的关系

东北亚（Northeast Asia）是一个地理概念，即东亚东北部地区，是东亚所属的二级区域，日本、韩国称为北东亚，其范围为中国东部、朝鲜半岛、日本列岛和俄罗斯远东地区，包含中国、日本、韩国、朝鲜、俄罗斯、蒙古国五个国家，涵盖沈阳、大连、长春、哈尔滨、东京、首尔、平壤、乌兰巴托和俄罗斯远东地区主要城市。区域认同基于两个基本要素：一是联结性，即区域所在国家有着比其他区域更为紧密的联系；二是利益性，即从所在区域中获得比其他区域更大的利益。联结性的基础是地缘关系，东北亚陆海接连，这种近地缘联结为各国间人文和物品交流提供了便利条件，形成了具有特殊联系的地区。[①]东北亚是全球经济中举足轻重、发展最快的区域之一。

---

① 张蕴岭，朱锋，樊小菊. 百年大变局下的东北亚之变［J］. 东北亚学刊，2025（02）：1-14.

东北亚区域的 GDP 之和占到世界经济总量的 1/5，中日韩三国的 GDP 之和约占亚洲 GDP 总量的 70%，东北亚是全球最具发展潜力的发展区域。

基于以上，中国东北地区属于东北亚核心地带，辽宁在东北亚陆海连接和近地缘连接中具有不可替代的独特作用。与此同时，由于东北亚地区认同共识的特殊性，目前，东北亚区域合作主要是建立在经济相互紧密连接的互利合作上，所以始终难以形成东北亚地区合作的制度体系。中国在面向东北亚区域合作中，此前更侧重于对日韩等经济体的"引进来"，区域合作系统性、体系性枢纽建设尚显不足。在我国不断走向制度型开放，尤其是经济全球化遭遇逆流，以 RCEP 为代表的区域经济一体化进程加速的背景下，有必要形成面向东北亚地区合作的中心枢纽，以提升我国面向东北亚更高水平开放的主动性和影响力。在此背景下，辽宁打造东北亚开放合作枢纽地，既是提升辽宁开放能级更高标准定位，也是深化我国与东北亚地区合作的重要战略举措。

（2）打造对外开放新前沿与东北亚开放合作枢纽地的关系

"建设开放合作高地、打造对外开放新前沿、打造我国向北开放的重要窗口和东北亚地区合作中心枢纽"是党中央、国务院对东北地区开放发展做出的总体战略部署和目标要求。东北三省又各自有着独特的比较优势，辽宁省海陆通达，是连接南北、贯通东西的重要枢纽节点，吉林省是我国唯一同时与俄罗斯和朝鲜边境接壤的省份，黑龙江是我国对俄开放口岸最多的省份。在打造对外开放新前沿、建设开放合作新高地的过程中，各省结合自身特点须进行更精准且切实可行的目标定位。辽宁提出打造东北亚开放枢纽地是立足辽宁自身特点，结合区位、产业、平台等优势条件提出的更为具体，且在国内国际双循环中可发挥更重要作用的目标定位。

对于辽宁来说，能不能成为开放新前沿，关键是有没有互联互通的开放决心，有没有敢为人先的改革勇气。只有树立开放思维，摒弃保守与封闭的思想，打破束缚发展的条条框框，才能在融入新发展格局、融入全国统一大市场中实现自身高质量发展。辽宁打造东北亚开放合作枢纽地，是一个多维度全方位开放目标。从开放格局看，既要对外开放，也要对内开放；从开放方位看，包括了东西南北中全方位开放；从开放内容看，既包括资金技术信息的开放流动，也包括规则、规制、管理、标准等制度型开放。辽宁将深化与国家重大战略深度对接合作，成为沟通我国各区域面向东北亚国家合作的重要枢纽和集聚中心，并与东北各省区增强开放协同力，共同打造我国对外开放新前沿。

（3）辽宁作为重要海陆门户与打造东北亚开放合作枢纽地的关系

海陆门户是指在地理、经济或战略层面兼具海洋与陆地双重连接功能的枢纽区域或节点，是海上门户、陆路门户和经济门户的高度统一。辽宁是东北地区唯一的沿海省份，是连接东北亚与欧亚大陆桥的重要海陆门户，具有"东北亚经济圈核心地带"与"欧亚大陆桥东端枢纽"双重区位优势，拥有大连港、营口港等亿吨级港口集群，是中蒙俄经济走廊的最便捷出海口，海铁联运网络已覆盖东北亚及欧亚大陆。辽宁依托其沿海和陆路交通优势，在国际物流、贸易、产业合作等方面发挥核心通道和开放平台要素聚集作用，在全球供应链、跨境经贸合作中具有重要战略价值。

就此意义而言，辽宁打造东北亚开放合作枢纽地，是立足东北亚，面向欧亚大陆广阔市场，以大连港、营口港、锦州港等沿海枢纽港口为海向支点，以沈阳、长春、哈尔滨等经济中心城市为内陆口岸枢纽和货物集结中枢，纵贯东北地区及内蒙古"三省一区"，向东辐射日韩、向南辐射东盟及我国东南沿海地区，向西连接俄罗斯、欧盟及中亚国家。此枢纽覆盖我国东北三省和内蒙古北部，途经大连、沈阳、长春、吉林、哈尔滨等特大城市，以及众多中小城市，沿途松辽平原工农业繁荣。简而言之，打造东北亚开放合作枢纽地，就是立足辽宁重要海陆门户区位，加速推动辽宁由地理几何中心转向功能枢纽中心、东北振兴开放发展中心，全面提升辽宁海陆"地理门户"国际影响力、吸引力和辐射力，成为我国构建国内国际双循环重要战略支点。

8.1.2 辽宁打造东北亚开放合作枢纽地的内涵定位

辽宁加快建设东北亚开放合作枢纽地，就是立足东北亚中心地带区位优势，以深度融入高质量共建"一带一路"为总体牵引，以向北开放为突破口，推动向东开放稳中有进，积极应对全球贸易形势新变化，高质量实施 RCEP，重点拓展东盟、欧盟和中西亚等市场，不断拓展开放新空间。加强同京津冀协同发展、长江经济带发展、长三角一体化发展、粤港澳大湾区建设等国家重大战略的对接，加快融入和主动服务全国统一大市场建设，持续优化营商环境，坚持"引进来""走出去"双向发力、"买全球""卖全球"两翼齐飞，增强大开放意识，优化大开放格局，建好大开放平台，成为我国"陆海内外联动、东西双向互济、南北高效协同"开放发展新格局的重要支点，着力打造国家对接东北亚、沟通欧亚大陆桥的重要海陆门户，加快建设我国面向东北亚地区开放合作的枢纽地。

8.2 打造东北亚开放合作枢纽的重点任务

聚焦八个方面重点内容，加快构建"1+1+1+5"开放体系，即高起点建设东北海陆大通道、高水平打造东北亚经贸合作先行区、高标准构筑东北亚产业合作发展示范区，积极建设东北亚能源合作中心、加快构建区域性金融集聚中心、协力创建东北亚科教创新中心、谋划建设东北亚会展博览中心、加速形成区域性文旅消费中心，推动辽宁更大范围、更深层次和更高水平开放。辽宁港口成为吉林、内蒙古东部和蒙古国的最优出海口，东北亚货物、商品及大宗物资集疏运枢纽初步建成。大连东北亚航运中心地位日益凸显，沈阳东北亚国际化中心城市建设取得实质进展，辽宁成为东北亚国家大型首脑会谈和部长级论坛的优选地。

（1）高起点建设东北海陆大通道。统筹通道资源禀赋、发展基础和未来发展需要，以大连等沿海枢纽港口为海向支点，以沈阳等经济中心城市为内陆口岸枢纽和货物集结中枢，构建以干线铁路为核心载体，连接沿海枢纽港口和陆路边境口岸的东北国际海陆大通道，向东辐射日本、韩国，向南辐射我国东南沿海地区、东南亚，向北连通蒙古国、俄罗斯，向西连通欧洲及中亚国家，促进形成通道引领、枢纽支撑、创新开放、产业协同的发展格局。实施航空港、中欧班列、多式联运等领域的开放能级提升工程，全面拓展对外开放大通道体系。加快大连东北亚国际航运中心建设，稳定欧洲、非洲等远洋干线，加密日韩、RCEP成员国近洋航线；积极打造东北亚区域枢纽机场，发展全货机航线，建设沈阳临空经济示范区；发挥别雷拉斯特物流中心枢纽作用，推动中欧班列（沈阳）集结中心高质量运营，大力拓展回程货源，开行定制化、个性化班列，全力争创国家中欧班列（沈阳）集结中心；培育一批龙头型物流企业，建设陆港型、港口型、临空经济型物流基地及生产服务型、商贸服务型产业园区。

（2）高水平打造东北亚经贸合作先行区。提升中蒙俄经济走廊贸易水平，将辽宁打造成为日韩联系俄蒙的桥头堡、进入欧洲的重要走廊，成为俄罗斯大宗商品进入中国南方、日韩、东南亚的集散地，成为东南亚产品进入俄蒙市场的必经之路。进一步提升辽宁与东北亚国家贸易投资水平，对标海南自由贸易港、上海临港新片区，推动大连市先行先试构建投资、贸易、国际运输、人员、资金自由便利和数据安全有序流动等具有自由贸易港特征的基础制度体系和具有国际竞争力的税收政策体系，构建具有区域影响力的集商品、货物和大宗物资于一体的东北亚交易集散枢纽。推动建设以大连、沈阳双核引领的东北亚经贸合作先行区，培育建设东北亚区域总部经济基地，重点引导各跨境电商综试区加大政策支持力度，着力把辽宁打造成东北亚跨境电商区域中心。立足大连和沈阳国家服务外包示范城市的良好基础，以及沈阳作为国家服务业扩大开放综合试点城市，同时依托两市作为国家服务业扩大开放试点城市重要契机，积极搭建数字服务平台、拓展服务领域、提高服务能级，打响"东北亚服务商"品牌，力争成为东北亚经济圈的高端服务商和亚太地区综合服务枢纽。

（3）聚焦新质生产力打造国际产业合作示范区。推动在沈阳、大连、沈抚示范区等地区与日韩共建 RCEP 框架下中日韩地方合作示范区，构建东北亚与东盟市场国家的产业链联盟。在深入落实我国全面放开制造业外商准入的基础上，切实扩大电信、新能源汽车等领域开放，实现制造业高水平对外开放，构筑互利共赢的东北亚产业链供应链利益共同体。聚焦先进制造业领域，发挥沈阳中德高端装备制造产业园的国际化产业园区样板作用，扩容园区范围，在省内其他市设立分园，推动形成东北亚高端智能制造产业集聚效应。吸引我国先进地区、欧美、日韩等新一代信息技术、新材料、新能源、生物医药等产业落地辽宁，在辽宁设立区域总部和创新基地，打造东北亚战略性新兴产业新高地。积极打造中俄木材"采伐—加工—精深加工"跨境产业链，以"中俄陆路粮食走廊"建设为依托，在重点园区规划建设更高标准的俄罗斯粮食生产、采购、储运、加工、销售中心。以沈阳为中心打造中俄经贸产业园，以锦州为中心打造辽蒙产业园区，形成中蒙俄产业合作在辽宁的集聚效应。

（4）谋划建设东北亚能源合作中心。要围绕维护国家"五大安全"政治使命，全面系统布局现代化基础设施体系，进一步统筹推进传统基础设施和新型基础设施建设，深入推进油气管道、高铁网和铁路网、新型电网和电力外送通道、新一代移动通信和数据网等体系建设，把联网、补网、强链作为现代基础设施体系建设的重点，建立高效协调机制，不断提升基础设施现代化水平。持续推动"新能源+储能"融合发展，加快发展风电、光电、核电等清洁能源，建设风光火核储一体化能源基地。以现有产业园区为依托，持续提高俄罗斯、蒙古国能源资源在辽宁就地加工的规模和深度，推动构建"优势互补、风险共担、利益共享"国际合作新机制，打造东北亚区域能源加工储备基地和输送枢纽。对标东北亚国家通行税收政策，积极向上争取油气全产业链发展相关优惠政策，招引油气贸易相关的外资企业、中央企业、国有企业、民营企业在辽宁集聚，建设东北亚国际能源贸易与交易平台，探索建立东北亚油气交易中心。加强与日本、韩国等国家开展碳交易前期合作，成立东北亚碳交易研究所，逐步构建东北亚区域碳交易机制。

（5）加快构建区域性金融集聚中心。加快建设区域性国际跨境人民币金融服务中心、探索建立东北亚离岸金融中心，支持自贸区大连片区、沈阳片区加快打造融资租赁、商业保理发展集聚区，提升跨境金融服务能力和面向东北亚的金融辐射服务水平。进一步扩大中俄、中蒙贸易使用本币结算范围，推动中俄、中蒙贸易本币结算逐步由能源领域扩大到农副产品等其他领域。积极扩大与日韩、欧盟等国家在金融领域合作，鼓励省内有实力的金融机构同国家级机构组成联合投资体，参与推动中日韩、中德共同基金落地。加大招商引资力度，争取新设中外合资保险公司、基金管理公司、证券公司、银行理财子公司等持牌金融机构。引导支持国内外私募股权和创业投资基金投资落户辽宁自贸区，鼓励支持国际知名金融机构在辽宁设立区域性管理总部、业务运营总部等分支机构。

（6）聚力建设东北亚科教创新中心。坚持科技兴贸战略，着力培育一批各行业高新精尖出口品牌，不断提高产品的附加值与科技含量。以 4 大国家实验室为依托，完善重大科技创新平台体系，搭建国际科技合作平台载体，搭建吸引欧美、集聚日韩俄的东北亚科创联合实验室，重点围绕农业、社会发展和节能环保领域，开展技术合作、成果转移转化，打造东北亚知名的科技创新高地。以建设国家数据要素试验区为依托，搭建数据交易、安全保障等交易平台，完善数据流通应用，探索建设中国—东北亚数字港。聚焦先进制造业领域，建设技能大师工作室、高技能人才培育基地，重点引进国际高技能人才和团队，打造东北亚国际技术人才集聚高地。创新产学研跨国合作模式，围绕生物医药、航空航天、造船等领域深化合作，开展项目对接、技术合作与转移。拓宽对外科技交流合作渠道，利用驻外使（领）馆科技资源和渠道优势，助推辽宁省高校院所和科技型企业扩大国际科技交流合作。

（7）积极谋划东北亚会展博览中心。聚焦新质生产力，打造"中国·东北亚智能制造博览会"，不断提升开放软实力。积极争取作为 APEC（亚太经合组织领导人非正式会议）、金砖国家峰会、中日韩领导人会议等具有重大国际影响力的会议举办地，提升辽宁作为东北亚区域中心的文化、交流集聚力。持续高品质推动中国辽宁国际投资贸易洽谈会、全球工业互联网大会、中国国际数字与软件服务交易会等国家级展会活动国际影响力和辐射力。聚焦央企、民企和外企等市场主体，举办对日、对韩、对德等经贸合作活动，推进一批辽宁省同重点地区的重大在谈合作项目。做精做专中国韩国周、中日博览会，积极创建丹东中朝、锦州中蒙、沈阳中俄等高品质特色展会品牌。

（8）加速形成区域性文旅康养中心。推动与东北亚国家旅游通关便利化，研究共建跨境旅游走廊、边境旅游试验区，积极创办中国东北亚国际旅游交易会，共建东北亚国家旅游城市合作联盟。以各国驻沈阳领馆为基础，建设东北首个移民事务服务中心，打造海外人才离岸创新创业中心。加快打造"山海漫雪、寒而不凌"的暖冰雪特色品牌，积极培育壮大房车露营、邮轮游艇、低空飞行、电子竞技等新业态，推进文旅装备制造业集群发展，推动文旅消费提质扩容。提升文旅信息管理平台应用推广范围，推动实现文旅审批便利化，指导企业做好入境游客接待工作。支持大连、沈阳等市建设区域消费中心城市，支持丹东建设国际化边境消费城市，做强"东亚文化之都"品牌，重点培育建设东北亚康养休闲旅游消费中心和特色商圈，成为东北亚高品质文体旅融合发展和康养、旅居目的地。

8.3　打造东北亚开放合作枢纽的实施路径

进一步统筹通道、贸易、投资、平台建设，全面提升航空、铁路、公路国际贸易枢纽的货物集散能力，高效集聚整合物资流、资金流、人才流、技术流、信息流，全面提升辽宁参与国际经济合作的竞争力。

8.3.1　提升海陆门户枢纽功能

推动东北海陆大通道建设尽早上升为国家战略，提升软硬联通水平，以通道带产业、促贸易。建设大连国际性枢纽港，加密集装箱远洋干线，加快构建通达亚欧、辐射全球的港口航线网络。支持国家中欧班列（沈阳）集结中心建设，加快推进铁路"口岸"数字化升级，继续深化"区港直通"改革，创新实施出口班列"多点查验、集中发运"业务试点。丰富港口功能、完善联运设施。

（1）推动物流节点功能高效提升。充分发挥大连东北亚航运中心，沈阳、大连、营口、丹东、锦州作为国家物流枢纽承载城市功能。深入实施大连港、营口港多式联运示范工程，加快创建锦州港多式联运示范工程，创新多种形式海铁联运业务，推动日韩经大连至东北地区、东南沿海经营口至欧洲等海铁联运模式做大做强，开辟大连跨渤海"班轮+班列"滚装多式联运。发展中俄跨境公铁多式联运，畅通哈尔滨—绥芬河—符拉迪沃斯托克陆海联运通道，打造锦州—珠恩嘎达布其—蒙古国—欧洲、长春—吉林—珲春跨境多式联运通道。推动铁路货运体系与国际海运体系融合发展，逐步建立完善的港口、铁路一体化运营模式。加强铁路与海运规则对接，推进铁路、海运作业单证电子化和数据共享开放，研究推进海铁联运班列铁路运单与海运提单衔接，推广应用"一单制"联运服务模式，推进多式联运一箱到底、一票到底，降低中间物流成本，提高海铁联运竞争力。积极引导本地企业开展多式联运提单和国际贸易功能试点，拓展供应链金融等增值服务。

（2）强化东北地区海陆协同发展。东北地区经过多年发展，综合交通运输通道网络日趋完善，交通运输行业进入精准补齐短板的关键期，促进一体融合、提升服务质效的机遇期，深化改革创新、转变发展方式的攻坚期。以东北三省一区多式联运发展联盟为依托，加大协作力度，围绕服务共建"一带一路"、推动东北全面振兴、建设交通强国、建设东北海陆大通道等重大战略，系统谋划，补足短板，创新突破，共同发力推进交通运输结构调整，加快多式联运高质量发展，全面降低国际性、全链条综合物流成本。加强物流资源整合和市场主体对接，共商共建共享东北海陆大通道，推动形成产业融合、衔接高效、互惠共赢的市场格局。支撑服务东北地区特色产业、支柱产业更好"走出去""引进来"，实现物流产业的区域协同和良性互动，提升交通运输服务产业链供应链的韧性和安全水平。共同研究建设中国-东北亚多式联运联盟，建立完善统一的多式联运规则，共同打造中国-东北亚多式联运标准体系。

（3）全面提高通关便利化。优化东北海陆大通道沿线航空、港口、陆路口岸通关流程，优化监管模式，压缩通关时间，推动口岸服务提质升级。完善口岸"延时、错时+7×24小时预约通关"工作制，开展报关预约通关制和上门查验等服务，提高海关、边检、海事部门查验进出人员、货物、船舶效率。推进口岸管理部门一次性联合登临检查制度化，完善查验场地、设备、信息集中和共享机制。推进大连、丹东、葫芦岛、营口、锦州、盘锦等水运口岸一体化运作，建立港口水运口岸与沈阳、长春、哈尔滨陆路口岸，以及与满洲里、珠恩嘎达布其等边境口岸间多式联运查验监管协同机制。推进与沿线内陆城市口岸执法作业"前推后移"合作，创新与沿线口岸、海关特殊监管区"一次申报、分步处置"的通关模式。进一步完善口岸收费目录制度，对现有清单进行全面梳理规范、动态调整，降低口岸收费，进一步降低口岸进出口环节合规成本，推动国际贸易"单一窗口"功能覆盖贸易物流全链条。

8.3.2　全面优化进出口贸易结构

（1）不断提升我省出口综合能力。全面提升产品竞争力、市场辐射力、技术吸引力、品牌影响力；扎实推进出口"五个优化"：优化国际市场布局、优化省内区域布局、优化出口产品结构、优化出口经营主体、优化出口贸易方式；努力实现出口"四个转变"：一是推动出口由货物为主，向货物、服务、技术、资本输出相结合转变；二是推动出口竞争优势由价格优势为主，向技术、标准、品牌、质量、服务为核心的综合优势转变；三是推动出口增长由要素驱动为主，向以科技创新推动产业创新、产品创新转变；四是推动出口环境由政策引导为主，向制度规范和营造市场化、法治化、国际化营商环境转变。全面提升出口产业链供应链的稳定性和安全性，以出口的高质量发展，构建全面振兴新突破增长点、动力源。

（2）夯实我省出口贸易发展根基。加快建设4个世界级万亿产业基地、12个千亿级产业集群和10个战略性新兴产业集群，以工业振兴推动出口产品的结构调整优化升级，形成多点支撑、多业并举、多元发展的出口产业新格局。一是改造升级传统产业。推动汽车、机床、船舶、变电、菱镁、轻工等装备制造数字化改造、智能化升级，对标国际先进水平提高产品技术、工艺装备和质量效益。发展11大类精细化工和化工新材料产品，汽车用钢、建筑用钢、装备用钢、电工钢等高端产品，提高石化、冶金出口产品附加值。二是培育壮大新兴产业。围绕加快发展新能源汽车、机器人、新材料、集成电路装备、增材制造、生物医药等产业，提高科技成果本地转化率，提升战略性新兴产业国际市场辐射力、创新力，提高辽宁出口产品的科技含量和竞争力。三是发展高品质出口导向型消费品。支持沈阳、大连扶持一批手机、显示器、电子元器件、消费品等行业领军企业、单项冠军，引导企业生产并扩大消费品出口，优化我省出口产品结构。

（3）培育壮大出口市场主体。加强与央企纵向沟通，与工信、科技、金融等部门横向联动，推动外贸出口企业做大做强做优。一是挖掘增量。加强对企业分类指导，推动无外贸实绩的规上工业企业、"雏鹰""瞪羚""独角兽"企业实现出口"零突破"。二是优化存量。支持大型外经贸企业集团向供应链企业转型，带动上下游企业在生产、采购、融资等方面协同发展。鼓励外资企业本地化发展，将生产装配基地向关键零部件配送中心和维修服务中心等功能性机构延伸。三是开展"招商引资、招商引贷"。推动央地对接，争取央企与我省企业联合开展对外工程承包，带动成套设备、零部件、钢铁和化工新材料等产品出口。借力广交会、进博会、加博会，以及我省辽洽会等平台，开展贸易招商、以商招商，积极引进外贸领域头部企业在辽宁设立子公司。四是加大信用培育，提升服务成效。加大对共建"一带一路"国家有贸易往来企业、"专精特新"企业、跨境电商和外贸综合服务企业等信用培育力度，围绕企业需求和区域特色，开展守法规范性信用培育和AEO认证培育。优化海关企业协调员服务机制和高级认证企业享惠清单，推动便利措施落实。

（4）推动外贸新业态新模式创新发展。一是推动跨境电商创新发展。指导沈阳、大连等6个跨境电商综试区进一步建立健全"六体系两平台"，打造跨境电商产业链和生态圈。推广"9810""9710"业务，探索发展出口商品海外直播模式。二是推动海外仓建设。鼓励省内企业在RCEP国家和共建"一带一路"国家布局建设海外仓。新增一批公共海外仓，帮助更多跨境电商企业和中小微外贸企业开拓国际市场。三是推动市场采购贸易试点扩围升级。允许省内企业在西柳市场采购贸易试点联网信息平台备案，带动全省特色产品出口。四是提升外贸转型升级基地发展质量。支持搭建具备研发、检测、营销、信息、培训、物流等功能的公共服务平台，培育壮大外向型优势特色产业集群。五是推动外贸综合服务企业发展。"引进来"和培育本土外贸综合服务企业"两手齐抓",吸引国内知名外贸综合服务企业在辽宁设立分支机构,支持各市培育符合本地产业特色的外贸综合服务企业,搭建外贸综合服务生态圈。六是大力发展外贸新模式。依托保税物流中心、中欧班列和中老国际货运通道开展转口贸易。推动机床保税维修中心及国际艺术品保税展示中心等重点项目建设,推进电子产品保税加工、航空器维修拆解、飞机维修等项目签约落地。

(5)持续优化进口结构。发挥外贸转型升级基地、加工贸易梯度转移承接地、市场采购贸易方式试点、外贸孵化示范园区、进口贸易促进创新示范区等外贸功能性平台作用,着眼于新一轮高水平对外开放,不断优化进口品类和品质,鼓励先进技术设备和关键零部件进口,培育和支持一批进口贸易供应链创新与应用示范企业,完善"口岸+进口市场+专业平台"产业链体系。重点扩大与全省主导产业相配套的现代物流、现代金融、研发设计、科技服务等生产性服务业进口,加快生产性服务业向专业化和价值链高端延伸,助力经济结构调整;增加文化旅游、现代商贸、健康养老、教育培训、体育服务、中介服务等生活性服务业和高端服务业进口,推进生活性服务业向高品质和多样化升级。优化进口商品营销模式,发展无接触交易、智能结算、网订店取(送)、直播带货、自助售卖等创新模式,拓展进口商品消费场景。拓展大宗品类进口,创新"保税+"进口业务,增强进口业务金融服务能力。深入落实海关总署公告2025年第42号(关于进一步优化进口货物分段实施准入监管模式的公告)要求,进一步提高口岸监管效能,优化口岸营商环境,提高监管便利化水平。

8.3.3 加力推动利用外资提质增效

(1)聚焦新质生产力加大重点领域外资项目招引力度。结合《外商投资准入特别管理措施(负面清单)(2024版)》,将《扎实推进高水平对外开放更大力度吸引和利用外资行动方案》等政策落到实处,全面取消制造业领域外资准入限制措施，对辽宁4个万亿级产业基地和22个产业集群进行外商重点投入突破准入限制的产业领域清单梳理，加大基础制造、先进制造、高新技术、适用技术、节能环保、民生消费等领域对外资企业的招引。建设对日韩经贸深度合作先行区。对接中日韩各自经济发展规划，开展更高水平、更深层次的中日韩贸易投资自由化便利化合作，以RCEP电子商务规则为基础积极开展数字技术合作、数据跨境流动、数字产品非歧视性待遇、智能制造领域合作机制先行先试，在更大范围内协同提高对日韩经贸合作水平。借助大连达沃斯论坛及更多的国际性展会、赛事，提前布局集成电路、电子信息、生物医药等产业链更大范围招引，拓展新加坡、德国、英国等外商投资国家范围。在符合有关法律法规的前提下，加快生物医药领域外商投资项目落地投产，鼓励外商投资企业依法在省内开展境外已上市细胞和基因治疗药品临床试验，生产研发过程所需配套的生物制剂在办理出入境特殊物品卫生检疫审批时实施"即来即办、即办即审"。

（2）切实推动服务业扩大开放。以沈阳、大连服务业扩大开放综合试点示范城市建设为抓手，把试点政策摸透、创新并实现突破。在国际旅游服务业方面，提升辽宁文旅的国际化视野，吸引国际旅游市场更多的优秀企业的中国分部设立在辽宁，主要经营外国人入境中国旅游的业务，形成文旅产业良性竞争，推进区域旅游业高质量发展。在医疗服务领域，加大对日韩等国以中外共同捐资的方式，推动设立中国医科大学附属医院的国际医疗中心作为标志性引领，推动东北亚金牌合作医院，在智慧医疗、健康养老等方面实现突破性合作；以自贸区为依托，在信息服务领域，吸引海外电信运营商在沈设立合资公司，推动全省在云算力、智能家居、工业互联网、车联网等物联网国际平台市场规模快速增长，不断丰富产品和服务供给，促进辽宁工业互联网及物联网产业更高质量发展。支持影视制作、动漫设计、图书出版、非物质文化遗产、工艺美术品制造等具有国际竞争力的企业申报国家级文化出口重点企业和重点项目。

（3）拓宽吸引外商投资渠道。鼓励符合条件的外国投资者在辽设立投资性公司、地区总部，对相关投资性公司投资设立的企业，可按国家和我省有关规定享受外商投资企业待遇。持续优化股权投资制度生态建设，积极争取合格境外有限合伙人（QFLP）、便利FDI境内再投资项下股权转让资金支付使用等试点政策。以《辽宁省沈抚改革创新示范区外商投资股权投资类企业试点管理暂行办法》落地实施为有力抓手，借鉴其他试点城市的先进做法，以QFLP模式引导优质境外战略性资本，吸引行业内具有较高知名度和影响力的股权投资管理企业设立外资投资股权投资基金，引入境外资本投资辽宁传统产业升级和战略性新兴产业发展，实现合作共赢、共同发展。加大税收支持政策的宣传、制定和落实力度。进一步挖掘释放外企投资潜力，借力国家递延纳税等利好政策，鼓励引导企业实施利润、股权再投资。鼓励外商投资企业利润在投资等政策措施。对于符合条件的利润再投资项目给予政策激励，并支持企业拓展总部及研发创新功能。

（4）用好国家支持中西部和东北地区的政策红利。国务院办公厅关于印发《扎实推进高水平对外开放更大力度吸引和利用外资行动方案》（国办发〔2024〕9号）提出"支持中西部和东北地区承接产业转移"。要结合辽宁省比较优势，充分用好国家相关政策，因地制宜制定降低制造业企业用地、用能、用工、物流等成本的政策措施，用好规划整合重点开发区，与东部地区结对开展外商投资产业转移合作，建立健全项目推介、干部交流、收益共享的机制和实施细则。支持外商投资企业区域均衡发展。引导有扩大投资范围意向的沿海外商投资企业向省内其他城市布局，鼓励各地探索利益共享机制。激活辽宁清洁电力能源在外资招引方面的巨大潜力，同时加快推动绿证交易和跨省区绿电交易，更好满足外商投资企业绿电需求。

（5）持续打造"投资辽宁"品牌。以"投资辽宁"数字化平台为依托，进一步发挥好辽宁省国际贸易促进委员会和辽宁省国际商会、省工商业联合会等商会职能，打造综合、系统、高品质的"投资辽宁"品牌，依托国内外重要展会平台，加大投资促进活动，向境外投资者全方位展现辽宁省优质营商环境和投资机遇。利用八大驻沈阳总领馆优势，常态化、针对性开展招商引资推介和推动工作。创建在辽外资企业圆桌会议等平台，完善各级外商投资企业投诉跨部门协调工作机制，落实外商投资信息报告制度，持续推进部门数据共享，及时回应各方关切，针对性做好服务保障。加强部门协同，为引进的外籍人才在华工作、停居留、永久居留提供便利。采取"一口受理、并联审批"的方式，形成更加快捷高效的审批机制。

8.3.4　深度融入高质量共建"一带一路"

（1）鼓励本地企业更高水平"走出去"。稳住基本盘、拓展新空间，建设小而美项目。努力建设成为"一带一路"重要节点、国家向东向北开放的重要战略支撑、东北亚区域合作的中心枢纽。大力支持省内企业进行"一带一路"境外投资。目前，我省产业剩余产能大多集中在纺织服装、软件、机械设备等行业领域，具有显著市场导向型的投资国别主要分布在东南亚、中东欧以及非洲地区，此类产品出口面临的技术壁垒等贸易保护现象比较严重，因此，这些产业类型的辽宁企业可以考虑选择直接在东南亚、中东欧以及非洲等国设立工厂。支持建立对外投资合作企业联盟，发挥驻外商协会作用，拓展对外投资信息渠道，实现"抱团出海"。

（2）挖潜提升重点区域经贸合作。用好中俄东北—远东合作机制，重点扩大我省与俄远东地区能源、旅游、农业等领域的合作。探索建设以中国东北地区两个自由贸易试验区为一方，以俄罗斯远东地区"一区一港"（一区指跨越式发展区，一港指符拉迪沃斯托克自由港）为另一方的开放合作新高地。着力推进锦州港公铁海多式联运国家级示范工程，提升"东北海陆大通道"建设水平，推动对蒙合作走深走实。积极发展重点区域经贸合作总部经济和品牌经济，引进实施一批外资重大标志性工程。促进与中东欧国家包括科技创新、绿色能源、基础设施和重要农产品在内的双向投资合作。办好辽宁－中东国家重点经贸项目对接会，推动我省企业参与中东基建及采购项目，加快辽宁－沙特电力装备产业园建设。发挥RCEP和中国－东盟自由贸易区合作机制，推动与马来西亚、印尼等国开展经贸投资及旅游合作，主动参与澜湄合作机制，拓展面向东盟地区产业投资。积极搭建与境外机构、企业合作桥梁，省内企业牵头成立经认定的境外辽宁商会，对其国内母公司予以奖励，支持双边企业间经贸对接促进活动。

（3）推动境外经贸合作区提质增效。以我省在共建"一带一路"重点建设和培育的境外经贸合作园区为依托，加大境外园区建设，推介境外园区在税收、政策、服务方面的优势。建设企业"走出去"综合服务基地，提供国际投资咨询、合规经营、金融保险、应急避险等"一站式"服务，引导更多企业高质量"走出去"，开拓更广阔国际市场。建立境外产业布局与辽宁本地企业的利益共享机制，以海外产业链建设拉动我省出口规模和品牌影响力，不断提升我省职业技术院校"墨子工坊"的"伴企出海"能力。

8.3.5　全面提升开放平台、展会能级

（1）全面增强自贸试验区对全省开放发展的示范引领作用

2024年4月21日，商务部印发的《自由贸易试验区跨境服务贸易特别管理措施（负面清单）》（2024年版）正式施行。按照管理措施要求，辽宁自贸区应进一步加大跨境服务贸易范围，加快对接国际高标准规则、规制、管理、标准开放的探索。一方面加大自身改革调整力度，沈阳片区尽快释放自贸区、综保区、临空经济区"三区合一"比较优势，大连片区进一步开拓建设大窑湾综合保税区，营口片区重点解决自贸试验区与港口、综保区与国际班列缺乏连接等问题。在开放布局中，沈阳片区重点建设"航空+"多式联运中心，加大覆盖欧美主要物流节点城市，巩固和拓展通用物流沈阳—中亚定期货运航线等一系列国际货运航线，对标日本东京和韩国首尔，整体提升沈阳国际化城市水平；大连片区聚焦东北亚国际航运中心、国际贸易中

心、国际物流中心的核心功能区提质增效，在功能发挥上对照韩国釜山和山东青岛，着力提升三大"中心"的核心竞争力。营口片区持续打造智慧物流产业园区，建设"中俄（中亚）大宗商品交易中心"和日韩商品交易中心。

深入推动自贸区改革创新引领。抓紧"一带一路"等国家重大战略机遇，积极主动对接CPTPP、RCEP等高标准国际经贸规则，推进产权保护、产业补贴、环境保护、劳动保护、政府采购、电子商务等领域改革，加大先行先试力度，以高水平开放促进深层次改革、推动高质量发展。借鉴CPTPP负面清单"服务贸易+投资"模式，做好外商投资和跨境服务贸易负面清单的统筹衔接。以CPTPP、RCEP等国际高标准经贸规则为标尺，依托辽宁自贸试验区、服务业扩大开放综合试点等高水平对外开放平台，推动在承压能力较好的行业领域加大压力测试，先行先试争取对外开放更大的战略主动。要把标准作为建设贸易强省的重要抓手，全面提升辽宁省技术标准、产品标准、服务标准、环境标准等的水平，以标准制定引领创新发展。在政府采购规则方面，公开政府采购意向，强化政府采购信息公开。扩大知识产权保护的范围，完善知识产权保护制度。完善商标审查和注册制度，提供和公开商标电子申请和维护系统。

（2）提升开发区和产业园区开放聚集效应

建立"重点产业园区+龙头企业+落地服务"对外招商新模式。根据自身的产业特色选取重点区域和企业进行精准招商。例如，可将中德沈阳高端装备制造产业园和中日地方发展合作示范区作为核心招商引资平台，定期对高端装备制造业和汽车核心零部件重点企业尤其是"隐形冠军"企业进行重点招商。围绕产业链招商、科技招商、人才招商、平台招商和服务招商。强化配套和补链招商，拉长、增粗和扩散产业链，做大产业集群，提升招商引资的成效。建立由省到县多层级的产业园服务重点企业专班工作制度，使已经落户的重点企业能够将生产经营过程中面临的问题及时向相关主管部门提出诉求。

支持重点园区利用数字基础设施赋能对外开放。推动政企合作围绕大企业建设头部企业配套园区，承接大企业的新增产能及新引育的配套企业，提升大企业本地配套率。引导园区内数字要素集聚，以数字化转型为基础，创建区域数字化转型的标杆，并加速智慧园区和"5G+工业互联网"示范园区的建设。以重点园区为先行区、示范区，营造市场化、法治化、国际化的营商环境，保障外资企业在投资权益、资质许可、政府采购等方面的国民待遇，加快打造示范性国际化社区。

（3）加快辽宁国际会展品牌建设

大力发展会展经济。依托发展较为成熟的会展，打造会展经济产业链。引进会展产业链链主企业落户我省，培育省内龙头会展企业。支持更多企业列入商务部和省级展览业重点联系企业名录。以场馆及配套设施建设为着力点，加快推动主导产业和配套产业等业态融合发展的会展经济产业链。培育建设一批省市级文旅消费集聚区、冰雪体育产业融合发展示范基地。举办文创产品、度假休闲、特色美食等有效融合东北历史文化和现代时尚的专业展会，提升辽宁文化在本地和全国的知名度和影响力，营造浓厚的开放氛围。不断提升辽洽会的国际化水平和开放形象力，做强大连夏季达沃斯论坛等国际会议平台，推动制博会、数交会、专交会、农博会、大连海博会等国家级展览向高端化、国际化发展。

通过举办更高水平的国际学术论坛，通过海内外政商学界专家的交流与合作，探寻经验共识，为全省、全国甚至全球的开放发展提供政策参考和发展建议。将东北亚共同体论坛进一步推向更高的水平，使之成为与北京论坛和上海论坛齐名的高水平政商学交流平台，成为展示我省开放包容气质的名片。主动引入更有影响力的国际论坛。申办高水平、全国性的RCEP论坛，积极申请成为RCEP论坛的永久举办地。

8.3.6　深化科技教育和人文国际合作

（1）发挥高质量共建"一带一路"联合实验室等平台作用，打造东北亚区域创新中心。按照"重点突破、精准对接、企业主体、一体推进"的原则，加快推动科技创新国际化，最大限度地利用国际科技资源，牵头组织好以东北亚为核心的科技联合攻关项目。以辽宁材料、辽宁辽河、辽宁滨海和辽宁黄海4家实验室为牵引，完善重大科技创新平台体系，进一步搭建国际科技合作平台载体。支持和推动中国科学院大连化学物理研究所、中国科学院沈阳自动化研究所、大连理工大学、东北大学、大连海事大学等前沿技术创新基地拓展国际研究合作，充分发挥学科及人才优势，打造政策链、人才链、创新链、产业链、资金链"五链融通"的科研创新生态，打造东北亚知名的科技创新高地。聚焦深化与日韩俄德等国家在新材料、航空航天、机器人、船舶制造、生物医药等应用基础领域开展联合研发。依托大连理工大学—白俄罗斯国立大学科研创新中心建设的"中国—白俄罗斯工业装备与仪器'一带一路'联合实验室"，加快申请建设第四批国家"一带一路"联合实验室，创新布局建设一批省级"一带一路"联合实验室。

（2）探索多种方式吸引国外优质教育资源，开展多层次、宽领域的国际教育与合作。在学术交流、科研合作、出访团组、国际会展、师生交流、跨境教育质量保障、人员培训、咨询服务等领域开展合作，服务辽宁省教育高质量发展。持续支持省内高校积极引进国外优质教育资源和大批优秀师资，在理工农医和急需紧缺的交叉前沿、薄弱空白等学科领域开展中外合作办学。支持高级研究者、访问学者、博士后等赴境外研修和学习交流，学习借鉴国外先进的教育理念、教育内容、教学方法、人才培养模式，促进学校教育教学改革，提高人才培养质量，提升教育服务区域发展能力。打造我省国际产学研用合作会议品牌，更加积极地构建国际科技创新联合体，产学合作、以教促产、以产助教、产教融合，产出更多原始创新、集成创新和技术创新成果。深入实施"留学中国"品牌计划，系统培养更多"懂中国、通世界"的知华友华人士。推动国际中文教育高质量发展，讲好中国故事、辽宁故事，助力中华文化"花开海外"。

（3）推动多元民间外交交往，打造"国际辽"对外形象品牌。筹划召开"辽宁国际友城合作与发展大会"，结合各市特色，发挥比较优势，推动互补发展，重点在能源开发、科技创新、产业发展、商贸物流、食品医药等领域实施更多合作项目，实施"友城+产业"行动计划。以精品辽文化为媒，通过互办文化艺术活动、引进高品质文旅项目品牌、促进文旅项目投资、提升文旅消费水平等，讲好辽宁故事，传播辽宁声音。提升境外预订、支付结算、网络通信、医疗救助、语言标识等消费便利度，打造文商旅国际便利化试点城市。打造"国际辽"对外品牌形象。创新与海外媒体合作模式，建立对外文化宣传矩阵，让国际社会更广泛了解辽宁，扩大辽宁民间友好往来"朋友圈"。做强大连"东亚文化之都"的品牌效应，积极创办"红山论坛"，吸引国内外的文化名人、艺术名家、学术名师参与，推动论坛成为东亚文明对话大平台。

8.3.7　全面提升文体旅康养对外开放水平

（1）加强辽宁国际旅游线路设计。全面梳理辽宁文化体育及旅游资源，以国际化视野全面系统规划设计经典旅游线路，充分展示辽宁的特色风情和历史人文景观。依托沿海六市的文旅资源，突出北方海滨海岛旅游特色，贯通滨海旅游风景道，打造滨海旅游产业带，建设国际吸引力和竞争力的滨海旅游产业集群，提升旅游目的地的国际吸引力，促进旅游与康养、旅居深度融合。以大连为母港的"爱达·地中海号"为依托，进一步拓展更多条邮轮航线，提升大连东北亚地区邮轮旅游品牌知名度。将沈阳故宫、清永陵、清福陵、清昭陵、九门口水上长城、五女山山城、大连蛇岛—老铁山和丹东鸭绿江口两处候鸟栖息地8处景观连点成线，打造世界文化遗产经典旅游线路，以九一八历史博物馆、沈阳二战盟军战俘营等标志性遗址遗迹为依托，打造世界和平纪念主题文旅线路。以中国工业博物馆、鞍钢博物馆、抚顺西露天矿等重要工业遗址为标志，打造国际工业文旅线路。此外，还可将乡村振兴、美食文化和民族风情融合设计，打造辽宁民俗的国际展示应用场景。

（2）打造东北亚文旅康养目的地。利用毗邻日、韩、朝的地理位置优势，大力推动东北亚旅游共同体合作机制建设，积极创建辽宁——东北亚国家旅游城市合作联盟相关活动。立足东北亚游客自由流动诉求，探索推进东北亚多目的地旅游合作圈建设、环日本海陆海联运跨境旅游线路开发。积极推进与国内外旅游研究机构的合作，在沈阳、大连等城市设立东北亚旅游目的地观测站，通过院地合作，加强数据、人员、活动等方面的交流，以推动旅游业的高质量发展。打造辽蒙俄国际铁路专列，推动辽宁—满洲里—俄罗斯等铁路旅游线路双向客源运营。深化与吉林、黑龙江两省协力举办"冰雪丝路"论坛、搭建"冰雪丝路"交流平台的合作，打造辽宁"暖冰暖雪"特色品牌。进一步加强与德国、奥地利、法国、加拿大等国家知名冰雪经济企业的合作，共同促进辽宁省冰雪设施的现代化升级。以筹办好第十五届全国冬季运动会为契机，大力发展冰雪项目竞赛表演产业，打造国际一流冰上运动综合体和滑雪胜地。借鉴日本介护保险制度、适老化设施建设、银发经济产业链培育等先进经验，深化与日、韩、俄等国家康养、医养和医美等领域深度合作，在养老照护、中医药体验、深度体检及医疗技术等方面培育新合作增长点，全面提升辽宁文体国际美誉度。

（3）加强广泛国际旅游合作。用足用好过境免签外国人在境内停留时间延长为240小时及离境退税"即买即退"政策，在"China Travel（中国游）"吸引力进一步提升的环境下，加大对"Liaoning Trave"品牌的打造力度。积极服务和对接共建"一带一路"，推进与城市在旅游宣传推广、产品线路开发、旅游投资互惠、人才交流培训等方面务实合作，探索建立文化和旅游贸易促进中心，举办"多彩辽宁佳节好物"文化贸易促进活动，推动文化和旅游贸易融合互促发展。抢抓 RCEP 全面生效和中国与泰国、新加坡、马来西亚等数十个国家互免签证发展契机，策划开行中老铁路沈阳—万象旅游专列。加强与世界旅游组织、世界旅游联盟、世界旅游城市联合会、国际山地旅游联盟、亚太旅游协会等国际旅游组织的合作。扩大与国际友城旅游交流合作，推动与更多境外城市缔结旅游伙伴城市。

（4）加大国际文旅宣传推介力度。推进旅游境外招商引资，吸引国际知名企业和品牌落户辽宁。打造高品质音乐节、电影节及东北亚马拉松等体育赛事，做强"东亚文化之都"的品牌效应，为辽宁省实现高质量开放发展和对外交流合作增添强劲文化力量。提升东北亚（沈阳）文化旅游创意博览会、中国（大连）国际文化旅游产业交易博览会等国际文旅展会能级，积极创办中国东北亚国际旅游交易会。用足用好离境退税"即买即退"政策。设立和运营辽宁国际文旅中心网站和国际版文体旅 APP，使用中英俄日韩五种语言，设计目的地、旅行攻略、旅行计划、最新消息四大板块，"旅游攻略"让游客可以选择文旅+自然、文旅+美食、文旅+体育、文旅+工业、文旅+购物等不同体验。利用各媒体辽宁海外站资源，投放辽宁旅游宣传，推介特色旅游产品和线路。通过文化吸引、商旅活动、修学研学、企业合作等方式吸引入境旅游者。

（5）推动边境旅游合作示范区建设。巩固和发展丹东市赴朝旅游第一集散地地位，不断深化中朝旅游合作，扩大赴朝旅游市场吸引力和市场规模，持续完善"中朝边境旅游打卡地"系统建设，对接现代旅游消费升级趋势，培育新兴网红打卡地。发挥边民互市贸易发展优势，大力发展边境商贸旅游，争取边境免税购物政策，将多个边民互市贸易区打造成旅游免税购物地，建设丹东市中朝口岸商贸城旅游区。积极推进形成中朝文化旅游常态化交流磋商机制，及时落实赴朝旅游最新政策，丰富跨境联动旅游线路产品。提升赴朝旅游运营企业服务水平，鼓励发展个性化、定制化赴朝旅游产品。探索中朝跨境旅游合作区建设模式，扩大合作区规模。打造鸭绿江国际马拉松赛事，以此作为吸引朝、韩、日、俄等国共同参加的体育赛事，实现文体旅国际化融合发展。以国际知名的江海旅游目的地为目标，立足鸭绿江—北黄海区域资源优势，积极构建鸭绿江国际研学旅游目的地和东北亚生态康养集聚地。以G331边境旅游联盟成立为抓手，深化边境旅游联动开放。

8.3.8　提升对内开放水平

（1）在深度融入国家区域发展战略中实现更大发展。建立京津冀、长江经济带、粤港澳大湾区、长三角等重点区域的合作对接机制。聚焦传统产业转型、战略性新兴产业发展、未来产业突破，积极参与京津冀、长江经济带、粤港澳大湾区、长三角等产业分工协作，深度对接制造业重点产业链群，谋划落地一批补链强链重点项目，积极探索产业链跨区域协同发展路径模式。探索推动数据标准规范互认、基础数据共享、产业链上下游协作，助推数据要素价值化，建成一批数字科技创新中心、数字经济网络平台，打造更多基础通用型和行业垂直型人工智能大模型训练中心和应用场景，优化数据中心建设布局。支持金融机构来辽设立分支机构，推动科创金融改革试验区发展合作。鼓励重点融资租赁公司对标粤港澳、长三角等同行业先进机构，推进产品、服务和模式创新。推动基金业合作，建成省级创业投资集聚区和创业投资服务基地。加强与京沪粤国家物流枢纽合作，优化海上航线网络，完善港口集疏运体系和多式联运服务体系，推进双循环陆海空物流网络建设。深化文体旅资源共享、市场互拓、客源互送，大力推进"引客入辽"，擦亮"山海有情 天辽地宁"品牌。深化辽苏对口合作，举办辽宁名品进江苏产业对接会，促进辽宁优势产品走进南方市场。

（2）加快内外贸一体化建设。推进内外贸产品同线同标同质。优化同线同标同质产品认定方式，鼓励企业对其产品满足"三同"要求作出自我声明或委托第三方机构进行认证，加强"三同"企业和产品信息推介。促进内外贸市场渠道对接，大力支持我省外贸企业拓展国内市场。一方面，组织开展外贸优品拓内销系列活动，利用好出口转内销CCC认证绿色通道，加强市场对接和推广，鼓励开展集中采购，支持优质外贸产品进电商平台、进商场超市、进商圈步行街、进工厂折扣店、进商品交易市场。另一方面，支持我省内贸企业拓展国际市场。加强外贸新业态新模式及相关政策宣传和业务培训，支持内贸企业采用跨境电商、市场采购贸易等方式开拓国际市场。依托省内重点产业园区，加快内外贸一体化企业发展，培育内外贸融合发展产业集群。推动高质量实施RCEP等自由贸易协定，拓展我省企业的国际发展空间。充分参与中国国际进口博览会、中国进出口商品交易会、中国国际服务贸易交易会等展会作用，进一步释放辽宁国际投资贸易洽谈会平台功能，促进国内国际市场供采双循环高效对接。培育一批内外贸融合商品交易市场，强化生产服务、物流集散、品牌培育等功能，促进国内国际市场接轨。推动我省境外经贸合作区的提质升级，鼓励内外贸企业以合作区为平台开展跨国经营。

（3）积极融入和服务全国统一大市场。辽宁要充分发挥自身优势，按照中共中央、国务院发布的《关于加快建设全国统一大市场的意见》和国家发展改革委发布的《全国统一大市场建设指引（试行）》要求，重点做好"五统一""一破除"。[①]一是落实统一的市场准入制度。严格落实"全国一张清单"管理要求，建立违背市场准入负面清单案例通报和归集制度，破除影响平等准入的壁垒。二是构建更加完善的要素市场化配置机制。深化推进公共资源"一网交易"改革，加强国土资源计划管理的前瞻性和系统性，促进劳动力、人才跨地区顺畅流动，完善科技资源共享服务体系和加快培育数据要素市场等。三是促进商品和服务市场高水平建设。实施降低全社会物流成本专项行动，大力降低制度性交易成本，完善守信激励和失信惩戒机制。四是推进市场设施高标准联通。构建更加高效便捷的物流运作体系，建设区域联

---

① 即强化市场基础制度规则统一、推进市场设施高标准联通、打造统一的要素和资源市场、推进商品和服务市场高水平统一、推进市场监管公平统一、进一步规范不当市场竞争和市场干预行为。

通、安全高效的电信设施网络等。五是不断强化市场监管协同联动消除隐性壁垒，建立综合监管部门和行业监管部门联动的工作机制。深入开展地方保护、市场分割等突出问题专项整治行动，着力破除不利于统一大市场建设的各种障碍、掣肘，创造更加公平、更有活力的市场环境，以共建、共享全国统一大市场的成效，使辽宁成为全国统一大市场循环枢纽和我国面向东北亚开放合作的重要枢纽地。

[1] 韩保江.中国经济高质量发展报告（2024）——践行开放发展理念
     [M].北京：社会科学文献出版社，2024.

[2] 中国现代国际关系研究院.国际战略与安全形势评估2023/2024
     [M].北京：时事出版社，2023.

[3] 金ゼンマ.日本の通商政策転換の政治経済学 [M].東京：有信堂
     高文社，2016.

[4] 周永生.日本经济发展对我国的启示 [J].现代国企研究，2017
     （15）：63-71.

[5] 田正.日本经济"双循环"发展：演进历程、经验教训及其对我国的
     启示 [J].贵州省党校学报，2022（6）：75-84.

[6] 文辉昌.韩国经济发展模式探讨 [J].企业管理，2020（2）：33-34.

[7] 赵世萍.日本和韩国经济转型对中国的启示 [J].财政科学，2018
     （11）：144-155.

[8] 姜昊求.浅析韩国经济发展模式演变：逻辑机理与经验启示 [J].当
     代韩国，2022（4）：42-59.

[9] 罗芳，王丽琪.全球价值链视角下中韩贸易的经济效应研究 [J].中
     国水运（下半月），2020，20（2）：59-60.

[10] 王蕴，连欣，毛科俊，等.韩国经济现代化进程的经验及启示 [J]. 宏观经济管理，2024（10）：73-81.

[11] 陆南泉，于小琴，彭传勇，等.东北全面振兴与远东大开发：中俄区域合作视角 [J]. 城市观察，2023（6）：29-31.

[12] 张飞.实现中俄东北—远东地区开放合作的新突破 [J]. 辽宁经济，2023（8）：4-6.

[13] 刁秀华.中国东北加快建设对俄远东地区开放合作新前沿研究 [J]. 西伯利亚研究，2021（5）：21-30.

[14] 陆曼，焦方义.东北振兴与俄罗斯远东开发协同发展的评价研究 [J]. 学术交流，2020（8）：105-115.

[15] 赵乙丞，焦晓燕，于涛.新形势下辽宁省融入"一带一路"建设的路径探析 [J]. 北方经济，2023（12）：53-56.

[16] 张二震，戴翔.完善全球经济治理与中国新贡献 [J]. 世界经济研究，2017（12）：9-14.

[17] 张幼文.重新定位对外开放——中国经济与世界经济关系的变化趋势 [J]. 探索与争鸣，2020（7）：32-41.

[18] 盛斌，黎峰.以制度型开放为核心推进高水平对外开放 [J]. 开放导报，2022（4）：15-20.

[19] 魏浩，卢紫薇，刘缘.中国制度型开放的历程、特点与战略选择 [J]. 国际贸易，2022（7）：13-22.

[20] 裴长洪，崔卫杰，赵忠秀，等.中国自由贸易试验区建设十周年：回顾与展望 [J]. 国际经济合作，2023（4）：1-32.

[21] 洪俊杰，隋佳良.立足国内大循环，推进高水平对外开放——基于全球价值链位置视角的研究 [J]. 国际贸易问题，2023（1）：1-18.

[22] 江小涓，孟丽君，魏必.以高水平分工和制度型开放提升跨境资源配置效率 [J]. 经济研究，2023，58（8）：15-31.

[23] 盛斌，吕美静，朱鹏洲.数字经济发展如何赋能中国经济双循环——基于省份行业层面的研究[J].国际贸易问题，2024（6）：1-20.

[24] 黄先海，虞柳明.高水平开放赋能新质生产力发展：逻辑、瓶颈与路径[J].开放导报，2024（5）：18-24.

[25] 陈佳琦，贾兴飞.百年变局背景下推动东北亚区域经贸合作的对策研究[J].经济纵横，2024（11）：96-103.

[26] 王晓博."一带一路"倡议下，我国东北地区经济发展方向及路径探索[J].环渤海经济瞭望，2021（3）：63-64.

[27] 陈娜."一带一路"倡议下辽宁企业境外投资策略研究[J].中国市场，2021（15）：94-95.

[28] 吕红军."一带一路"背景下建设辽宁"16+1"经贸合作示范区实践研究[J].对外经贸实务，2023（10）：57-63.

[29] 赵蓓文.扩大高水平对外开放与中国自贸试验区体制机制创新[J].世界经济研究，2025（4）：3-9；134.

[30] 刘国斌."一带一路"基点之东北亚桥头堡群构建的战略研究[J].东北亚论坛，2015，24（2）：93-102.

[31] 傅缨捷，陈云晟，李晓燕."一带一路"框架下辽宁省与日本开展第三方市场合作的贸易关系分析[J].现代商贸工业，2021，42（10）：25-26.

[32] 李焱，张海燕.如何把辽宁打造成面向东北亚开放的"大门户"[J].东北亚经济研究，2019，3（5）：40-50.

[33] 陈秀萍，孙铭一.新发展格局下东北三省参与东北亚区域经济合作研究[J].东北亚经济研究，2022，6（1）：67-79.

[34] 张文锋，翟姝影，裴兆斌.新时代辽宁与东北亚区域经济合作研究[J].财经问题研究，2020（2）：97-103.

[35] 王毅.加快推动俄罗斯远东与中国东北国际交通走廊建设的思考

[J]. 对外经贸，2020（2）：16-18.

[36] 杨洋，董锁成，李泽红.中蒙俄经济走廊背景下中俄能源合作进展、驱动力、挑战及对策[J]. 资源科学，2018，40（2）：237-249.

[37] 胡政.发展中俄经贸合作与中俄远东物流通道建设[J]. 俄罗斯学刊，2023，13（5）：27-43.

[38] 刘清才，齐欣.“一带一路”框架下中国东北地区与俄罗斯远东地区发展战略对接与合作[J]. 东北亚论坛，2018，27（2）：34-51.

[39] 盛海燕.俄罗斯远东新国家规划与中俄地区经贸投资合作[J]. 黑河学院学报，2021，12（8）：9-11.

[40] 刘锋.超前发展区模式下俄罗斯远东地区投资吸引力分析[J]. 东北亚学刊，2019（2）：101-110.

[41] 刘倩颖，袁菁，王雨婷.“一带一路”倡议与辽宁省对沿线国家出口增长[J]. 现代商贸工业，2021，42（13）：26-27.

[42] 张蕴岭，朱锋，樊小菊.百年大变局下的东北亚之变[J]. 东北亚学刊，2025（3）：1-14.

[43] 徐政，占智勇.特朗普2.0时期中国经济发展环境挑战与应对策略[J]. 统一战线研究，2025（4）1-12.

[44] 黄群慧.以高水平开放推动新质生产力发展[J]. 东北大学学报（社会科学版），2025，27（2）：1-3.

[45] 沈晓明.建设更高水平开放型经济新体制持续用力打造内陆地区改革开放高地[J]. 当代世界，2025（3）：4-9.

[46] 张杨.打造内陆改革开放高地：现实逻辑、价值意蕴和实践路径[J]. 理论导刊，2022（6）：63-67.

[47] 盛斌，陈帅.全球价值链如何改变了贸易政策：对产业升级的影响和启示[J]. 国际经济评论，2015（1）：85-97.

[48] 于钢，孙宇宁，王静雅.韩国大数据行业技术贸易政策对中国的影响

与借鉴 [J]. 标准科学, 2024 (9): 149-152.

[49] 朱佳玮, 崔岩, 王尔诚, 等.构建东北亚对外开放新前沿区域经济协同发展研究——以辽宁为例 [J]. 中国发展, 2024, 24 (5): 50-55.

[50] 崔岩, 钟雪, 梁友君.东北地区打造对外开放新前沿的重要意义与主要举措 [J]. 日本研究, 2023 (2): 1-8.

[51] 严太华, 张凯越.制度型开放与区域协调发展——基于空间双重差分模型的实证分析 [J]. 经济问题, 2025 (4): 11-22.

[52] 张雨, 戴翔.以制度型开放重构利用外资新优势: 逻辑机理与实现路径 [J]. 南京社会科学, 2025 (3): 38-45.

[53] 施锦芳, 许晓芳.高水平开放背景下推进中国与东北亚国家服务贸易的对策研究 [J]. 中国物价, 2024 (9): 86-91.

[54] 迟福林.中国扩大开放趋势及其对东北亚经贸合作进程的影响 [J]. 经济纵横, 2019 (10): 1-8.

[55] 朴光姬.新时期东北亚区域经济合作分析 [J]. 东北亚学刊, 2022 (3): 3-20.

[56] 董令三.关于构建东北亚国际水运大通道设想——承载东北全面振兴多维发展的宏大载体 [J]. 中国水运, 2025 (1): 8-10.

[57] 李卫波.东北海陆大通道助推东北全面振兴取得新突破的思考 [J]. 中国国情国力, 2023 (5): 33-37.

[58] 孙兴杰.互联互通体系与东北全面振兴的时空框架 [J]. 人民论坛·学术前沿, 2024 (20): 66-74.

[59] 欧阳强, 南玉歆.RCEP生效对中国经济的影响及应对策略 [J]. 当代经济, 2025, 42 (4): 83-94.

[60] 江金权.全面辩证看待我国当前经济形势——学习习近平总书记在中央经济工作会议上重要讲话的体会 [J]. 学习与研究, 2025 (2)

20-24.

[61] 国家统计局国际统计信息中心 释经组.世界经济温和增长 复苏前景不确定性上升——2025 年世界经济形势展望 ［N］. 中国信息报，2025-02-19.

[62] 朱锋.世界地缘政治和地缘经济双重分裂态势与中国战略选择 ［N］. 时政国关分析，2024-2-29.

[63] 中美聚焦.2024 年中美关系走势分析 ［R/OL］. ［2024-02-26］. https：//cn.chinausfocus.com/m/43133.html.

[64] JUNG JAEWON.Economic Transformation and Sustainable Development through Multilateral Free Trade Agreements ［J］. Sustainability.2021, 13（5），2519.

[65] 日本貿易振興機構.日本の国地域別対外直接投資 ［EB/OL］. （2022-06-01）［2022-08-25］. https：//www.jetro.go.jp/world/japan/stats/fdi.html.

[66] 外務省.我が国ODAの軌跡と成果 ［EB/OL］.（2022-04-01）［2022-08-25］. https：//www.mofa.go.jp/mofaj/gaiko/oda/ files/000224038.pdf.

[67] 三菱UFJリサーチ&コンサルティング.RCEPの概要と日本への影響 ［EB/OL］.（2022-06-15）［2022-08-25］. https//www.murc.jp/wp-content/uploads/2020/12/report_201223.pdf.

附　件

附件1

辽宁省人民政府办公厅关于推动外贸优结构稳增长的实施意见

辽政办发〔2023〕14号

各市人民政府，省政府各厅委、各直属机构：

为贯彻落实《国务院办公厅关于推动外贸稳规模优结构的意见》（国办发〔2023〕10号）精神，进一步促进我省外贸优结构稳增长，助力辽宁全面振兴新突破，经省政府同意，现提出如下实施意见。

一、强化贸易促进，开拓多元化市场

（一）支持企业开拓国际市场。围绕深耕东北亚、深度融入共建"一带一路"、巩固欧美传统市场开展"百团千企拓市场"行动，优化完善支持政策，鼓励企业参加重点境内外国际性展会，加强组织协调和服务保障。依托《区域全面经济伙伴关系协定》（RCEP）成员国境外展会培育自办展会，持续办好辽宁出口商品（日本大阪）展览会和辽宁跨国采购洽谈会，扩大办展规模。强化省级统筹，加强与日本、韩国、俄罗斯等国经贸促进机构、商（协）会合作，完善对接交流机制，挖掘进出口潜力。支持企业开展国际产品认证、境外商标注册、企业管理体系认证、境外专利申请。（省商务厅、省贸促会，各市政府、省沈抚示范区管委会按职责分工负责）

（二）便利跨境商务人员往来。加强人员交流，支持更多企业申办APEC商务旅行卡，优化办理手续，提高办理效率。为外籍人才申请工作类居留证件提供便利。支持沈阳和大连机场尽快恢复国际航线航班，积极开拓

新航线，更好为商务人员往来提供航空运输保障。（省政府外办、省公安厅、省商务厅、民航东北地区管理局按职责分工负责）

二、深挖进出口潜力，稳定和扩大重点产品进出口规模

（三）培育外贸新增长点。鼓励银行机构在依法合规、风险可控前提下，为汽车企业创新提供金融产品和服务，支持汽车企业建立和完善国际营销服务体系。支持新能源汽车通过中欧班列运输，推进口岸提升锂电池等危险品运输储存条件。推进二手车出口全域试点工作，扩容二手车出口主体。推动装备制造、石化、冶金等传统产业转型升级和绿色低碳发展，优化进出口产品结构。挖掘"零外贸"企业进出口潜力，引导通过省外代理出口的企业开展自营进出口业务，支持各市引进央企和域外大型企业在辽宁设立外贸公司。（省商务厅、省公安厅、省交通运输厅、省金融监管局、大连海关、沈阳海关、中国人民银行辽宁省分行、中国人民银行大连市分行、国家金融监督管理总局辽宁监管局、国家金融监督管理总局大连监管局、中国铁路沈阳局集团公司、中国进出口银行辽宁省分行，各市政府、省沈抚示范区管委会按职责分工负责）

（四）提升大型成套设备企业的国际合作水平。加大中长期出口信用保险支持力度，运用出口信用保险"项目险"相关支持政策及绿色"双碳"、新基建等政策资源，推动我省企业承揽海外重大项目。鼓励金融机构统筹考虑项目具体情况，保障大型成套设备项目合理资金需求。通过校园招聘、校企对接、信息发布和技能培训等方式，保障企业用工需求。（省商务厅、省人力资源社会保障厅、省金融监管局、中国人民银行辽宁省分行、中国人民银行大连市分行、国家金融监督管理总局辽宁监管局、国家金融监督管理总局大连监管局、中国出口信用保险公司辽宁分公司按职责分工负责）

（五）加大进口促进力度。发挥国家进口贴息政策引导作用，支持企业扩大先进技术、重要设备和关键零部件进口。发挥大连国家进口贸易促进创

新示范区作用，推动大宗商品交易平台等平台载体建设。积极争取原油非国有贸易进口资质和允许量，鼓励省内重点冶金企业积极参与境外矿产开发，通过长期商业合同保障铁矿石、煤炭等资源性产品进口。支持有条件的地区申报进境肉类、粮食、原木等指定监管场地。扩大优质消费品进口，满足人民美好生活需要。（省商务厅、省发展改革委、省财政厅、大连海关、沈阳海关按职责分工负责）

三、优化财政政策，加大金融支持

（六）发挥财政政策引导作用。统筹利用现有资金渠道，聚焦外经贸领域重点产业、重点企业和重大项目，用好用足财政资金支持政策，推动外贸提质增量。支持企业以多种方式与服务贸易创新发展引导基金做好项目对接。（省商务厅、省财政厅，各市政府、省沈抚示范区管委会按职责分工负责）

（七）加大进出口信贷支持。鼓励金融机构加大资源倾斜，针对外贸企业特点创新金融产品和服务，满足外贸企业融资需求。鼓励银行和保险机构扩大保单融资增信合作，持续优化完善"辽贸贷"信贷产品服务，拓宽中小微企业融资渠道。鼓励政府性融资担保机构为符合条件的小微企业提供融资增信支持。用好各种政策性贷款，依法依规给予外贸企业优惠利率，支持外贸产业发展。开展多层次融资促进活动，发挥省融资信用服务平台作用，实现企业和金融机构精准对接。（省商务厅、省金融监管局、中国人民银行辽宁省分行、中国人民银行大连市分行、国家金融监督管理总局辽宁监管局、国家金融监督管理总局大连监管局、中国进出口银行辽宁省分行、中国出口信用保险公司辽宁分公司按职责分工负责）

（八）更好发挥出口信用保险作用。在风险可控的前提下，加大对企业在手订单保障力度，进一步加大海外买方限额授信力度。对符合条件的小微企业、国家级专精特新企业、制造业单项冠军企业等，积极适用"绿色理赔通道"服务机制，提高中小微企业理赔服务质效。鼓励保险公司将小微企业普惠保单单一买方赔付金额提升至10万美元，推动小微企业应保尽保。（省商务厅、中国出口信用保险公司辽宁分公司按职责分工负责）

（九）优化跨境结算服务。推动更高水平贸易投资人民币结算便利化，鼓励银行机构优先支持在货物贸易、服务贸易和直接投资项下长期、稳定、合规使用人民币结算的企业纳入高水平便利化政策范畴。加大对跨境人民币业务的宣传培训力度，主动对接企业贸易投融资结算需求，积极拓展跨境人民币业务"首办户"。支持银行机构为跨境电商、外贸综合服务等贸易新业态主体提供人民币结算服务。支持大宗商品人民币计价结算，便利对外承包工程企业确需支付款项汇出。（省商务厅、中国人民银行辽宁省分行、中国人民银行大连市分行、国家外汇管理局辽宁省分局、国家外汇管理局大连市分局按职责分工负责）

四、创新发展外贸新业态，培育外贸新动能

（十）发挥各类开放平台牵引作用。鼓励自贸试验区主动对接高标准国际规则，实施更高水平贸易便利化措施，积极释放新型贸易方式潜力。支持省级以上经济开发区做强主导产业，加快培育外贸企业主体，增强内生发展动力。支持在综合保税区内设立检测机构，及时为企业提供采样检测服务。推动沈阳综合保税区开展机床、医疗器械、航空零部件保税维修，支持营口综合保税区开展钢琴保税维修。加快建设大连国家加工贸易产业园，支持有条件的地区申请认定国家加工贸易产业园。支持沈阳、锦州积极承接东部沿海地区加工贸易梯度转移。（省商务厅、省生态环境厅、大连海关、沈阳海关，各市政府、省沈抚示范区管委会按职责分工负责）

（十一）推动边境贸易创新发展。有序推进丹东边民互市贸易进口商品落地加工试点工作，支持从周边国家进口互市贸易商品，运输至边民互市贸易区。建设边民互市贸易大数据综合服务平台，对边民互市贸易开展全链

条、数字化、可视化监管。打造互市贸易商品落地加工示范区，培育边境贸易商品市场。（省商务厅、大连海关，丹东市政府按职责分工负责）

（十二）推进贸易数字化和绿色贸易发展。鼓励大型外贸企业运用新技术自建数字平台，鼓励外贸企业应用数字技术和互联网开展境外精准营销，支持数字化解决方案供应商为中小微外贸企业提供服务。组织开展重点行业企业培训，建立专家答疑和帮扶机制，提升企业碳排放数据质量管理能力。发挥省级绿色制造名单示范作用，增强企业绿色低碳发展意识和能力。（省商务厅、省发展改革委、省工业和信息化厅、省生态环境厅按职责分工负责）

（十三）推动跨境电商加快发展。加大政策支持力度，推动各跨境电子商务综合试验区差异化、特色化发展。重点培育跨境电商产业园区，鼓励建设跨境电商通关、物流、金融、人才和溯源等各类服务平台，提升服务功能。积极发展"跨境电商+产业带"模式，努力打造跨境电商产业链和生态圈，带动跨境电商企业对企业出口。支持跨境电商企业"走出去"，鼓励开展跨境电商进口商品仓播和出口商品境外直播等创新模式，培育跨境电商国际化品牌，提升跨境电商企业国际市场综合竞争力。对符合条件的跨境电商退运商品依法免征进口关税和进口环节增值税、消费税。引导跨境电商企业防范知识产权风险。（省商务厅、省知识产权局、省税务局、大连海关、沈阳海关，各市政府、省沈抚示范区管委会按职责分工负责）

五、优化外贸发展环境，营造良好氛围

（十四）妥善应对国外不合理贸易限制措施。加强对各市和外贸企业培训，帮助列入出口管制清单的企业妥善应对风险，指导企业依法合规经营。推动建立省级应对贸易摩擦工作站，加大重点产业贸易摩擦预警和法律服务工作力度。推进贸易调整援助工作，提升公共服务能力。更好发挥贸促机构作用，做好风险评估和排查，协助开展商事仲裁及贸易摩擦应对。（省商务厅、省贸促会按职责分工负责）

（十五）提升跨境贸易便利化水平。持续推进全省海运、陆运、空运口岸通关及作业时限标准化工作。实施以企业为单元的税款担保改革，实现一份担保可以同时在全国海关用于多项税款担保业务。支持更多符合认证标准的外贸企业成为海关"经认证的经营者"（AEO）。优化出口退税申报服务，实行发票、出口退税申报报关单"免填报"办税。争创中欧班列（沈阳）国家集结中心，争取运力支持，优化作业流程，保障开行频次。强化港口基础设施建设，完善港口集疏运体系。建立健全应急运力储备，提升应急保障能力。（省商务厅、省交通运输厅、省税务局、大连海关、沈阳海关、中国铁路沈阳局集团公司、辽宁出入境边防检查总站按职责分工负责）

（十六）用好用足自由贸易协定优惠政策。深入开展RCEP等专题培训，指导企业围绕重点行业，深耕重点国家。推进辽宁RCEP综合服务平台升级特色应用，发挥RCEP（大连）国际商务区示范作用。实施原产地证书及自主声明微小瑕疵容缺机制，允许企业在规定时间内予以补正，货物可先行担保放行。鼓励和指导各市有针对性地开展贸易促进活动，进一步拓展与RCEP等自由贸易伙伴的贸易空间。（省商务厅、省贸促会，各市政府、省沈抚示范区管委会按职责分工负责）

六、加强组织实施

各市人民政府、省沈抚示范区管委会、省（中）直各有关单位要坚决落实党中央、国务院关于推动外贸稳规模优结构的决策部署，按照省委、省政府的工作安排，加快推进各项工作组织实施。要结合本地区、本部门实际，出台有针对性的支持措施，确保政策落到实处、发挥实效。省商务厅要充分发挥省"两稳"协调机制办公室作用，加强协作配合和政策指导，实施好稳外贸政策"组合拳"，全力实现辽宁全面振兴新突破三年行动外贸目标。

辽宁省人民政府办公厅

2023年11月12日

附件2

辽宁省人民政府办公厅关于在辽宁全面振兴新突破
三年行动中进一步提升对外开放水平的实施意见

辽政办发〔2023〕7号

各市人民政府，省政府各厅委、各直属机构：

为在辽宁全面振兴新突破三年行动中进一步提升对外开放水平，经省政府同意，现提出如下实施意见。

一、总体要求

（一）指导思想。以习近平新时代中国特色社会主义思想为指导，全面贯彻党的二十大精神，深入贯彻落实习近平总书记关于东北、辽宁振兴发展的重要讲话和指示批示精神，依托辽宁区位、产业和要素优势，高水平参与中日韩经贸合作和东北亚区域合作，全面开拓RCEP成员国市场，深度融入共建"一带一路"，以开放促改革、促发展，引领辽宁全面振兴。

（二）总体目标。加强与日韩欧美等发达国家和地区的产业链合作、拉紧经济纽带，巩固提升与东南亚、俄蒙、西亚等新兴市场的经贸关系、推进标志性项目，进一步夯实与港澳台地区经贸、科技、人文等领域交流，打造东北亚经贸合作中心枢纽，成为我国向北开放的重要窗口。到2025年，辽宁对外开放新前沿基本形成。

——对外贸易实现新发展。全省年货物贸易进出口总值突破1万亿元，有进出口实绩的企业超1.5万家，与东北亚五国贸易额突破2 500亿元。

——招商引资实现新跃升。全省全年招商引资实际到位资金突破1万亿元，实际利用外资规模排名全国10位以内；三年累计新设外商投资企业突破2 000家。

——开放平台实现新跨越。全省省级以上经济开发区三年累计新增落地亿元以上项目突破5 000个，产值超千亿元的经济开发区数量达到8家；中国（辽宁）自由贸易试验区（以下简称辽宁自贸试验区）完成新一轮92项改革创新任务。

——海陆大通道实现新突破。全省港口万吨级泊位达到270个，港口货物和集装箱吞吐量分别突破8.5亿吨、1 350万标箱；中欧班列开行数量突破1 000列。

二、主要任务

（一）深度融入国家对外开放战略。

1.打造东北亚经贸合作中心枢纽。积极参与中国东北地区和俄罗斯远东及贝加尔地区政府间合作委员会、大图们倡议等地区合作机制，发挥辽宁连接日韩、俄蒙和欧洲的区位优势，将辽宁打造成为货物、商品及大宗原材料的东北亚集疏运枢纽。对标海南自由贸易港等先进地区的创新举措，支持大连等城市复制推广贸易投资、人员往来和交通运输便利等政策，建设东北亚经贸合作先行区，打造东北亚经贸合作中心枢纽。（责任单位：省商务厅、省发展改革委、省政府外办，各市政府、省沈抚示范区管委会等，以下均需各市政府、省沈抚示范区管委会落实，不再列出）

2.深度融入共建"一带一路"。加强与"一带一路"国家的基础设施互联互通、能源矿产资源开发和国际产能合作，带动辽宁钢铁、汽车、工程装备、船舶等产品产能"走出去"。鼓励企业在传统领域基础上积极拓展新基建、设计咨询等新型海外工程承包业务。高效促进对外投资合作，推进辽宁"一带一路"境外合作区转型升级。积极与"一带一路"国家在科技、医

疗、教育、文化等领域开展国际合作。（责任单位：省发展改革委、省商务厅、省政府外办等）

3.服务构建"双循环"新发展格局。主动对接高标准经贸规则，强化贸易投资联动发展，稳步推动规则、规制、管理、标准等制度型开放。立足国内统一大市场优势，主动对接长江经济带发展、长江三角洲区域一体化发展、粤港澳大湾区建设、京津冀协同发展等国家战略，持续打造辽宁"招商引资促进周"品牌，增强产业链供应链内外衔接能力。创新内外贸融合发展模式，畅通国内国际双循环通道，搭建平台、拓展渠道，全面提高各类经营主体的外向度水平，促进要素资源在更大范围内畅通流动，把辽宁打造成为促进国内国际双循环的重要节点和区域增长引擎。（责任单位：省商务厅、省发展改革委、省市场监管局等）

（二）全面推动"一圈一带两区"开放发展。

4.推进沈阳都市圈高水平协同开放。加强沈阳与北京对口开放合作，对标国家中心城市功能定位，加快建设"一枢纽四中心"。健全都市圈一体化发展机制，推进沈辽鞍、沈本、沈铁、沈阜共建产业合作园区，高水平建设辽宁自贸试验区沈阳片区，提升沈抚改革创新示范区创新能级，吸引发达国家先进制造业、现代服务业和战略性新兴产业投资，吸引跨国公司和国际组织区域总部落户。（责任单位：省发展改革委、省商务厅等）

5.推进以大连为龙头的辽宁沿海经济带扩大开放。加强大连与上海对口开放合作，发挥大连贸易龙头地位优势，加快建设大连现代海洋强市，打造东北亚国际航运中心、国际物流中心、区域性金融中心。协同联动沿海六市开放发展，围绕黄海、渤海两翼特色和口岸优势，做大做强海洋经济、临港经济，打造引领东北开放合作的新高地。加强辽宁自贸试验区大连片区、营口片区制度创新，加快大连太平湾合作创新区建设，积极探索中日韩经贸合作新模式。（责任单位：省发展改革委、省商务厅等）

6.推进辽西融入京津冀协同发展战略先导区和辽东绿色经济区开发开

放。发挥阜新、朝阳、葫芦岛毗邻京津冀的区位优势，加强通道、产业、平台、市场对接，着力引进创新资源，率先融入京津冀协同发展战略，打造辽宁开放合作的西门户和新增长极。依托抚顺、本溪、丹东等市及各县域丰富的生态资源、边境资源，推动辽东绿色经济区按生态优先、绿色发展路径开发开放，引入国内外资金发展生物制药、现代中药、绿色农产品和有机食品、国际旅游和健康服务产业。支持丹东边境贸易创新发展。（责任单位：省发展改革委、省商务厅等）

（三）高质量拓展开放领域。

7.扩大制造业对外开放。围绕做好结构调整"三篇大文章"和加快建设数字辽宁、智造强省，重点引进一批航空制造、新材料、机器人、生物医药、新能源汽车、集成电路、节能环保等领域中具有国际影响力的龙头企业和世界500强企业。推进数字技术与制造业深度融合，吸引日韩等信息技术企业在辽宁设立区域总部和创新基地。开展中日、中韩、中德工业互联网和制造业领域深度交流活动。办好全球工业互联网大会、中国国际装备制造业博览会、中国国际数字和软件服务交易会等国家级国际展会。（责任单位：省工业和信息化厅、省商务厅等）

8.推进农业开放发展。加强农业国际贸易高质量发展基地、农业对外开放合作试验区等建设，鼓励企业申报国家境外农业合作示范区和农业对外开放合作试验区，建设海外重要农产品生产加工和仓储物流基地。培育有国际影响力的头部企业和优势特色产业集群，扩大向日韩出口高附加值农产品，加强与俄罗斯远东地区和东盟地区等在食品进口、农产品加工等领域合作。（责任单位：省农业农村厅等）

9.加强科技开放合作。实施国家和省级国际科技合作项目，面向日韩、欧美等国家和地区，围绕装备制造、生物医药、新材料、节能环保、大健康、现代农业等领域，开展技术合作、成果转移转化。深入实施"兴辽英才计划"，以开放合作推动科技自立自强，鼓励外籍人才申报科技计划项目，

公平参与研发业务和参评科技奖项，吸引海外人才来辽创新创业。（责任单位：省科技厅等）

10.推动服务业对外开放。积极推进沈阳市服务业扩大开放综合试点工作，在服务业监管模式、优化市场环境方面争取新突破，积累在全国可复制可推广的试点经验。支持大连商品交易所建成国际一流衍生品交易所，鼓励具备条件的外资机构获取相关金融业务许可。培育沈阳、大连国际消费中心城市，重点引进国际知名品牌旗舰店、体验店，增加优质进口商品供应，将其打造成为东北亚重要的旅游目的地和日韩商品国内消费打卡地。（责任单位：省商务厅、省金融监管局等）

11.深化人文领域交流合作。拓展友城合作广度和深度，加强地方间合作和民间交流。加强国际教育领域交流和人才培养合作，举办国际产学研用合作会议，实施中外双导师联合培养研究生项目，建设一批高水平中外合作办学机构和项目。深耕东北亚、东南亚等重点文化交流和旅游客源地，加速推进"辽"字号文化品牌国际化进程，积极创建"东亚文化之都"城市品牌，推动恢复大连国际邮轮航行旅游业务。发挥辽宁体育大省优势，加强体育交流培训、运动休闲健身、体育博览会展等国际合作，承办高水平国际赛事。（责任单位：省政府外办、省教育厅、省文化和旅游厅、省体育局等）

（四）统筹贸易、投资、通道、平台建设。

12.着力推动外贸稳规模优结构。大力开展"招商引贸、招航引货"，积极引进国内外大型企业在辽宁设立外贸公司。对达到一定进出口规模的新设立外贸企业给予开办费用支持。促进外贸新业态新模式发展，支持跨境电商赋能外贸企业，鼓励企业建设公共海外仓，鼓励鞍山西柳服装城市场采购贸易试点扩围升级，扩大全域二手车出口规模。以大连、营口国家进口贸易促进创新示范区为引领，扩大先进技术、重要设备、关键零部件和能源资源等产品进口。加快发展服务贸易，高标准建设沈阳、大连国家服务外包示范城市，加快国家数字服务、中医药服务、文化服务出口基地建设。（责任单

位：省商务厅、省贸促会等）

13.全面提升吸引和利用外资水平。突出扩增量、稳存量、提质量，鼓励和引导外资更多投向先进制造业、高新技术产业、现代服务业等领域，抓好标志性外资项目落地建设。加强政策支持，对新设立或增资扩股的优质外商投资项目、新设立的跨国公司地区总部及总部型机构、新设立的外资研发中心给予奖励。保障外商投资企业合法权益，加强知识产权保护，确保内外资企业公平竞争。（责任单位：省商务厅等）

14.高水平建设东北海陆大通道。加强东北三省一区开放合作，推动东北海陆大通道提升战略能级，全力打造东北地区经济大动脉。加快大连东北亚国际航运中心建设，稳定欧洲、非洲远洋干线，加密日韩等RCEP成员国航线，扩大港航能力。争创国家中欧班列（沈阳）集结中心，优化开行路线，推动"运贸一体化"。加强与全球主要经济体航空通道连接，增加对日韩、东南亚等地主要城市的覆盖，推进全货机发展。提升多式联运发展水平，推动多式联运"一单制"，建设"智慧港口2.0"和中欧班列（沈阳）综合服务平台。（责任单位：省商务厅、省发展改革委、省交通运输厅、辽宁海事局等）

15.推动各类开放平台提质增效。深入推动苏辽、京沈、沪连等园区对口交流，深化经济开发区管理制度改革和体制机制创新，强化考核评价和动态管理。完成辽宁自贸试验区92项改革创新任务，以高水平制度创新推进标志性外资项目向自贸试验区集聚。推动跨境电商综试区培育线下产业园区和线上综合服务平台，推进全省海关特殊监管区提档进位，创新发展丹东边民互市贸易区，提升外贸转型升级基地质量，高水平建设大连国家加工贸易产业园等开放平台。将辽宁国际投资贸易洽谈会打造成为辽宁对外开放的窗口，跻身具有国际影响力的综合性展会行列。发挥好夏季达沃斯论坛、中国（沈阳）韩国周、中日（大连）博览会等平台作用。（责任单位：省商务厅、大连海关、沈阳海关等）

三、保障措施

（一）强化组织领导。各市政府、省（中）直各有关单位要将对外开放工作作为实施全面振兴新突破三年行动的重要任务，主要负责同志要亲自抓，分管负责同志具体抓，有力有效提升对外开放水平。

（二）注重政策引导。深入研究国家开放战略导向和政策取向，积极争取中央支持。坚持"走出去、请进来"，认真学习先进地区经验做法。统筹利用国家和省财政、金融、人才等扩大对外开放的支持政策，在对外贸易稳量提质、招商引资促进、经济开发区高质量发展、开放通道和开放平台建设、对外投资合作等方面加大支持力度。

（三）加强调度督导。对重点任务完成进度、政策保障、支持服务等情况进行常态化督导检查，建立调度考核制度。更好地发挥省、市对外开放工作领导小组顶层设计、统筹协调、督导推进作用，形成工作合力。

（四）做好政策宣传。加大宣传工作力度，讲好辽宁全面振兴新突破三年行动中的对外开放故事。做好政策解读，及时回应关切，营造全社会广泛关注、支持和参与对外开放的良好氛围。

辽宁省人民政府办公厅

2023 年 6 月 11 日

附件3

在辽宁全面振兴新突破三年行动中
进一步促进外经贸发展的若干政策

为进一步提高辽宁对外开放水平，增强外经贸发展动能，依据省委《辽宁全面振兴新突破三年行动方案（2023—2025）》，制定若干政策如下：

1. 对符合国家《鼓励外商投资产业目录》且当年实际到位外资金额超过500万美元的外商投资新项目和增资项目，按其当年实际到位外资金额2%比例给予奖励，最高不超过1 000万元。对符合上述条件的先进制造业外商投资新项目和增资项目，按其当年实际到位外资金额2%的比例给予奖励，最高不超过1亿元。

2. 对新设立的跨国公司地区总部及总部型机构，按其当年实际到位外资金额10%比例给予一次性开办奖励，最高不超过5 000万元。

3. 对新设立的外资研发中心，按其当年实际到位外资金额10%比例给予一次性开办奖励，最高不超过2 000万元。

4. 对于有固定办公场所、能提供外汇结汇单等相关凭证、实现一定规模进出口额的新增外贸企业，按其当年发生的企业开办费用30%比例给予补助，单户企业最高不超过50万元。

5. 促进外商投资企业公平参与标准制修订，提高标准制修订的透明度和开放度；促进外商投资企业公平参与政府采购，确保内外资企业公平竞争。

6. 支持企业用好区域全面经济伙伴关系协定（RCEP），优化实施原产地规则，实施原产地证书及自主声明微小瑕疵容缺机制，允许企业在规定时间内予以补正，货物可先行担保放行。

7. 支持在综保区内设立检测机构，及时为企业提供采样检测服务，实现企业、检测机构无缝对接，进一步提高企业通关效率。

8. 鼓励外籍人才依托在我省注册的内资独立法人机构，参与申报科技计划项目，通过公平竞争承担研发业务；外籍人士可以作为辽宁省自然科学奖、技术发明奖和科技进步奖完成人，参评我省科技奖项。

9. 优化外籍人才居留和工作服务。推进外国人工作许可、居留许可"一窗通办、并联审批"。改进外籍高层次人才停居留服务管理，完善单位推荐、个人举荐、容缺受理、代办受理等制度机制，缩短受理审批时限。

本政策执行期为2023年度至2025年度，实施细则由相关部门制定。省对外开放领导小组办公室负责协调解释。

国务院关于同意在沈阳等6个城市暂时调整实施
有关行政法规和经国务院批准的部门规章规定的批复

国函〔2024〕110号

辽宁省、江苏省、浙江省、湖北省、广东省、四川省人民政府，商务部、司法部：

　　你们关于在沈阳市、南京市、杭州市、武汉市、广州市、成都市暂时调整实施有关行政法规和经国务院批准的部门规章规定的请示收悉。现批复如下：

　　一、按照《国务院关于同意在沈阳等6个城市开展服务业扩大开放综合试点的批复》（国函〔2022〕135号），同意自即日起，在沈阳市、南京市、杭州市、武汉市、广州市、成都市等6个服务业扩大开放综合试点城市暂时调整实施《民办非企业单位登记管理暂行条例》《旅行社条例》《娱乐场所管理条例》《营业性演出管理条例》《外商投资准入特别管理措施（负面清单）（2021年版）》的有关规定（目录附后）。

　　二、国务院有关部门、相关省市人民政府要根据上述调整，抓紧对本部门、本省市制定的规章和规范性文件作相应调整，统筹发展和安全，建立与服务业扩大开放综合试点任务相适应的管理制度。

　　三、商务部要会同有关部门、相关省市人民政府对上述调整实施情况及时组织评估，在相关城市试点任务结束前及时商司法部研提后续工作建议，稳定经营主体预期，保障工作有序衔接。

　　国务院将根据相关城市服务业扩大开放综合试点情况，适时对批复内容进行调整。

　　附件：国务院决定在沈阳等6个城市暂时调整实施的有关行政法规和经国务院批准的部门规章规定目录

国务院

2024年7月8日

辽宁省商务厅等11部门关于以高水平开放推动服务贸易高质量发展的实施意见

各市人民政府、沈抚示范区管委会，省（中）直各有关部门：服务贸易是国际贸易的重要组成部分和国际经贸合作的重要领域，在构建新发展格局中具有重要作用。加快发展服务贸易是扩大高水平对外开放、培育外贸发展新动能的必然要求。为贯彻落实《国务院办公厅关于以高水平开放推动服务贸易高质量发展的意见》（国办发〔2024〕44号）文件精神及省政府有关部署要求，积极培育我省服务贸易特色优势产业，以扩大开放和创新驱动激发我省服务贸易发展新动能，经省政府同意，制定以下实施意见。

一、总体要求以习近平新时代中国特色社会主义思想为指导，全面贯彻党的二十大和二十届二中、三中全会精神以及习近平总书记关于东北、辽宁全面振兴的重要讲话和指示批示精神，立足新发展阶段，完整准确全面贯彻新发展理念，服务和融入新发展格局，锚定辽宁新时代"六地"目标定位，以推动高质量发展为主题，统筹发展和安全，以服务开放推动包容发展，以服务合作促进联动融通，以服务创新培育发展动能，以服务共享创造美好未来，加快推进服务贸易数字化、智能化、绿色化进程，推动服务贸易规模增长、结构优化、效益提升、实力增强，为以高水平对外开放推动辽宁全面振兴作出更大贡献。

二、推动服务贸易制度型开放

（一）落实跨境服务贸易负面清单管理制度全面实施跨境服务贸易负面清单，负面清单之外的跨境服务贸易按照境内外服务及服务提供者待遇一致原则实施管理。加强各项行政审批、许可、备案等事项与跨境服务贸易负面清单的工作衔接，及时调整与负面清单不符的法规规章、规范性文件。提升负面清单管理能力，加强重点行业监管，优化资金、技术、人员、数据等要素跨境流动监管。建立对服务贸易领域重大开放举措的风险评估、预警和防控机制，加强对重点敏感领域的风险监测，加强部门间信息共享。

（二）发挥对外开放平台引领作用扩大自主开放，充分发挥中国（辽宁）自由贸易试验区开放先行、压力测试作用和国家级开发区示范引领作用，稳步推进全省跨境服务贸易梯度开放。全面深化服务贸易创新发展试点，在跨境服务贸易市场准入、完善跨境服务贸易全链条监管、建立风险管理和监测预警机制等方面加大探索力度，打造服务贸易综合改革开放平台和高质量发展高地。

（三）加强规则对接和规制协调高质量实施《区域全面经济伙伴关系协定》（RCEP）等区域经贸安排中服务贸易开放承诺和相关规则，主动对接《全面与进步跨太平洋伙伴关系协定》（CPTPP）、《数字经济伙伴关系协定》（DEPA）等国际高标准经贸规则，提升我省服务贸易国际竞争力。参照世界贸易组织《服务贸易国内规制参考文件》，规范服务领域许可、资质和技术标准，简化许可审批程序，提高监管政策透明度，降低跨境服务贸易成本。

（四）提升服务贸易标准化水平积极参与服务贸易标准化行动计划，鼓励在具备条件的领域采用国际通用标准。鼓励企事业单位、科研院所主导或参与国家标准制定，根据行业主管部门需求，做好服务贸易地方标准的立项、审查、编号、发布工作。加强我省优势服务业与国际标准的兼容，提升标准制度型开放水平。支持牵头制定一批国际标准、参与各类国际性专业标准组织、承办国际标准化相关活动。

三、促进资源要素跨境流动

（五）便利专业人才跨境流动提高外籍高层次人才来华工作便利度。在全省推行外国人来华工作许可、居留许可"一窗受理、并联审批"模式，优化两类许可办理流程，强化业务协同，推动高效办成一件事。为外籍高层次人才及其科研辅助人员来辽投资创业、工作、讲学、经贸交流提供10年以下多次往返签证和5年以下居留便利，符合条件的提供永久居留便利；为上述人员提供异地换补发签证便利。出台《外国人来华工作许可服务指南》，扩大外籍高层次人才认定范围，放宽外国专业人才学历和年龄限制，为外国专家办理工作许可提供便利服务。

（六）优化跨境资金流动管理完善外汇管理措施，探索基于企业信用的分级管理，提高服务贸易及服务领域对外投资的外汇业务便利度。持续稳步推动服务贸易外汇收支便利化政策提质扩面。加大对"专精特新"、绿色低碳、中小外贸等优质企业的支持力度，持续拓展政策覆盖面、优化政策覆盖结构。指导银行合规有序办理服务贸易企业及服务领域境外直接投资业务。扩大人民币在服务贸易领域的跨境使用，支持开展人民币跨境贸易融资和再融资业务。积极推动跨境人民币业务"首办户"，扩大跨境人民币政策覆盖面，提升服务贸易领域跨境人民币使用水平。精准对接重点企业贸易融资需求，支持银行开展跨境贸易融资资产转让等创新业务，指导银行为企业提供一体化综合金融服务。

（七）促进技术成果交易和运用支持高校科研院所、企业与科技发达国家开展技术攻关，人才培养和平台建设等方面合作。积极组织省内科研单位承办发展中国家技术培训班，推动先进适用技术和成果"走出去"等活动。完善技术贸易管理和促进体系，打造创新资源对接平台，拓展国际技术合作网络，促进知识产权国际化运营，对研发中心技术跨境转移给予便利化安排。规范探索通过知识产权证券化、科技保险等方式推动科技成果转化运用。鼓励商业银行采用知识产权质押、预期收益质押等融资方式，促进技术成果转化和交易。支持专利转化运用保险试点，对国家知识产权优势示范企业和试点地区企业投保专利保险的给予资金支持。推动银行业金融机构逐步开展知识产权质押登记全程无纸化办理工作，提高知识产权质押融资效率。

（八）推动数据跨境高效便利安全流动在具备条件的地区开通国际互联网数据专用通道。指导企业建立健全数据分类分级保护等安全管理制度，落实数据分级防护和商用密码保护要求，加强重要数据和核心数据安全风险监测与应急处置，保护数据安全。以存有重要数据的网络系统为重点对象，开展网络和数据安全监督检查，帮助重点单位及时发现、消除重大数据安全问题隐患，确保数据安全稳定。围绕我省重要数据资产，常态化开展远程技术渗透测试，及时发现并指导相关单位堵塞数据安全漏洞，消除数据安全威胁风险。提升数据跨境流动安全管理能力，统筹电信运营商做好跨境数据专线安全管理工作，配合开展数据出境安全评估，规范做好个人信息出境标准合同备案工作。提升政务外网的数据安全性。在省政务外网出口部署数据跨境探针和 API 探针，形成综合数据安全监控网络，覆盖跨境场景下敏感信息的传输和交换，及时识别潜在的敏感信息跨境传输事件。四、推进重点领域创新发展

（九）增强国际运输服务能力积极争取国铁集团运力支持，申请增加满洲里口岸中欧班列开行频次，申请新增二连浩特、阿拉山口和霍尔果斯口岸图定线路。高标准推进国家中欧班列（沈阳）集结中心建设，提升其在国际多式联运体系中的支撑作用。优化中欧班列作业流程，配合推进通关便利化，提升班列运输时效性和可靠性，提高共建"一带一路"服务保障能力。加强国联空车调配、装车及备货组织，做到优先承运、优先配空、优先装车、优先挂运，全力保障中欧班列按计划开行。支持省内航运企业开辟新航线，完善面向国际的海运服务网络。推进航运贸易数字化，扩大电子放货、电子提单在港口航运领域的应用。进一步提升国际客运航权、时刻资源的配置效率，加强航空运力与出入境旅游的供需对接。构建国际物流服务体系，

提高跨境寄递服务水平和国际供应链一体化服务能力。鼓励引导各快递企业在国外设立自营或加盟服务网络，持续提升服务覆盖范围；在境外国际大型航空枢纽建设自有航空快件处理场所，强化国际航空货运网络对产业链供应链的支撑。发挥枢纽优势，建设东北海陆大通道。

（十）提升旅行服务国际竞争力大力开拓辽宁跨境旅游服务市场，扎实开展"引客入辽"计划，优化旅游产品和服务，提升旅游设施和服务质量，加强市场推广和营销。稳步推进智慧口岸建设，拓展国际航班国内段客运业务、开通快速缴款绿色通道、开展入境行李嵌入式先期检查监管等，在沈阳、大连等口岸提供口岸签证便利和240小时过境免办签证政策，为旅客提供便捷通关服务。持续改善银行卡受理环境，完善移动支付服务，提高外籍人士和港澳台居民使用电子支付，以及持有效证件预订景区门票、购买车（船）票等的便利度，在酒店、旅游景点、商超等公共场所，为境外游客提供多样化支付服务。实施便利外籍人士在辽住宿的政策措施，加强市场整治，引导旅店业经营者诚信合规经营。鼓励有条件的旅店经营者升级服务标准和设施设备，配备具有一定外语能力的前台接待人员或人工智能翻译设备等，更好为来华境外人员提供服务。进一步优化旅店业经营者对境外人员住宿登记的管理服务工作，简化信息采集项目，拓展登记报送方式，进一步加强对境外人员住宿登记的指导培训，便利旅店经营者依法便捷开展住宿登记。大力推进旅游与商业、文化、制造业的融合，发展智慧旅游，建设东北亚区域旅游目的地。加快大连邮轮母港建设，深入开发国际精品邮轮旅游线路和旅游产品。

（十一）支持专业服务贸易发展拓展特色服务出口，促进知识产权、地理信息、人力资源等服务贸易集聚发展，支持有条件的地区申报知识产权、地理信息、人力资源和语言服务等国家级特色服务出口基地，培育相关专业类服务的优势和特色。鼓励企业、产品和服务"走出去"，支持企业以市场化方式组织和承办省级以上有影响力的行业展会、论坛、赛事、节庆等大型活动，鼓励服务贸易相关企业参加国内外专业展会。支持金融、咨询、设计、认证认可、法律、调解、仲裁、会计、语言、供应链、标准化等专业服务机构提升国际化服务能力，支持相关领域招聘外国及港澳台专家人士，组织开展涉外业务培训，培育新的服务贸易增长点。支持发展农业服务贸易，加强农业国际贸易促进，宣传推介辽宁农机、农资以及优质农产品，带动农资、农机、农技等出口。推进农业技术交流合作，通过农业外事活动推动省内高校与国际院校及科研机构开展交流合作。加快发展教育服务贸易，引进利用国外优质教育资源。指导高校聚焦国家急需紧缺专业和国外优质教育资源合作办学。做好公派出国留学项目规划，选派高校教师到国外高水平大学研修学习。实施"留学中国"品牌计划，优化结构，提升质量。鼓励开展人力资源区域合作与交流，搭建招才引智、交流展示和人力资源服务创新发展平台，提升人力资源服务业发展水平。支持经营性人力资源服务机构在省外境外设立分支机构，统筹落实惠企减负政策。探索开展省级服务外包示范园区和示范基地认定工作，引导我省服务外包产业集聚化、专业化、特色化发展。各地区结合自身优势产业因地制宜探索服务外包发展方向，支持探索云外包、平台分包等服务外包新模式。引导企业重点开展工业设计、金融外包、新一代信息技术、文化创意、医药研发等知识和技术密集型服务外包业务，积极培育众包、云外包、平台分包等新业态新模式，推动我省服务外包产业转型升级。推进与境外专业机构加强合作，培育一批具有区域竞争力的专业服务管理咨询机构。

（十二）鼓励传统优势服务出口进一步完善支持文化贸易高质量发展的政策措施。培育一批国家文化出口重点企业和重点项目，扩大文化艺术、动漫游戏、创意设计等文化产品和服务出口，形成"文化+三次产业"特色，打造具有国际影响力的文旅产业品牌。推动中国武术、围棋等体育服务出口。在具备条件的地区，举办地方对等交流互办单一国家电影展映活动。高质量建设国家中医药服务出口基地，促进中医药服务贸易健康发展，积极发展"互联网+中医药服务贸易"。充分发挥国家中医药服务出口基地作用，支持基地内企业开展中医药产品海外认证，扩大中医药产品出口；支持基地内企业"走出去"，搭建国际化中医药教育服务平台和机构；全方位打造中医药国际教育品牌，不断扩大海外招生规模；持续拓展中医药国际健康旅游市场。支持省内中华老字号、辽宁老字号等知名餐饮企业开展中餐品牌国际化经营，实现辽菜全球化布局，提升中华餐饮文化国际影响力。积极运用数字技术、人工智能等创新服务供给，提升服务业国际竞争力。

（十三）促进服务贸易与货物贸易融合发展优化保税监管模式，依托综合保税区开展"两头在外"的研发、检测、维修、文物及文化艺术品仓储展示等业务。开展海关政策宣讲，助力企业用好综合保税区政策红利。支持企业依托综合保税区开展艺术品保税展示交易，构建"唯一性认证"辨别验证模式。强化沟通协调，简化海关监管手续，助力企业异地开展文物及文化艺术品保税展示交易。推动服务贸易与我省高端制造业融合发展，逐步形成我省服务贸易出口载体梯度培育体系。充分发挥辽宁在肉类、冰鲜水产品、粮食、水果、食用水生动物、植物种苗、原木、药品等指定进境口岸的作用，打造具有国际竞争力的专业化、综合性口岸，扩大货物贸易规模。

（十四）扩大优质服务进口聚焦居民消费升级需求，推动医疗健康、文化娱乐等优质生活性服务进口。有序推进优质医疗健康服务进口，支持举办中外合资合作医疗机构，鼓励医疗机构邀请或聘用高水平外国医师来辽行医。深化与日韩医疗康养领域合作，创新实施"持续医疗的综合型"服务模式，发展差异化、特色化养老服务市场。运用新一代信息技术普及数字健康及移动设备医疗，网络共享医疗数据，提高老人医疗康养服务质量。鼓励节能环保企业进口急需的技术和服务。推动境外优秀节目、图书引进工作，鼓励省内具备条件的企业主动引进境外优秀电视剧、动画片、纪录片等节目和图书，为引进机构和供片机构搭建交流平台。鼓励引进和承办国际级和国家级体育赛事、大众体育精品赛事及涉外电影展映和交流合作活动等，进一步丰富市场供给，推动生活性服务业品质化发展。

（十五）助力绿色低碳发展大力发展省内绿色技术和绿色服务贸易，及时跟踪国家制定的绿色服务进出口指导目录。鼓励省内急需的节能降碳、环境保护、生态治理等技术和服务进口，扩大绿色节能技术和服务出口。加强绿色技术国际合作，搭建企业间合作平台。五、拓展国际市场布局

（十六）深化服务贸易国际合作强化与国际知名电信业、运输业、会展业、建筑业服务商合作，巩固我省在电信信息、海陆空运输、展会、建筑施工等传统领域的优势，扩大服务进出口。在RCEP框架下，深化与日本和韩国服务贸易领域合作，巩固服务外包、文化创意等优势服务贸易领域的合作，培育高端制造业服务、数字贸易、人工智能等新兴服务贸易领域增长点。拓展我省与"一带一路"国家服务贸易和数字贸易合作范围。支持有条件的地区建设"一国双园"服务贸易国际合作园区，扩大现有"双边"、"多边"国家产业园规模，吸引更多的服务贸易企业进驻，提升服务贸易国际化水平。

（十七）建立健全服务贸易促进体系建立健全促进服务贸易发展的机制。加强服务贸易中介组织能力建设，充分发挥驻外机构作用，完善境外贸易促进网络，提升境外服务水平。推动知识产权服务业围绕畅通国内国际双循环，扩大规模，优化结构，增强涉外知识产权服务能力，为企业产品出口、海外投资、技术合作、品牌输出、标准推广等提供专业化服务。健全海外知识产权维权援助机制，加强海外知识产权信息、纠纷线索收集和风险防控宣传培训等，强化海外知识产权纠纷应对指导服务。充分利用中国国际服务贸易交易会、全球数字贸易博览会等重要展会平台，不断提升辽宁企业知名度和影响力，支持企业境外办展参展。

四、完善支撑体系

（十八）创新支持政策措施充分利用中央和地方现有资金渠道，创新支持方式，推动服务贸易发展。强化资金保障，统筹财税、金融等各项政策，加强政策协同，发挥财政资金引导和撬动作用，吸引社会资本投入，提高资

金配置效率，推动服务贸易高质量发展。拓宽企业融资渠道，鼓励金融机构结合我省服务贸易企业特点和实际需要，创新金融产品和服务模式，加大首贷、续贷、信用贷款等投放力度，持续优化对服务贸易企业的金融服务。开展多种形式银企对接，畅通政银企沟通渠道，推动信贷资金更精准支持服务贸易企业发展。加大出口信用保险支持力度，扩大服务贸易领域覆盖面，对符合条件的中小企业适当优化承保方式，提高保险服务便利化水平。落实服务出口增值税零税率或免税等现行相关税收政策，压缩出口退税办理时间，对符合规定的零税率应税服务，确保及时办理退（免）税手续，多渠道加强相关政策宣传和辅导，夯实出口退税便民举措，积极推行出口退税"网上办"、备案单证"电子化"、退税办理"免填报"。聚焦服务贸易重点领域需求，提供人才支撑，支持高校加强服务贸易相关学科专业建设。支持打造经济学、管理学等服务贸易相关学科高水平师资队伍，提升科研创新水平，推动科技成果转化。

（十九）提升统计监测水平落实商务部新修订《国际服务贸易统计监测制度》和《服务外包统计调查制度》，加强统计工作指导，健全省市两级服务贸易统计工作联动机制，完善数据核查、筛选和通报机制，督促各市加大力度组织服务贸易重点企业按时报送数据。对统计数据审核严格把关，确保填报数据准确性、及时性和全面性，做到应统尽统。推进部门间数据交换和信息共享，健全服务贸易统计监测体系和重点企业联系制度。各地区、各有关部门要从战略和全局的高度，充分认识大力发展服务贸易的重要意义，依靠扩大开放和创新驱动激发服务贸易发展新动能，抓好本意见贯彻落实。各地区要结合本地实际，积极培育服务贸易特色优势产业。各有关部门要加强协调配合，梳理解决服务贸易领域堵点卡点问题，完善服务贸易发展相关政策，落实国务院有关部署。省商务厅要强化统筹协调，完善工作机制，确保各项政策措施落地见效，积极营造扩大开放、鼓励创新、公平竞争、规范有序的服务贸易发展环境。

为充分发挥以智库研究助推三年新突破行动任务使命，辽宁社会科学院课题组承担了辽宁省2023年决策咨询和新型智库专项研究重点课题"辽宁打造东北亚经贸中心枢纽对策建议研究"。该课题由辽宁社会科学院东北亚研究所所长孟月明担任课题组组长、东北亚研究所全体科研人员组建课题组。课题以高质量报告顺利完成结项任务，研究成果受到评审专家的高度评价。其中围绕课题主要内容形成的咨询建议（《咨询文摘》（2023年第53期））得到副省级领导肯定性批示。本书是在省委、省政府决策咨询委员会办公室重点课题基础上，进一步补充完善的研究成果。

付梓之际，心怀感激与欣慰。这部专著的完成标志着学术研究旅程中的一个重要里程碑，以系统化的成果为省决策咨询和新型智库课题研究画上圆满的句号。回顾整个撰写过程，是深耕学术科研的难忘历程，充满了挑战与收获，让我及我的团队深刻体会到学术研究的艰辛与乐趣。

首先，特别感谢省委省政府决策咨询委员会的悉心指导，以及东北财经大学出版社编辑们的辛勤付出，是他们以专业的精神鼎力支持才成就了三年系列研究成果有机会出版问世，方能使研究成果更好服务省委、省政府和辽宁全面振兴发展需要。其次，感谢我的团队和同行。在课题研究和书稿撰写过程中，团队成员参加了大量调研和撰写工作，大家扎实的科研能力和勤力同心是著作高质量完成的根本保障。同时，也要感谢同行专家的专业指导和把关定向。

　　这部专著的出版不是本人研究辽宁高水平开放的终点，而是新的起点。我希望此书能引发更多学术讨论，为这一领域的研究贡献一份力量。最后，感谢所有在本书撰写过程中给予我帮助和支持的师友、家人，愿我们共同推动学术的进步。